이 연구는 2020년도 한국학중앙연구원
해외한국학지원사업의 지원에 의하여 수행되었음 (AKS-2020-R03).
该书是"山东省高等学校青创科技支持计划"（编号：2020RWA001）的阶段性研究成果。

# 近代新生汉字词的朝鲜半岛传播
（朝鲜文）

林丽 / 著

근대기 중국 기원 신생한자어의
한국어 유입과 정착

社会科学文献出版社
SOCIAL SCIENCES ACADEMIC PRESS (CHINA)

# 한국어초록

## 근대기 중국 기원 신생한자어의 한국어 유입과 정착

본 연구는 근대 신생한자어의 판별 기준을 세우고 중국어 기원의 신생한자어가 한국어로 유입된 경로와 정착, 소멸 과정을 검토함으로써 중국어 기원의 신생한자어가 개화기에 한국어 어휘체계에 미친 영향을 밝히는 데 목적을 둔다. 이 연구는 한국 근대 신생한자어의 계보 및 어휘체계 성립사 연구에 도움이 될 뿐만 아니라 한국에서 한자라는 매개체를 사용하여 서양의 근대 문명을 어떻게 수용하였고, 또 서양의 근대 문명을 수용할 때 어떤 문제가 있었는지 등, 동아시아의 근대화 과정을 검증하는 여러 연구와 밀접히 관련된 기초 작업이라고 할 수 있다. 이러한 의미에서 근대 한중간의 어휘 교류를 연구하는 것은 큰 의미를 갖는다.

이 책에서는 한중 간의 어휘교류에 국한하지 않고 사회언어학 시각에 입각하여 근대기 한중일 삼국 간의 어휘·문화교류의 측면에서 접근하려고 시도하였다. 이에 이 책에서는 신생한자어와 일본어차용어의 관계를 규명하려는 점에서 출발하여 종래 연구에서 신생한자어 판정의 문제점을 검토하여 신생한자어의 계보를 판별하는 기준을 제시하였다. 그러한 다음에 중국 근대 이중어사전의 집대성이라고 하는 로브샤이트(1866~1869)에서 지리용어 (45개), 종교용어 (88개), 외국지명 (38

개), 정치・법률・외교용어 (40 개), 학문명칭 (83 개) 다섯 유형으로 분류하여 표본어휘를 선정하고 이들 어휘가 한국 근대 영한류 이중어사전이나 근대 문헌 자료에서 사용되는 양상을 살펴봄으로써 근대 중국 기원 신생한자어들이 한국어로 유입되는 경로와 한국 근현대 어휘체계에 미친 영향을 검토하였다.

중국 기원 지리용어의 한국어 유입은 마테오 리치 (중국명 : 利瑪竇) 의 『坤與萬國全圖』, 알레니 (중국명 : 艾儒略) 의 『職方外記』 등 야소회사 (耶蘇會士) 들이 편찬한 세계지도와 세계지리서, 『海國圖志』 와 『瀛環志略』 등 양무서 (洋務書) 들이 중요한 통로였을 가능성이 크다. 조사된 45 개 용어 중의 29 개 용어가 현대한국어 체계에 정착되었다는 사실을 보면 중국 기원 지리용어가 근현대 한국어 어휘체계에 미친 영향이 상대적 크다고 할 수 있다.

중국 기원 종교용어의 한국어 유입은 利瑪竇의 『天主實義』, 판토하 (중국명 : 龐迪我) 의 『七克大全』, 삼비아시 (중국명 : 畢方濟) 의 『靈言蠡勺』 등 종교 관련 서적을 통해서였다고 할 수 있다. 조사된 88 개 어휘 중에서 『프라임 영한 / 한영사전』에 정착된 용어가 50 개에 달한다. 『프라임 영한 / 한영사전』에 등재되지 않았지만 『표준국어대사전』에 등재된 21 語를 포함하면 총 71 개의 용어가 현대한국어 어휘 체계에 정착되었다. 이러한 현실을 보면 중국 기원 종교 용어가 현대 한국어어휘체계에 미친 영향은 크다고 할 수 있다.

중국기원 외국지명의 한국어 유입은 16 세기 말~18 세기 초까지는 『坤與萬國全圖』, 『職方外記』 등 세계지리서, 19 세기 이후에는 『海國圖志』 와 『瀛環志略』 등 양무서와 깊은 관계를 가진다고 할 수 있다. 조사된 38 개의 어휘 중에서 『프라임 영한 / 한영사전』에 정착된 용어가 4 개뿐이며 『표준국어대사전』에 등재된 어형을 포함하면 총 16 개의 용어가 한국어 어휘체계에 정착되었다. 이러한 연구를 결과로 보면 중국 기원 외국지명이 현대 한국어에 미친 영향은 적다고 추정된다.

중국기원 정치・법률・외교용어들의 한국어 유입은 『朝鮮策略』, 『萬國公法』, 『易言』, 『海國圖志』, 『瀛環志略』 등 개화서나 양무서 또는 『漢城旬報』에 실린 중국 뉴스원의 기사들에 의해서였다고 할 수 있다. 조사된 40개의 용어 중에 현대 한국어 어휘체계에 정착된 용어는 13개이다. 그 중에 상당수의 용어가 한국 근대 이중어사전에 출현하지 않았으며 일부 용어가 이중어사전에 출현하였다가 근대에 들어오면서 다른 용어로 대체되었다. 이 점으로 보면 중국기원 정치·법률·외교용어가 근현대 한국어 어휘체계에 미친 영향은 적다고 할 수 있다.

로브샤이트(1866~1869)에 등재된 학문명칭을 현대 한국어 학문명칭과 비교해 보면 중국기원 학문명칭이 현대 한국어 학문명칭의 성립에 미친 영향은 매우 미미하다고 할 수 있다. 조사된 83개 학문명칭 중에서 '數學'이라는 용어만 한국어에 유입되고 어휘체계에 정착되었다.

마지막으로 '化學'이란 용어를 대상으로 이 용어의 생성과 관련지어 한국어로 유입된 경로와 수용 과정을 밝혔다. 동아시아에서 'Chemistry'의 수용과 '化學'이란 용어의 출현맥락을 살펴본 다음에 '化學'이란 용어가 한국어로 어떻게 유입되었는지 근대한국어 어휘체계에 어떻게 정착되었는지 등을 밝혔다. 개별 신생한자어의 역사적 계보를 유기적으로 연구함으로써 부분적으로나마 한중일 간에 이루어진 어휘간섭과정의 성격과 한국 근대어휘체계의 성립사를 연구하는 데 도움이 될 것이라고 생각한다.

# ABSTRACT

## The Spread of Modern New Chinese Characters on the Korean Peninsula

    Modern times is not only an era when China, Japan, and South Korea experienced the invasion of Western powers, it is also an era when a new cultural system collides with traditional Confucian social and cultural systems. From the perspective of sociolinguistics, and on the level of linguistic and cultural exchanges among modern China, Japan, and South Korea, this paper studies how new Chinese characters originated in modern China are introduced into South Korea and the accepting processes of these words in Korean.

    More than 300 years ago, from the end of the 19th century to the beginning of the 20th century, while Western missionaries carried out missionary activities in China, they also imparted new knowledge in geography, humanities, and natural sciences to China. It has had a huge impact on the modernization of Japan, South Korea, and other countries in the Chinese character cultural circle. The mediator that transmitted these new knowledge was the "Chinese version western books". In fact, apart from these books, the spread of some Chinese scholars' books in Korea and Japan also played a huge role in helping these countries absorb new western knowledge during the mid-19th century, such as *Hai Guo Tu Zhi* by Wei Yuan, *Ying Huan Zhi Lue* by Xu Jishe, and *Yi Yan* by Zheng Guanying. These books have delivered new western knowledge, and the new Chinese words created in these books which record new knowledge also had a huge impact on the formation of modern vocabulary systems in countries such as Korea and Japan. However, judging from the related studies of modern new Chinese characters, the Chinese academic community prefers the issue of vocabulary flow between China and Japan, and the Korean academic community prefers the issue of vocabulary exchange between Korea and Japan. Biased studies show that Japanese borrowed words are closely related to the generation and spread of modern new Chinese characters, but people ignore the influence of modern new Chinese characters on the formation of modern vocabulary systems in Korea, Japan, and other countries.

In chapter three, the relations between modern new Chinese characters and Japanese borrowed words is investigated, and the criteria for determining modern new Chinese characters are proposed. Although there has been a long history of studying modern new Chinese characters in the current Chinese and Korean academic circles, the standard has not yet been established on how they determine and classify modern new Chinese characters. This study selects 20 words that are commonly recognized as "Japanese borrowed words" as sample words by Chinese and Korean academic circles from the representatives of modern China and South Korea Bilingual dictionaries and historical materials, investigates the relations between these sample words and Japanese borrowed words in terms of morphology and lexical meaning, and proposes the approaches to determine whether these sample words are Japanese borrowed words from the aspects of the morphology origin and meaning origin.

In chapter four, sample words are selected from the *English-Chinese Dictionary (1866-1869)* by Western missionary Wilhelm Lobscheid, such as "geographical terms", "religious terms", "foreign place names", "political, legal and diplomatic terms" and "disciplinary terms". From the perspective of sociolinguistics, this study discusses the issues of language and society, culture

ABSTRACT

and communication, etc., analyzes the approaches of introducing modern new Chinese characters into South Korea and the impact of these words on the modern Korean vocabulary system.

In chapter five, the word "chemistry" is used as the research object, which examines the origin of the word "chemistry" in China, the introducing approaches of it to South Korea and Japan, and the accepting processes of it in Korean. The investigation of individual vocabulary pedigrees is of great help in studying the problems of vocabulary interference in China, Japan, and South Korea, meanwhile, forming modern Korean vocabulary systems .

The forming process of new Chinese characters in the modern Korean vocabulary system is very complicated. It reflects the evolution of South Korea's acceptance of western sources since the modern period (after 1876), and reflects the characteristics of that particular era and its governance, therefore, this issue should be analyzed from the perspective of "Northeast Asian Modernization". The study of vocabulary exchange among China, Japan and Korea is not limited in language and vocabulary, and it is also about how northeast Asian countries use the medium of Chinese characters to access Western modern civilization and the problems arisen in the process of accessing Western modern civilization. From this point of view, the significance of this research is conspicuous.

## 목 차

제 1 장  서론 ················································································ 1
   제 1 절  연구 목적 ····································································· 1
   제 2 절  연구 방법 및 연구 자료 ············································ 5
   제 3 절  논의의 구성 ······························································ 16

제 2 장  선행 연구 검토 ······················································· 18
   제 1 절  중국 측에서의 연구 ················································· 18
   제 2 절  한국 측에서 신생한자어의 연구 ··························· 25
   제 3 절  마무리 ········································································ 34

제 3 장  신생한자어의 판별기준과 선별 ······················· 37
   제 1 절  종래 연구에서 신생한자어 판정의 문제점 ·········· 38
   제 2 절  신생한자어를 판별하는 기준 ································· 43
   제 3 절  중국 기원 신생한자어의 선별 ······························· 66

제 4 장  중국 기원 신생한자어의 유입과 정착 ·········· 71
   제 1 절  지리용어의 유입과 정착 ········································ 72
   제 2 절  종교용어의 유입과 정착 ······································ 100
   제 3 절  외국지명의 유입과 정착 ······································ 121
   제 4 절  정치・법률・외교용어의 유입과 정착 ················ 139
   제 5 절  학문명칭의 유입과 정착 ······································ 165

제 5 장  개별 어휘의 한국어 유입과 정착 – '化學'을 중심으로 …… 186
  제 1 절  동아시아에서 'Chemistry'의 수용과 '化學'이란 용어의
        출현 맥락 ………………………………………… 186
  제 2 절  자료의 조사 ……………………………………… 193
  제 3 절  '化學'이란 용어의 한국어 유입과 정착 ………… 205

제 6 장  결론 ……………………………………………… 211

참고문헌………………………………………………………… 218

부록……………………………………………………………… 226

## 표 목 차

&lt;표 1&gt; 본 연구에 이용된 중국 근대 영한류 이중어사전 서지사항 일람표 ·················································································· 8
&lt;표 2&gt; 영어를 기준으로 살펴본 번역어 양상 ································ 45
&lt;표 3&gt; 시기별로 구분된 연구대상 어휘의 유형 ··························· 48
&lt;표 4&gt; 형태를 기준으로 살펴본 번역어 양상 ································ 50
&lt;표 5&gt; 일본어 차용어와 관계의 긴밀성에 따라 분류한 대상어 유형 일람표 ·················································································· 63
&lt;표 6&gt; 신생한자어 선별과정 도식 ·················································· 68
&lt;표 7&gt; 지리용어의 한국어 유입 상황 조사표 ································ 80
&lt;표 8&gt; 17~18세기 지리용어의 한국어 유입 조사표 ····················· 88
&lt;표 9&gt; 16세기 말~19세기 말 연구대상어가 조선 문헌에 출현한 양상 ·················································································· 92
&lt;표 10&gt; 근대 영한류 사전에서의 종교용어 조사표 ····················· 106
&lt;표 11&gt; 『職方外紀』에 등재된 대륙명과 외국지명 ···················· 122
&lt;표 12&gt; 『瀛環志略』과 개화기 한국어 자료에 등재된 국명 표기 대조 ················································································· 124
&lt;표 13&gt; 로브샤이트(1866~1869)에 등재된 외국국명이 한국어에 사용되었던 용어들 간의 대비 ··············································· 131
&lt;표 14&gt; 중국 기원 정치·법률·외교용어의 한국어 수용 상황 조사표 ················································································· 147

&lt;표 15&gt; 중국어 '議會'에 관한 용어의 변천 ·················· 156
&lt;표 16&gt; 한국어 '議會'관련 용어의 수용 조사표 ·················· 161
&lt;표 17&gt; 로브샤이트(1866~1869)에 등재된 학문명칭이 한국어에
　　　　사용되었던 용어들 간의 대비 ·················· 166
&lt;표 18&gt; 근대 이래 중국어 학문명칭의 사용 양상 조사표 ············ 173
&lt;표 19&gt; 이중어사전에서의 'Chemistry' 대역어 ·················· 188
&lt;표 20&gt; 중국 기원 신생한자어가 한국 근현대 어휘체계에 미친 영향
　　　　조사표 ·················· 216

# 제 1 장   서론

## 제 1 절   연구 목적

　아편전쟁 이후 특히 20세기에 들어 2000여년 전부터 계속 이어받은 중국 문명은 서양 문화체계의 충격을 받아 중단된 상태에 놓이게 되었다고 한다[①]. 주지하다시피 한자문화권에 처해 있는 조선반도는 옛날부터 중국 전통문화와 사상의 영향을 받아 왔다. 새로운 문물, 언어, 신개념과 중국 전통문화, 사상이 부딪히는 과정에서 중국이 조선반도 사회에 미치는 영향은 어떠한 것인가 연구할 만한 주제이다. 본 연구는 근대 신생한자어의 판별 기준을 세우고 중국어 기원의 신생한자어가 한국어로 유입된 경로와 정착, 소멸 과정을 검토함으로써 중국어 기원의 신생한자어가 개화기에 한국어 어휘체계에 미친 영향을 밝히는 데 목적을 둔다. 한국에서 사용되고 있는 한자어들은 기원적 측면에서 볼 때 개화기에 서양의 새로운 문물 제도를 소개하는 과정에서 한반도보다 일찍 개화된 중국이나 일본에서 새롭게 형성된 한자어가 차용된 경우가 많다. 이때에 유입된 한자어는 천문·지리·인문·과학·정치·경제·교육 등 다방면(多方面)에 걸쳐 한국어 어휘체계에 지대한 변화를 가져오게 되었다.

---

　① 黃義軍(2019:215)를 참고한다. 鴉片戰爭以來, 特別是20世紀的中國, 我們延續的2000多年的漢文化精神受到西方文化體系衝擊, 出現文化中斷, 面臨危機.

근대기 중국 기원 신생한자어의 한국어 유입과 정착

　　근대기 신생한자어가 한국어로 유입된 가장 중요한 경로는 한역서학서(漢譯西學書)[①]일 것이다. 이원순(1986:81)은 한역서학서란 명말·청초에 걸쳐 유교적 한자문화권에서 천주교 포교에 종사하던 서양 성직자들이 한족(漢族)에게 천주교를 선교하는 한편 서양 문명을 전수하기 위하여, 서양의 종교·윤리와 지리·천문·역사·과학과 기술 관계의 서적을 한문으로 번역 또는 저술한 서책을 말한다고 밝힌 바 있다. 이러한 해석은 한역서학서의 범위를 명말청초로 그 시기를 한정한 것이다. 그러나 이 책에서는 한역서학서라고 하는 것은 명말청초, 즉 16세기 말 ~18세기 초 중국에 천주교를 선교하러 온 야소회사(耶蘇會士)들의 번역서와 저서뿐만 아니라, 19세기에 중국에 선교하러 온 개신교 선교자들의 번역서와 저서까지를 포함하고 있다. 후술하겠지만 이렇게 시기 구분을 하는 것은 18세기 초 강희제(康熙帝)가 금교령을 반포한 후의 백 년간에 선교사들의 서학 번역과 저술 활동이 다수 중단되었다는 역사적 사실과 관련이 있다.

　　16세기 말기부터 18세기 초까지 마테오 리치(Matteo Ricci, 1552~1610, 중국명: 利瑪竇)를 비롯한 야소회사들이 중국에서 선교활동을 하는 동안에 서양 신지식과 신문물제도(新文物制度)를 소개하는 이른바 한역서학서들을 다수 편술·번역하였다. 이원순(1986:86)에 의하면 명청 180여 년 간에 야소회사들에 의해 편술·번역된 한역서학서는 350여 종에 달한다고 한다. 물론 서양 선교사들의 이러한 학술 활동은 천주교 복음 전파를 위한 것이었지만 결과적으로 중국 사대부들의 영혼의 문을 두드려 열고 당시 중국에 없었던 서양 최신의 지식과 문물제도를 중국인에게 전달해 주었으며, 간접적으로 중국의 근대화를 가속화

---

[①] 서학서를 지칭하는 말로 종래의 연구에서 '漢文西學書'와 '漢譯西學書' 두 가지 명칭으로 사용되어 왔다. 축자적인 의미로 보면 '漢文西學書'는 중국어로 저술된 서학서를 통틀어 이르는 말이고, '漢譯西學書'는 서양 신지식을 한문으로 번역된 서학서를 가리키는 것이다. 물론 서양 선교사들과 관련된 한역서학서는 선교사들이 직접 한문으로 저술한 것도 있고, 그들이 口授하는 것을 중국인 협력자들이 筆述한 것도 있고, 또한 그들이 원고를 작성한 후 중국인 협조가들이 潤色한 것도 있다. 그러나 그 중에 상당한 양의 서학서는 서양 선교사에 의하여 직접 편술되고 번역되었다. 이 점을 감안하여 이 책에서는 '漢譯西學書'라는 용어를 사용할 것이다.

시켰다. 크게는 두 계열, 즉 종교·윤리서와 과학·기술서로 분류해 왔던 이들 한역서학서는 중국뿐만 아니라 한국을 비롯한 일본 및 베트남 등 한자문화권에 속하는 여러 나라에 유포되어 언어적으로나 사상적으로 큰 영향을 미쳤다. 한역서학서가 한국에 처음으로 도입된 기록은 선조 시대의 학자 이수광(李睟光)의 저서인 『지봉유설(芝峯類說)』이다. 이 기록은 1603년 북경에 사대사행원(事大使行員)으로 사행한 바 있는 이광정(李光庭)이 利瑪竇의 세계지도를 도입하였음을 전해 주고 있다. 그 후 사대사행원들에 의해 수많은 한역서학서들이 조선에 유입되고 일부 조선 지식인들에게 열독되었을 뿐만 아니라 그들이 중화 중심이라는 세계관에서 탈출하게 하여 직방(職方) 외의 세계를 새롭게 인식하게 하였다. 이수광을 비롯하여 星湖 이익(李瀷), 順菴 안정복(安鼎福), 河濱 신후담(愼後聃), 유몽인(柳夢寅) 등 조선 석학들이 한역서학서와 접촉하여 논평을 남기기도 하였다. 이러한 상황은 18세기 초까지 계속되었다. 18세기 초 예의지쟁(禮儀之爭)의 발단으로 강희제가 금교령을 내리고 선교사들을 추방하기까지 하여 백년간 서양 선교사들의 서학 번역과 저술 활동이 다수 중단되었다. 19세기 초 스코틀랜드 선교사인 모리슨(Morrison, Robert, 1782~1834, 중국명: 馬禮遜)은 영국 런던 교회의 개신교 선교사 신분으로 중국에 파견되었다. 利瑪竇 등 야소회사들이 동서 문화 교류의 통로를 열어준 선구자라고 하면 동서 문화 교류의 붐을 일으킨 개척자는 馬禮遜을 비롯한 개신교 선교사라고 할 것이다. 특히 후자는 동서 문화 교류의 내용이나 심도가 동아시아 여러 나라가 근대 국가로 나아가는 데 커다란 역할을 하였다고 할 수 있다. 개신교 선교사들은 중국에서 포교 활동뿐만 아니라 사전 편찬이나 서학서 번역, 신문·잡지 발행 등 학술 활동도 적극적으로 진행하였다. 이 시기에 서양의 신문명 제도의 우월성을 소개하기 위해 천문·지리 이외에 정치·법률·경제·사회 등의 내용이 담겨진 수많은 한역서학서들이 번역되었다. 그러나 19세기에 들어와 조선에서 천주교도에 대한 박해가 심해짐에 따라 한역서학서가 조선으로 유입되는 일도 금지되었다. 이 시기 아편전쟁에서 패배한 중국은 정치계뿐만 아니라 사상계에도 커다란 충격을 받았다. 중국 지식층은 서양을 구체적으로 이해하고 이에 적합하게 대응하여야 한다는 역사의식이 생겨나고 이에 따라 『海國圖志』[①]와 『瀛環誌略』 등 이른바 양무서(洋務書)가 출간되었다. 이 시기에 조선사회에서 서양의 지식을 확대시켜 준 서적이 바로 청래양무서(淸來洋務書)이다. 1876년 조선이 개항되기까지 『海國圖志』와 『瀛環誌略』 등 양무서들이 북경사대사행원들에 의해 조선으로 도입되었다. 비록 조선 지식인들이 19세기 개신교 선교사들에 의해 번역된 한역서학서의 양분을 직접 섭취하지 못하였지만 『海國圖志』나 『瀛環志略』을 통해 한역서학서의 성과를 간접적으로 접하였다고 할 수 있다. 후술하겠지만 이 서적들이 조선 위정자(爲政者)와 지식인들 사이에서 비상한 관심의 대상이 되었을 뿐만 아니라 이들 중에는 1880년 정관응(鄭觀應)의 『易言』처럼 한국어로 번역되어 언해본으로 출간된 경우도 있다.

이상의 사실을 감안하면 한국 근대어휘체계에 중국어에서 유입된 신생한자어의 영향이 있었음을 부정하기 어렵다. 그러나 현재 중국 학계에서는 중일 간의 어휘 교류 연구가 주를 이루고 중한 간의 어휘 교류 연구는 드물며, 한국 학계에서도 한일 간의 어휘 교류 연구는 활발하게 진행되고 있는데 반하여 근대기 한중 간의 어휘 교류 연구는 상대적으로 빈약한 실정이다. 또한 한중 양국 학계에서 근대 한자어 교류와 관련한 연구가 오래되었음에도 불구하고 근대 신생한자어를 판별하고 유형화할 수 있는 기준이 아직 정립되지 않았다. 이는 역시 한국과 중국 학계의 편향적인 연구 현실과 일정한 관련성이 있다고 생각된다.

이러한 연구 현실은 강제적 한일병합을 전후한 시기에 중국이 새로운 문물제도와 사상에 대한 언어적 요구를 더 이상 충족시키지 못하고 일본이 중국 대신 한자문화권 나라에 신생한자어를 수출한 역사와 관련이 있다. 특히 한국의 경우 한일병합을 전후한 시기에 다량의 신생한자어가 일본어에서 유입되고 한국 근대 어휘 체계에 정착되었다. 이러한 상황에 주목하면서 한국 학계의 주류 방향은 일본어와의 어휘 교류에 집중된 면

---

[①] 魏源은 임칙서(林則徐)가 번역한 『四洲志』를 근거로 하고 서양 선교사들이 쓴 기록 및 중국어로 된 자료들을 보태어 1844년 『海國圖志』라는 제목으로 출간하였다.

이 있다. 그러나 상술한 바와 같이 근대기 중국으로부터 유입된 한역서 학서나 저서를 통해서 한국 사회에 보급되어 정착된 신생한자어도 많다는 것은 부인할 수 없는 사실이다①.

근대기 한중 간 어휘 교류사에 대한 연구는 동아시아의 근대화라는 큰 틀에서 이루어져야 한다고 생각한다. 근대기 신생한자어의 생성과 전파는 한중일 삼국이 근대 국가로 발전하는 역사적 배경 및 각국의 사회 배경과 밀접한 관계를 가진다. 이에 이 책에서는 한중일 삼국의 역사와 문화에 대하여 종합적으로 접근하는 방식을 취하여 어휘문화사라는 각도에서 중국 기원 신생한자어가 근현대 한국어 어휘 체계에 미친 영향을 검토할 것이다. 중국어 기원 신생한자어가 조선에 유입되어 정착·소멸하는 과정을 연구하는 본 연구는 한국 근대 신생한자어의 계보 및 어휘체계 성립사 연구에 도움이 될 뿐만 아니라 한국에서 한자라는 매개체를 사용하여 서양의 근대 문명을 어떻게 수용하였고, 또 서양의 근대 문명을 수용할 때 어떤 문제가 있었는지 등, 동아시아의 근대화 과정을 검증하는 여러 연구와 밀접히 관련된 기초 작업이라고 할 수 있다. 이러한 의미에서 근대 한중간의 어휘 교류를 연구하는 것은 큰 의미를 갖는다.

## 제 2 절  연구 방법 및 연구 자료

### 2.1  연구 방법

이 책에서 사용할 연구 방법은 크게 두 가지이다. 첫째는 종합적인 연구 방법이며 둘째는 개별어휘 성립사를 연구하는 방법이다. 종합어휘사적 방법은 어느 시기의 번역어 성립과정에 대한 종합적 파악이라는 측면에서 긍정적으로 평가될 수도 있겠지만 어휘 하나하나에 대한 개별적 검토에 소홀해지기 쉽다는 부정적 측면도 함께 지니고 있다. 개별어휘사

---

① 李光麟(1974:33~46)에서는 한국의 개화사상이 19세기 중엽을 전후한 시기에 중국에서 간행된 서양문물을 소개한 서적으로부터 영향을 받았음을 지적하였다.

적 방법은 번역어 하나하나에 대한 정착과정을 심도 있게 밝힐 수 있는 장점을 지니고 있지만, 종합어휘사적 방법에 비해서는 단편적이고 부분적인 어휘에 그칠 수밖에 없는 단점을 안고 있을 수밖에 없다. 이 책에서는 이 두 가지 방법을 원용하여 중국 기원 신생한자어가 근현대 한국어에 미친 영향을 살펴볼 것이다.

　중국 기원 신생한자어가 한국어로 유입된 후에 해당 어휘가 정착되거나 소멸되는 과정을 효율적으로 분석하기 위해 이 책에서는 다음과 같은 종합적인 연구방법을 취할 것이다. 첫째, 광범위한 어휘를 대상으로 하는 만큼 적절한 표본을 선정하고 이를 분석하는 방법을 취할 것이다. 이에 따라 이 책에서는 중국 근대 영한류(英漢類) 이중어사전의 집대성이라고 할 수 있는 로브샤이트(1866~1869)에서 지리용어, 외국국명, 종교용어, 정치·법률·외교용어, 학문명칭 등 다섯 부류의 신생한자어를 선정할 것이다. 둘째, 표본 어휘의 출현 시기를 특정하기 어려운 관계로 어휘의 정착 여부에 대한 판단 기준이 될 수 있는 근대 한국 다섯 종류의 영한류 이중어사전을 주자료로 삼을 것이다. 또한 중국 기원 신생한자어가 한국어로 유입되는 경로와 그것들이 정착되거나 일본계 어휘에 밀려나는 과정을 잘 파악하기 위해 중국 쪽에서는 『職方外記』, 『海國圖志』, 『瀛環志略』 등을, 한국 쪽에서는 근대기 조선 지식인들이 저술한 서학 관련 서적과 신문 등을 부자료로 삼을 것이다. 즉, 로브샤이트(1866~1869)에 등재된 신생한자어를 선정한 다음에 한국 영한류 사전에서 해당 어휘의 자취를 확인함으로써 해당 어휘가 한국어로 유입되는 경로를 살펴보는 동시에 이들 어휘가 한국어 근대 어휘체계에 미친 영향을 검토할 것이다. 셋째, 사회언어학이라는 시각에 입각하여 문헌을 대비·검토하는 방법을 이용할 것이다. 즉, 근대기에 편찬된 영한류 이중어사전 외에 이 시기에 한중양국에서 편찬된 저술이나 발행된 신문지·잡지 등의 개화기 자료들에 출현한 어휘들을 비교·검토하여 중국어 기원 신생한자어가 한국어로 유입된 경로를 밝힐 것이다.

　또한 이 책에서는 이상의 종합적 연구 방법 외에 개별어휘 성립사를 연구하는 방법도 원용할 것이다. 즉 하나의 단어를 선정하여 동아시아의

제 1 장 서론

근대화라는 배경 속에 그 단어가 동아시아 나라에서 출현한 맥락을 검토하고 한국어로 유입되는 경로와 정착되는 과정을 살펴보는 방법이다. 같은 한자문화권에서 공동으로 사용되고 있는 개별 신생한자어의 역사적 계보를 유기적으로 연구함으로써 부분적으로나마 한중일 간에 이루어진 어휘간섭과정의 성격과 한국 근대어휘체계의 성립사를 연구하는 데 의미가 있다고 생각된다.

## 2.2 연구 자료

본 연구에 주자료로 사용된 로브샤이트의 『英華字典』(1866~1869)과 근대 한국 영한류 사전의 서지 사항은 다음과 같다.

### 2.2.1 근대 영한류 이중어사전

근대 중국과 서양의 접촉은 16세기 말 천주교 선교사들이 중국에 와서 포교활동을 하면서부터였다. 중국에 처음으로 온 선교사는 利瑪竇인데 그가 중국 대륙에 들어오기 전에 마카오에서 중국어를 공부하고 왔다는 점에서 알 수 있듯이 서양인들이 중국에서 포교를 하기 위해서는 먼저 언어라는 장애를 극복하지 않으면 안 되었다. 이 때문에 언어 사전들이 특별한 의미를 갖게 되었다. 17세기 초부터는 선교사들이 중국에서 포교를 하면서 중국어 학습서를 편찬하는 데에도 힘썼다[①]. 그러나 본격적인 이중어사전의 등장은 馬禮遜에 의해 편찬된 중영사전부터이다. 그 후에 선교사들이 수많은 영중·중영사전을 출판하였는데 이러한 사전 편찬은 20세기에 들어서도 계속되었다. 이 연구에 사용된 영한류 이중어사전 중에 주요한 것을 들면 다음과 같다[②].

---

[①] 17세기에 편찬된 중국어 학습서는 포르투칼 선교사(Alvarus de Semedo, 1585~1658, 중국명 : 謝務祿/曾德昭)에 의해 편찬된 『字考』와 선교사 니꼴라 트리고(Nicols Trigaul, 1577~1628, 중국명 : 金尼閣)에 의해 편찬된 『西儒耳目資』을 손꼽을 수 있다.

[②] 沈國威(2012:164~165, 이한섭 외역)를 참조.

근대기 중국 기원 신생한자어의 한국어 유입과 정착

<표 1> 본 연구에 이용된 중국 근대 영한류 이중어사전 서지사항 일람표

| 英文書名 | 漢文書名 | 부, 권수 | 출판연도 | 페이지 수 | 저자 | 저자 국적 및 신분 | 출판사 |
|---|---|---|---|---|---|---|---|
| A Dictionary of the Chinese Language in Three Parts[1] | 字典 | 제1권 | 1815 | 868 쪽 | 馬禮遜 (Morrison, Robert, 1782~1834) | 스코틀랜드 선교사 | Macau: The Honorable East India Company's Press |
| | | 제2권 | 1822 | 884 쪽 | | | |
| | | 제3권 | 1823 | 908 쪽 | | | |
| | 五車韻府 | 제1권 | 1819 | 1090 쪽 | | | |
| | | 제2권 | 1820 | 305 쪽 | | | |
| | 漢文書名 없음 | 獨卷 | 1822 | 480 쪽 | | | |
| Chinese and English Dictionary: Containing All the Words in the Chinese Imperial Dictionary, Arranged According to the Radicals[2] | 漢英拼音字典 | 제1권 | 1842 | 1488 쪽 (합) | 麥都思 (Medhurst, Walter Henry, 1796~1857) | 영국 선교사 | Batavia: Printed at Parapattan |
| | | 제2권 | 1843 | | | | |
| An English and Chinese Vocabulary, in the Court Dialect[3] | 英華韻府歷階 | 獨卷 | 1844 | 440 쪽 | 衛三畏 (Williams, Samuel Wells, 1812~1884) | 미국 선교사 겸 외교관 | 중국 香山書院 |
| English and Chinese Dictionary[4] | 英漢字典 | 제1권 | 1847 | 1436 쪽 (합) | 麥都思 (Medhurst, Walter Henry, 1796~1857) | 영국 선교사 | 중국 Shanghai: Printed at the Mission Press |
| | | 제2권 | 1848 | | | | |
| English and Chinese Dictionary with the Punti and Mandarin Pronunciation[5] | 英華字典 | 제1권 | 1866 | 2013 쪽 (합) | 羅存德 (Lobscheid, Wilhelm, 1822~1893) | 독일 선교사 | Hong Kong: The Daily press office |
| | | 제2권 | 1867 | | | | |
| | | 제3권 | 1868 | | | | |
| | | 제4권 | 1869 | | | | |

8

제 1 장  서론

이은 도표

| 英文書名 | 漢文書名 | 부, 권수 | 출판연도 | 페이지수 | 저자 | 저자 국적 및 신분 | 출판사 |
|---|---|---|---|---|---|---|---|
| Vocabulary and Hand-book of the Chinese Language[6] | 英華萃林韻府 | 제 1 권 | 1872 | 550 쪽 | 盧公明 (Doolittle, Justus, 1824~1880) | 미국 선교사 | Foochow[중국 福州]: Rozario, Marcal and Company |
| | | 제 2 권 | 1872 | 695 쪽 | | | |
| An English and Chinese Standard Dictionary[7] | 英華大辭典 | 제 1 권 | 1908 | 2706 쪽 (합) | 顔惠慶 (Yen, Wei-Ching Williams, 1877~1950) | 중국 정치가, 외교가, 작가 | 上海商務印書館 (Shanghai: Commercial press) |
| | | 제 2 권 | 1908 | | | | |
| English-Chinese Dictionary of the Standard Chinese Spoken Language (官話) and Handbook for Translators[8] | 官話 | | 1916 | 1726 쪽 | 赫美玲 (Hemeling, Karl Ernst Georg, 1878~1925) | 독일 참찬 | Shanghai: Statistical Department of the Inspectorate General of Customs |

　1. 스코틀랜드 선교사 모리슨 (Morrison, Robert, 1782~1834, 중국명: 馬禮遜) 에 의해 편찬된 『字典』(*A Dictionary of the Chinese Language in Three Parts*)은 1815~1823 년 간에 마카오에 있는 The Honorable East India Company's Press 에서 출판되었다. 이 사전은 최초의 중영 이중어사전으로서 근대기에 중국어와 영어가 처음으로 접촉됨에 따라 생겨난 외래어 다수를 수록하였고 중국과 서양 간의 문화 교류의 한 단면을 보여 주었다. 이 사전에 등재된 신생한자어들이 중국뿐만 아니라 동아시아 지역에도 그 영향을 미치게 되고 오늘날 사용된 많은 어휘가 수록되어 있다는 점에서 이 사전은 동아시아권 근대 어휘 성립사를 연구하는 데도 큰 의미를 가진다.
　2. 『華英字典』(*Chinese and English Dictionary: Containing All the Words in the Chinese Imperial Dictionary, Arranged According to the Radicals*) 은 메드허스트에 의해 편찬되고 1842~1843 년에 인도네시아에 있는 Parapattan 에서 출판되었다.
　3. 『英華韻府歷階』(*An English and Chinese Vocabulary, in the Court Dialect*) 은 미국 선교사 겸 외교관 윌리암스 (Williams, Samuel Wells, 1812~1884, 중국명: 衛三畏) 에 의해 편찬되고 1844 년에 중국 香山書院에서 출판되었다.
　4. 『英華字典』(*English and Chinese Dictionary*) 은 메드허스트에 의해 1847~1848 년 간에 중국 상해에 있는 墨海書館 (The Mission Press) 에서 출판되었다.
　5. 독일 선교사인 로브샤이트 (羅存德: Lobscheid, Wilhelm, 1822~1893) 에 의해 편찬된 『英華字典』 (*English and Chinese Dictionary with the Punti and Mandarin Pronunciation*) 은 1866~1869 년 사이에 홍콩에 있는 The Daily press office 에서 출판되었다.

9

근대기 중국 기원 신생한자어의 한국어 유입과 정착

이은 도표

6. 미국 선교사 돌리틀(Doolittle, Justus, 1824~1880, 중국명 : 盧公明)에 의해 편찬된 英華萃林韻府(*Vocabulary and Hand-book of the Chinese Language*)은 1872년에 중국 복주(福州)에 있는 Rozario, Marcal and Company에서 출판되었다.

7. 顏惠慶(Yen, Wei-Ching, 1877~1950)에 의해 편찬된 『英華大辭典』(*An English and Chinese Standard Dictionary*)은 1908년 중국 上海商務印書館(Shanghai: Commercial press)에서 출판되었다. 이 사전은 중국인에 의해 편찬된 첫 영중사전이며 과학기술 분야의 새로운 어휘를 많이 등재시켰으므로 후세에 전문용어를 번역하는 데 기초를 다졌다.

8. 해관에서 중국 업무를 담당하는 독일 참찬(參贊)인 헬레링(Hemeling, Karl Ernst Georg, 1878~1925, 중국명 : 赫美玲)에 의해 편찬된 『*English-Chinese Dictionary of the Standard Chinese Spoken Language*(官話) *and Handbook for Translators*』란 대사전은 1916년에 중국 상해에 있는 Statistical Department of the Inspectorate General of Customs에서 출판되었다.

이들 사전에서는 중국어와 영어의 대역 관계를 명확하게 하기 위해서 외래 개념을 나타내는 번역어가 고안되었고 외국인 사용자를 위하여 일부 사전에는 로마자로 중국어 발음을 표기하는 방법도 시도되었다. 사전 편찬의 목적이나 수록어의 수, 용어 해석의 간결성 등에 차이가 있으나, 이들 사전은 대부분 편찬 초기부터 중국 지식인이 참가했기 때문에 당시의 중국어가 상당히 정확하게 반영되어서 근대 중국어의 음운과 어휘, 번역어의 성립 과정 등 여러 가지 역사적 사실을 파악할 수 있는 귀중한 자료이다. 이 책에서 로브샤이트(1866~1869)를 연구대상으로 삼은 이유는 다음과 같다[1].

첫째, 사전의 성격과 수준이 다른 사전과 차별화 되기 때문이다.

로브샤이트의 『英華字典』은 1866년부터 1869년 사이에 총 4권의 분책(分冊)으로 간행된 2000페이지가 넘는 방대한 규모의 영중사전이다. 이것은 19세기 영중사전들이 목표로 했던 최고 수준의 사전으로 수많은 영중사전들 중에서 특히 주목되는 사전이다. 이 사전에는 5만 3천여 개의 영어 표제어뿐만 아니라 60만 자가 되는 한자가 수록되어 있다. 각 등재어에는 중국어 번역어, 광동어(廣東語) 주음뿐만 아니라 관련된 중국어 어휘의 주음과 예시, 영어 주석 등이 포함되어 있다.

---

[1] 로브샤이트 『英華字典』에 관한 연구는 沈國威(2012:168~180, 이한섭 외역)와 沈國威(2010:26~29)에서 밝힌 바를 근거로 정리한 것이다.

로브샤이트는 『英華字典』(제1권)의 서문에서 (1)과 같이 언급하였다. 이 서문을 통해서 우리는 로브샤이트가 그 당시 대량의 서양 신지식이 중국에 소개되었으나 신지식을 표현하는 데 사용할 만한 한문 명칭이 없었다는 현실을 인식하고 있음을 알 수 있다. 또한 그는 자신이 편찬한 이 사전에 서양에서 생긴 지 얼마 안 되는 인문과학과 자연과학의 신어휘를 번역 또는 해석할 것이라고 밝혔다[1].

(1) 上面的資料顯示了這些字典出版以來, 文明在中國已經獲得的發展, 僅通過上面描述的這些情況就可以看出有必要在漢語詞匯中增加大量人們以前所不知道的詞語. 而且處在這樣一個不斷進步的時代, 誰也無法豫料中國不斷前進的步伐會停在哪里. 作者認爲有必要在這本著作中翻譯和解釋那些本世紀在英語中新出現的用于表示人文科學與自然科學的大量術語. 由于在過去几年里大量新知識及新的工業部門被介紹到了中國, 因此要標記這些漢語中甚至沒有對應名稱的新事物, 我們要做好應對巨大而突然的變化的準備.

또한 중국인 관리인 장옥당(張玉堂)은 자신이 쓴 서문에서 『英華字典』의 번역어에 대해 (2)와 같은 높은 평가를 보냈다.

(2) 其中俚語文言無不悉載前人所畧者譯之不厭其煩所贅者刪之不嫌其簡訪咨至于邇言搜羅不遺俗字重抽舊緒別出新詮博采傍稽合參互證[2].

위 글에서 볼 수 있듯이 로브샤이트는 번역어를 고안할 때 새로운 신어를 창안하기보다는 중국 고전 문헌에 있었던 단어에 새로운 의미를

---

[1] 이 글은 로브샤이트의 "서문 Preface"의 내용을 沈國威·海曉芳가 번역한 『英華字典解題』에서 인용한 것이다. "서문 Preface"은 영어로 작성된 국배판(菊倍版) 2쪽에 이르는 장문으로, 날짜는 1866년 4월 28일로 되어 있다.
[2] 번역어에는 속어와 문어가 전부 수록되어 있다. 이전 영중사전을 편찬한 사람들이 간략하게 기술한 부분을 이 사전의 편자는 상세히 설명하고 번거로움을 마다하지 않고 장황하게 설명된 곳을 삭제하여 간결하게 만들었다. 문어와 속어를 망라해서 옛 의미를 가져다가 새로운 해석을 부여하였고 용례를 광범하게 수집하고, 다른 책과 대조 확인하였다. 沈國威(2012:177, 이한섭 외역) 참조.

부여하는 방법에 중점을 두었음을 알 수 있다. 19세기 이후 정치·경제·교육·자연과학 전반에 걸친 분야에서 고전적 의미를 유지한 단어에 새로운 의미를 부여하는 방법은 잇따라 등장한 신문물제도를 표현하는 데 한계가 있었지만 신문명과 관련된 번역어의 필요성을 인식하면서 편찬된 이 사전은 한중일 삼국 신생한자어를 연구하는 데 귀중한 자료라고 생각된다.

둘째, 중국에서 일본으로 어휘가 유입되던 시기에 편찬된 사전이기 때문이다.

沈國威(2010:26)는 언어 접촉과 어휘 교류의 입장에서 한자문화권 근대 신어 중의 동형한자어를 '중일유향사(中日流向詞)·일중유향사(日中流向詞)·중일호동사(中日互動詞)' 등 세 유형으로 분류한 바 있다. 그 중에서 '中日流向詞'는 중국어에서 일본어로 유입된 어휘를 가리키며, 그 시기는 16세기 말기부터 19세기 80년대까지로 한정되었다. 이 시기는 또 두 시기로 나눌 수 있다. 첫 시기는 천주교를 선교하러 온 야소회사들이 활동하였던 시기이다. 이 시기에 창안된 신생한자어들이 한역서학서와 동시대 중국학자들의 저서를 매개로 일본에 유입되어서 일본어에 수용되었다. 예컨대 "基督, 天主, 幾何, 病院, 地球, 熱帶, 溫帶, 赤道"와 같은 基督敎·天文學·幾何學·地理學 등 분야의 어휘가 바로 이 시기에 일본으로 유입되었다. 이 어휘들은 일본 난학자(蘭學者)들에게 받아들여지고 네덜란드 서적을 번역하는 데 많이 이용되었다. 이 시기에 도쿠가와 막부[에도 막부]의 쇄국 정책 때문에 대외무역과 해외 정보의 유입은 제한을 받았다. 그러나 서적에 대해서 1720년에 천주교 서적 이외의 양서를 수입해도 된다는 양서수입해금 정책으로 쇄국정책에도 불구하고 문화적으로는 진일보하였다. 이리하여 일본으로 수입된 중국 한역서학서들이 일본 학자들 간에 자유로이 유통 되고 이 시기에 중국에서 창안한 한자 어휘가 일본어에 흡수되었을 가능성이 크다. 두 번째 시기는 1807년 개신교 선교사 馬禮遜이 중국 광주(廣州) 항구에 상륙할 때부터이다. 1859년 일본이 개항한 후에 외국 서적의 입수가 해제됨에 따라 중국 서학 번역물과 英華字典 등의 서적이 대량 일본으로 유입되었다. 이와 동시에 개신교 선교사들이 창안한 신어나 번역어들도 일본어 어휘체계에 수용되었다. 이 시기에 "銀行, 保險, 資本, 電氣, 電報, 化學, 植物學, 鉛筆, 陰極, 陽極, 炎症" 및 대량의 수학 용어가 일본으로 유입되었다. 沈國威(2010:26)에 따르면 19세기 80년대 중기 이후 일본에서 인문·과학 분야의 근대어휘체계가 성립되었다고 한다. 청일전쟁을 분수령으로 하여 그 동안 서학동점(西學東漸)과 서구 문명을 섭취하려는 근대화 과정 속에서 일본에 대한 중국의 문화적 우위는 서서히 없어지고 마침내는 역전되고 말았다. 이렇게 하여 19세기 말기부터 중국이 일본으로 새로운 문화를 수출하는 일은 중단되었다.

이상의 역사적 맥락에서 살펴본 것처럼 적어도 로브샤이트(1866~1869)가 출판되기 전까지 중국은 일방적으로 일본으로 문화 수출의 역할을 하였다. 바꿔 말하면 로브샤이트(1866~1869)에 등재된 신생한자어들은 일본어의 영향을 받지 않았고 이들 신생한자어들을 중국어 기원 신생한자어로 간주하는 데 문제가 없다고 생각한다. 이는 역시 이 책에서 이 사전을 연구 주자료로 삼은 이유 중의 하나이다.

셋째, 『英華字典』(1866~1869)이 일본의 사전 편찬에 지대한 영향을 미쳤기 때문이다.

沈國威(2009:84)가 밝힌 바와 같이 로브샤이트와 교회의 갈등을 빚고 있음으로 인해 이 사전은 중국 대륙에서 발간되지 못하고 홍콩의 The Daily Press에서 처음으로 출판되었다. 이 사전은 출판된 후에 일본에 의해 많이 구입되고 일본의 근대 영일사전의 편찬과 번역어의 형성에 커다란 영향을 미쳤다. 沈國威(2012:199~200, 이한섭 외역)는 일본에서 출간된 『附音挿圖英和字彙』(1873)를 『英華字典』의 번역어의 대비를 통해 이 사전은 로브샤이트(1866~1869)의 영향을 많이 받았다고 지적하며, 『英華字典』 번역어가 일본의 영향을 받지 않고 로브샤이트에 의해 독자적으로 만들어졌다는 결론을 내린다. 실은 이 점에 대해서 일찍이 일본 연구자들의 관심을 끌어왔는데 모리오카 켄지[森岡健二]는 1969년에 벌써 근대 번역어 관점에서 이 사전을 상세히 논한 바가 있다. 또한 1879년 츠다 셴[津田仙] 등에 의해 로브샤이트의 『英華字典』을 충실하게 번역한 『英華和譯字典』, 1884년 이노우에 테츠지로[井上哲次郎]에 의해 편찬된 增補版 『英華字典』 등이 출판되었다는 사실은 로브샤이트의 『英華字典』이 일본어에 커다란 영향을 미쳤다는 방증(傍證)이 될 수도 있다. 이는 역시 필자가 로브샤이트의 『英華字典』을 주요 연구 자료로 삼은 이유 중의 하나이다.

### 2.2.2 한국의 이중어사전

근대 한국 영한류 이중어사전에 등재된 신생한자어의 양상을 검토함으로써 중국 기원 신생한자어가 한국 근현대 어휘체계에 미친 영향을 살펴볼 것이다. 여기서 이용될 한국 근대 영한류 사전은 언더우드(H.G. Underwood)(1890), 소콧(Scott)(1891), 존스(Jones)(1914), 게일(J. S. Gale)(1924), 元漢慶(H .H. Underwood)(1925) 등이다. 이들 사전의 서지적 사항은 황호덕·이상현(2012:43~155)을 토대로 정리하면 다음과 같다.

『한영ㅈ뎐』(A Concise Dictionary of the Korean Language)은 언더우드가 1890년에 발행한 최초의 한영사전과 영한사전이다. 이 사전은 요꼬하마의 Kelly&walsh 출판사에서 나오고 같은 곳의 세이시분샤(Seishi Bunsha)에서 인쇄되었다. 이 사전의 제1부는 한영부이고 제2부는 영한부로 구성되어 있다. 이 사전의 서문에서 밝혔듯이 사전 편찬을 준비하는 기간이 5년여 소요되어 1890년에 이르러서야 포켓판과 학생판이라는 2가지 형태로 출판되었다[1]. 게일의 도움을 받았다고 되어 있는 제1부 한영사전의 표제어 총수는 약 4910개이며, 자모의 배열 순서에 있어서는 『한불ㅈ뎐』(1880)이 가장 중요한 참고 문헌이 되었다. 제2부의 영한사전의 표제어는 약 6702개이며 육영공원(育英公院)(the Royal Korean University)의 헐버트의 도움을 받았다.

스콧의 영한사전(English-Corean Dictionary)은 1891년에 한국영국교회출판부(Corea: church of England Mission press)에서 출판되었다. 이것은 언더우드(1890)에 이어 두 번째로 나온 영한사전이다. 언더우드(1890)와 비교해 볼 때 훨씬 더 많은 영어 표제어가 실려 있고

---

[1] 황호덕·이상현 역(2012:43) 참조.

표제어의 다의적 의미를 보다 많이 풀이하고 있지만 언더우드(1890)에 비하면 품사적인 측면에서 대등한 대역관계를 제시하지 않고 있다.

『영한ᄌᆞ뎐(An English-Korean Dictionary)』은 1914년 존스가 편찬한 사전으로서 언더우드(1890)와 스콧(1891) 이어 세 번째로 출판된 영한사전이다. 이 사전은 한일강제병합 이후 최초로 나온 영한사전으로서 일본 도쿄의 교문관(敎文館)에서 출판했고 한국선교서회가 사전의 판매를 담당하였다. 이 사전의 서문에서 밝혔듯이 "영어로 된 학술, 철학, 종교, 법률, 교육 그리고 보다 일상적인 몇몇 용어에 한국어 또는 한자 유래의 한국어(Sinico-Korean) 대응어를 제시하려 시도"했다고 사전 편찬의 목적을 명시했다. 따라서 이 사전에는 근대 외래한자어들을 다수 수록했다고 판단할 수 있다. 또한 존스의 서문을 보면 리델 신부의 『한불ᄌᆞ뎐』과 게일 박사의 『한영ᄌᆞ뎐』의 영향을 받았다고 하였다. 이와 동시에 서문에서는 이 사전에 등재된 단어 중 다수는 새롭고 생소한 것이어서 일반 한국인에게는 굉장히 낯설며 일부 학자 계층에게만 알려진 수준이라는 점도 밝혔다.

『三千字典』(Present day English-Korean: Three Thousand Words)은 게일에 의해 편찬되고 한국 근대시기에 네 번째로 나온 영한사전이다. 이 사전은 1924년에 경성(京城) 조선야소교서회에서 발행하였다. 이 사전의 영문 제명을 보면 '사전(Dictionary)'이란 용어를 사용하지 않았던 이유는 이 책은 사전이라기보다는 일종의 어휘 목록집에 더 가깝기 때문이었을 것이다. 이 사전에 수록된 어휘 수는 약 3000개이며 게일은 "한국어의 일부가 되어 있는 새롭고 보다 근대적인 용어에 대한 지식을 얻는 데 도움을 주고자했다"라고 사전을 소개하는 글에서 사전의 편찬 목적을 명시하였다. 표제어 제시와 의미 기술 방법에는 영어와 한국어를 일대일 대응 관계 속에서 제시하고 있으며 해석부에 나온 한국어에 대한 설명이나 다의적 맥락이 제시되어 있지는 않다.

『英鮮字典』은 元漢慶에 의해 편찬된 사전으로서 1925년에 조선야소교서회에서 출판되었다. 이사전은 앞선 영한사전의 계보를 이으며 한국 근대시기에 다섯 번째로 출판된 영한사전으로서 약 15,000개의 영어표제어를 한국어로 풀이했다. 元漢慶(1925)의 편찬과 관련된 기록에서 이 사전에 실려 있는 "어휘의 정의가 어색한 항목이 있을 수 있겠으나, 한국어가 현재 급격한 유동의 시기를 겪고 있기 때문"이라고 밝히면서 사전의 편찬 작업에는 "대여섯 가지의 일어와 중어 사전, 중국과 일본의 신어 목록을 참조하였다"고 언급하였다 [1].

상기 다섯 종의 영한사전에 수록된 어휘수가 다르고 표제어로 등재시킨 영어 단어들 자체도 서로 상당히 달랐다는 것은 사전의 편찬 목적과 관련되어 있다고 본다. 상기 사전에 편자의 신분이나 출판사의 종류, 사전의 편찬 경위를 밝힌 서문을 살펴보면 해당 사전의 편찬목적이 명백해진다. 즉, 황호덕·이상현 (2012:241)에서 밝혔듯이 언더우드(1890)와 소콧(1891)은 선교를 위한 일상회화용 영한사전에 근접한 것이고 존스(1914)는 서구어 학술용어에 대한 아직 관습화되어 있지는 못했던 근대외래 한자어를 실험적으로 탐색한 사전이었다. 게일(1924)은 당시 한국에서 사회화, 관습화가 된 유용한 신어들을 선정하여 편찬된 어휘집이며 元漢慶(1925)은 일상, 선교, 학술적 목적이 망라된 영한사전의 집대성이라고 볼 수 있다. 서로 다른 시기에 다른 목적에 따라 발간된 사전들인 만큼 동일한 영어 표제어임에도 대역관계를 구성하는 한국어는 결코 동일하지 않다. 개화기에서 식민지시기까지 발행된 상기 영한사전에서 동일한 영어 표제어에 대해 한국어로 풀이된 설명들을 통해 근대 한국어의 변모나 영한 대역관계의 변천을 일목요연하게 살필 수가 있다.

## 제 3 절　논의의 구성

효율적으로 논의를 전개하기 위해 다음과 같이 논의를 진행할 것이다. 제 2 장에서는 그 동안 한국과 중국 학계에서 이루어진 근대 신생한자어에 대한 연구의 업적을 살펴볼 것이다. 즉, 중국에서는 중일간의 연구와 중한 간의 연구 실태를 검토하며 한국에서는 한일 간의 연구와 한중 간의 연구를 검토할 것이다. 이러한 선행연구 분석을 통해서 한중 학계

---

[1] 황호덕·이상현 역 (2012:151)을 참조.

에서 이루어진 신생한자어 연구의 방향과 문제점을 살펴볼 것이다.

제3장에서는 한국과 중국 학계에서 근대 한자어 교류와 관련한 연구가 오래되었음에도 근대 신생한자어를 판별하고 유형화할 수 있는 기준이 정립되지 않은 것을 감안하여 선행 연구에서 신생한자어를 선별하는 데 있어서의 문제점을 지적하며 신생한자어의 판별 기준을 세울 것이다. 또한 로브샤이트의 『英華字典』에서 표본어휘를 선별하는 방법과 순서를 소개한 다음에 표본어휘를 선정할 것이다. 신생한자어 여부를 판별하고 이를 유형화하는 것은 궁극적으로는 한중일 간의 근대 시기 어휘 교류 양상을 연구하는 데 기본 준거를 마련한다는 의미가 있다.

제4장에서는 사회언어학의 입장에서 중국 기원 신생한자어가 한국어로 유입되는 데 중요한 매체 역할을 하였던 한역서학서가 조선으로 유입된 경로와 조선 위정자(爲政者)와 지식인들의 반응을 고찰하고 지리용어, 외국 국명, 종교용어, 정치·법률·외교용어, 학문명칭 등 다섯 유형으로 분류하여 중국 기원 신생한자어가 한국 근현대 어휘체계에 미친 영향을 검토할 것이다.

제5장에서는 개별 어휘, 즉 '化學'이란 용어에 주목하여 이 용어가 한국어로 유입되기 전에 중국이나 일본에서 'Chemistry'의 대역어로 어떻게 사용되고 있는지를 살펴볼 것이고, '化學'이란 용어가 한국어로 어떻게 유입되었는지, 즉 유입될 때의 양상을 조사할 것이며 '化學'이란 용어가 근대한국어휘체계에 정착되는 과정을 밝힐 것이다.

# 제 2 장  선행 연구 검토

이 부분에서는 그 동안 한중 학계에서 이루어진 근대 신생한자어에 대한 연구 현황 및 신생한자어 연구의 방향과 문제점을 지적할 것이다.

## 제 1 절  중국 측에서의 연구

### 1.1 중일 간의 연구

王立達이 1958년 『中國語文』에 등재한 "現代漢語中從日語借來的詞彙"라는 논문은 중화인민공화국 건립 이후 처음으로 중일간의 어휘 교류 문제를 거론한 것이다. 王立達(1958)은 일본어 차용어라고 인정한 어휘들을 아홉 유형으로 분류하였다. 즉, ① 음역어 ② 일본 훈독어 ③ 일본 근대 이후의 신어 (반대어, 일반용어와 학술용어, 학과명, 접미사가 붙은 단어) ④ 중국어에 들어온 후 의미 변화가 생긴 단어 ⑤ 중국 고전어였던 것이 일본에서 새로운 의미가 부여된 후에 중국어로 유입된 단어 ⑥ 일본 국자 ⑦ 일본어를 번역할 때 사용하는 단어 ⑧ 폐어가 된 단어 ⑨ 협화어 (協和語) 등이 그것들이다. 총 589 단어를 다루는 이 논문에서는 일본어 차용어를 제시하고 분류하는 것에 그쳤다. 제시된 어휘의 의미 측면으로 보면 정치·경제·철학 분야의 어휘에 치우치는 경향이 있었다. 沈國威(2012:88, 이한섭 외역)에서는 王立達(1958)의 논문은 일본어 차용어의 인정과 어원 고증에 적지 않은 문제가 있다고 지적하였다.

　1958년 중국 언어학 학자인 王力의 『漢語史稿』 중의 "詞彙的發展"이라는 장절에서 중국어 어휘의 발전사와 변천사를 다루었다. 그 중의 제55절 "아편전쟁 이전의 중국어 차용어와 번역어" 중에는 "西域借詞和譯詞, 佛敎借詞和譯詞, 西洋借詞和譯詞" 세 부분으로 나누어 차용어와 번역어의 관계를 검토하였다. "西洋借詞和譯詞" 부분에서 19세기 중반의 양무서인 『海國圖志』가 근대 번역어의 생성에 영향을 미쳤다고 지적하였다. 이어서 56절에서는 아편전쟁 이후에 생겨난 신생한자어를 중심으로 다루었다. 王力(1958)은 아편전쟁을 기점으로 신생한자어의 생성과 전파 등 문제를 토론하였고 현대 중국어 신생한자어 생성을 거론할 때 가급적 의역법 사용, 가급적 일본어 차용어 사용이라는 두 가지 특징을 제시하였다. 이 연구는 종래의 연구 중에 외래어라는 범주에서 신생한자어의 문제를 검토하는 틀에서 벗어나 처음으로 현대 중국어 어휘 성립사와 변천사라는 입장에서 근대 신생한자어를 고찰하였다. 이러한 의미에서 이 연구는 큰 의미가 있다고 생각한다.

　1959년 북경사범대학교 중문학과(北京師範學院中文系)가 공동으로 『五四以來漢語書面語言的變遷和發展』이라는 책을 저술하였다. 이 연구에서는 王力의 연구와 마찬가지로 역시 중국어 어휘 성립사와 변천사라는 관점에 입각하여 어휘와 문법 두 측면에서 신생한자어의 출현 문제를 다루었다. 이 연구에서는 일본어 차용어가 대량으로 중국어로 유입된 것은 중국어에서 독자적으로 만들어낸 신어, 번역어가 새로운 어휘체계의 요구에 충족시키지 못하고 일본어 차용어의 조어법이 중국어와 흡사하여 글자만 보면 의미를 대체로 파악할 수 있었기 때문이라고 지적하였다. 또한 이 연구에서 일본어 차용어가 중국어로 유입되는 시기를 두 가지로 분류하였는데 하나는 1919년 五四운동 이전이며 다른 하나는 20세기 20년대이다. 전 시기에는 자연과학·인문과학 등 분야의 전문어가, 후 시기에는 마르크스·레닌주의 등 사회 혁명의 전문어, 희극·문학 이론의 전문어들이 주로 유입되었다고 밝혔다. 『五四以來漢語書面語言的變遷和發展』이라는 책이 출판된 후에 정치적인 원인으로 외래어에 대한 연구가 중단되어 문화대혁명이 끝난 후의 80년대에 들어가서야 학계에서 일본어 차용어의 문제를 다시 거론하기 시작하였다.

유정담(劉正埮)·고명개(高名凱)의 『漢語外來詞詞典』(1984)은 문화대혁명 이후 일본어 차용어 문제를 검토하면서 편찬한 최초의 외래어 사전이다. 이 사전에는 만여 개의 외래어를 수록했는데 그 중에서 일본제 한자 신어 892개를 수록했다. 이 연구는 번역한 원어뿐만 아니라 그 단어가 발생한 언어의 어원도 표시하는 경향이 있다. 단어의 발생국, 즉 어종으로 다음과 같이 세 종류로 나누어 연구하였다. 첫 번째는 중국 고대 문헌에 출전이 있는 부류이다. 예를 들자면 '交通'이라는 단어에 대해 (3)과 같이 주석했다.

(3) 예. 交通 jiaotong. 1. 往來通達. 2. 各種運輸和郵電事業的總稱. 源日交通 kotsu. 古代漢語『史記·灌夫傳』: "諸所與交通, 無非豪傑大猾". 意譯英語 traffic, communication.

여기서 나오는 '交通'은 '사귀다'는 뜻인데 일본에서 서학서를 번역하는 데 이 어형에 새로운 의미를 부여했던 것이다. 이 어휘가 일본에 정착된 후에 다시 중국으로 역유입되었다 고 추정된다. 이들 어휘들을 중국에서는 '회귀어(回歸語)'라고 한다. 예를 들면 '革命, 文學, 演說, 經濟' 등이 그것이다. 두 번째 종류는 일본제 한자어다. 여기에는 '覺書'와 같은 훈독하거나 '支配, 體驗, 場面, 取消' 등과 같은 한자어로, 일본의 독특한 개념을 나타내는 것들이다. 일본제 한자로 표기한 단어와 일본어의 음역어(榻榻米 : 다다미) 등도 여기에 포함된다. 세 번째는 근대 신번역어이다. 이 부분은 위에 든 단어 이외의 것을 말하고 '-'로 표시하고 있다. 예를 들면 '美術, 抽象, 主觀, 哲學' 등이 그것이다. 이 연구는 유정담(劉正埮)·고명개(高名凱)가 편찬한 『現代漢語外來詞研究』(1958)를 기반으로 하여 수정·증보한 것으로서 중국 26년이라는 긴 시간에 걸쳐서 1984년에 드디어 출간되었다. 『漢語外來詞詞典』은 외래어 전반을 고찰 대상으로 하였다. "중국어 외래어에 대한 역사적 회고"라는 부분에는 중국어와 여러 외국어와의 접촉 사실을 다루고 있고 "현대 중국어의 외래어"라는 부분에서는 영국과 프랑스, 독일, 일본, 러시아, 이탈리아 및 중국 소수민족의 언어에서 들어온 외래어를 설명하고 있다. 이 사전은 종전의 연구를 바탕으로 어휘수가 가장 많은 일본어 차용어 리스트를 제시하였다. 앞으로의 연구를 위한 토대를 마련하여 출발점을 제시하였다는 점에서 그 의의가 크다고 할 수 있다. 그러나 沈國威(2012:94, 이한섭 외역)는 이 사전에서 어원 고증에 사용한 중국 문헌은 고대 중국에서 송대 문헌까지로, 명나라 말기 이후 자료, 예를 들면 명말 청초 이후의 서학서(번역서와 저작)와 『福惠全書』·『淸會典』 등 중국인의 저술, 아편전쟁 이후 출간된 외국 지리서류와 영중사전류, 京師同文館·江南製造局 등에서 번역한 책들은 포함되지 않았다고 지적하였다. 명나라 말기부터 청일전쟁까지 300년간은 중국 근대 어휘 형성의 중요한 시기이다. 서양 문명을 받아들여야 했기에 어휘 면에서 많은 신어가 만들어지는 등 확실한 준비가 이루어졌다. 이러한 사실로 『漢語外來詞詞典』의 일본어 차용어 리스트에 문제점이 내포되어 있다고 하였다. 그리고 이 사전에 실려 있는 일본어 차용어 중에 로브샤이트(1866~1869)와 대비하여함으로써 현대 일본어의 표준번역과 일치하는 단어를 63개 추출했다. 늦어도 1869년에 출간된 『英華字典』에 이들 번역어가 이미 수록되어 있어서 『漢語外來詞詞典』의 주장이 의심스러워진다고 지적했다.

90년대에 들어서서 근대 신생한자어 연구의 가장 큰 성과로 꼽을 만한 것은 이탈리아 한학가(漢學家) 마시니[馬西尼] 교수의 『The Formation of Modern Chinese Lexicon and its Evolution toward a National Language: The period from 1840 to 1898』이다. 이 연구는 1997년 『現代漢語詞彙的形成──十九世紀漢語外來詞研究』라는 제목으로 황하청(黃河淸)에 의해 중국어로 번역되어 홍콩중국어문학회[香港中國語文學會]의 조력으로 출판되었다. 이 연구는 두 장으로 나누어져 있다. 제1장에는 19세기 초엽부터 중국과 서양의 교류가 언어에 미친 영향과 한역서학서에 나온 번역어, 신생한자어, 중국어와 일본어 간의 어휘 교류를 연구대상으로 검토하였다. 제2장에는 어휘 체계의 형성에 입각하여 차용어와 한자신어의 관련성을 검토하고 분류함으로써 일본어에서 유입된 한자어가 중국어 어휘 체계에서 차지하는 위치를 연구하였다. 부록 부분에는 500여 개의 한자 신어를 대상으로 어원을 밝히고 처음 나오는 시기와 등재 양상에 대해서도 언급하였다. 이 연구에서는 19세기 중반 위원의 『海國圖志』가 중국어 어휘의 변천에 끼친 영향을 인정하면서 이 책에 서양 세계에 대한 정보 및 거기에 담겨진 신어들이 외국(일본 등)으로 확산하는 데 기여한 공로를 소홀히 해 왔다고 지적하기도 하였다.

    21세기에 들어서서 중일 간 근대 어휘 교류 연구에 가장 주목할 만한 것은 沈國威 교수의 연구라고 할 수 있다. 沈國威(2010)에서는 한자문화권 근대 어휘체계의 성립사에 입각하여 근대 중국어 신생한자어의 생성, 정착 등 역사적 사실에 대해 연구하였다. 이 연구는 다섯 부분으로 구성되어 있다. 서론에서는 근대 신생한자어에 대한 선행연구, 근대 신생한자어와 일본 차용어의 관계를 검토하였다. 제2장에서는 "新詞創造編"이라는 제목으로 근대 일본어에서 창안된 신생한자어, 선교사들에 의해 창안된 번역어, 엄복(嚴復)의 번역어 등을 위주로 다루었다. 제3장에서는 "言語接觸編"이라는 제목하에 중일 간 언어 교섭으로 인한 여러 가지 문제를 기술하였다. 제4장에서는 "詞彙交流編"이라는 주제로 황준헌(黃遵憲)의 『日本國志』, 古城貞吉의 "東文報譯", 『辭源』중의 일본어 차용어 등의 문제를 고찰하였다. 제5장에서는 "語源考證編"이라는 주제로 개별 어휘를 대상으로 야소회사와 개신교 선교사 간 번역어의 계승, 신어의 생성 및 중일 언어 간의 교섭, 서양 신개념의 어휘화 과정 등의 문제를 살펴보았다.

    沈國威(2012, 이한섭 외역)는 근대 중일어 어휘 교류 연구의 기본적인 문제들을 제기함으로써 근대 중국어의 일본어와의 만남을 통하여 19세기 영중사전들의 편찬과 이들이 아시아 여러 언어에 미친 영향을 살펴보았다. 또한 근대적 서양 개념어의 전래와 한자에 의한 어휘화, 중국어 어휘 체계 형성에 끼친 일본어의 영향 등을 논하였다. 근대 이후 서양으로부터 정신문명과 물질문명이 전래되고 이를 수용함으로써 동양은 크게 변모하였다. 언어는 사상과 개념을 나타내는 역할을 하는 것으로 한자문화권에 새로이 등장한 한자어에는 동아시아의 근대적 진실이 내재되어 있다고 한다. 沈國威 교수의 연구는 아시아 근대화 과정을 검증하는 기초 작업인 근대 중국어와 일본어의 어휘 교류 연구에 조감도를 제시하였다는 점에서 큰 의미를 가진다.

이운박(李運博, 2008)은 16세기 말기부터 서양 선교사들이 중국에서 서양 문물과 서적을 번역하는 데 '신사(新詞)'를 많이 창안하고 각종 경로를 통해 한국과 일본에 전입되었다고 지적하면서 이 신사(新詞)들은 언제, 어떤 경로로 한국과 일본에 전입되었는지 한국어와 일본어의 어휘 체계에 어떤 영향을 미쳤는지 등의 문제의식을 가지고 '법률'이라는 어휘의 중일 양국에서의 사용 양상과 형성 과정을 검토하였다. '법률'이라는 어휘의 어원을 살펴본 결과 이 어휘의 어형은 중국 고전 문헌에 나왔지만 근대에 들어와서 새로운 의미가 부여된 단어라고 지적하였다. 그리고 새로운 의미가 부여된 이 어휘가 일본어에 먼저 등장한 것인가 중국어에 먼저 등장한 것인가에 대해 각각 일본의 자료와 중국 자료를 검토한 후에 이 어휘는 중국에서 먼저 만들어졌으나 정착하지 못하고 일본으로 도입된 다음에 다시 중국으로 전입된 어휘라는 결론을 지었다. 그리고 중국과 일본의 고전 문헌 자료를 검토함으로써 '木乃伊, 原因, 覺悟, 元首, 交易, 道德' 등의 어휘들은 일본 메이지 유신 이전에 이미 중국에서 사용된 것들이라고 밝혔다.

이운박(2012)은 일본 학술계에서 로브샤이트(1866~1869)가 19세기의 영화자전 편찬을 집대성하여 근대 영화자전(英華字典), 영일자전(英日字典)의 편찬과 번역어의 형성에 커다란 영향을 준 사전이라는 평을 받았다고 지적했다. 이 논문에서는 일본어로 번역한 『英華字典』, 즉 『英華和譯字典』(1879) 해석부의 일본 한자 번역어를 대상으로 그들의 출현 양상을 확인함으로써 일본 한자 번역어가 중일 양국에 출현한 시기를 거시적으로 분석하였다.

  (4) 예. Ambassador 欽差, 國使, タイシ(大使), taisi, コウシ(公使), koshi, コクシ kokusi.

『英華和譯字典』의 해석부에서 제시한 'Ambassador'라는 단어의 해석은 위 (4)와 같다. 중국어에는 '欽差, 國使'로 번역되어 있고 일본어에는 지금 흔히 쓰이는 '大使, 公使'로 번역되어 있다. 이운박(2012)은 이것을 근거로 '大使, 公使'라는 어휘가 일본에서 먼저 만들어졌을 가능성이 크다고 지적했다. 이 논문에서는 위와 같은 일본제 한자신어 54개를 추출하면서 결론을 지었다.

## 1.2 중한 간의 연구

선체서(2002)는 한국어의 신한자어를 19세기를 기점으로 하고 중국에서 전입된 종류와 일본에서 전입된 종류 두 가지로 나누어서 '經濟, 時計, 望遠鏡' 등 어휘의 한국 도입 경로를 분석함으로써 한국어 신한자어가 나타난 시대배경을 고찰하였다. 주지하다시피 1631년(조선 인조 9년) 정두원(鄭斗源)은 진주사(陳奏使)로서 중국 명나라에 가서 포르투칼 선교사 로드리게스(J. Rodriquez, 1559~1633, 중국명: 陸若漢)을 만났다. 정두원은 로드리게스에게 망원경과 자명종 등 선물을 받고 한국에 돌아왔다. 그 때부터 '千里鏡'과 '自鳴鐘'이라는 어휘가 한국에서 널리 사용되게 되었고 이들 어휘는 『한불즈뎐』에 모두 수록되어 있다고 지적하였다. 그러나 19세기 후반으로부터 한국과 일본이 『朝日修好條約』, 『江華島條約』 등을 잇따라 체결하고 한국과 일본의 물적·인적 교류가 빈번해짐에 따라 한국은 일본을 통해서 간접적으로 서양문명을 접촉하게 되고 많은 신한자어도 한국으로 유입되었다. '望遠鏡, 汽船, 汽車' 등 일부 신한자어가 중국에서 전입된 '千里鏡, 火輪船, 火輪車' 등을 밀어내고 한국에 정착하기 시작하였다고 밝혔다. 또한 『한불즈뎐』(1880)이나 『한영즈뎐』(1897)에 수록되어 있지 않은 '經濟'와 '時計' 두 어휘의 한국 유입 경로를 분석하였다. 이 연구는 자료의 한계로 체계적인 연구가 되지는 못하였지만 중국에서 최초로 이루어진 한국 신한자어에 대한 연구이고 한국 신한자어의 도입 경로를 분석했다는 점에서 큰 의미가 있다고 본다.

백로(白露, 2012)는 근대이행기 한중일 신생한자어의 형성과정과 교류를 논의함으로써 한자어의 생산적 공통점과 각 나라만의 방법을 살펴본 다음에 신생한자어를 유형별로 분석하고, 신생한자어가 한중일 삼국 언어에 미친 영향을 논의하였다. 그리고 중국과 일본의 신생한자어와 비교함으로써 한국 신생한자어의 유래와 독자적 한국 신생한자어를 살펴보았다. 신생한자어의 유형과 특징을 분석하는 데 동원된 자료는 『海國圖志』·『瀛寰誌略』·『世界圖盡』·『西洋事情』·『士民必知』·『西遊見聞』 등이 있다. 그리고 신생한자어에 의한 언어학적인 변화를 논의한 다음에 한국 서적인 『西遊見聞』과 『士民必知』에 나타나는 신생한자어를 『海國圖志』·『瀛寰誌略』·『世界圖盡』·『西洋事情』의 신생한자어와 비교하여 한중 동형어, 한일 동형어, 한중일 동형어와 한국 독자적인 신생한자어를 추출하였다. 이 논문에서는 신생한자어를 연구하는 데 한중일 삼국의 자료를 동시에 분석하는 것이 보다 정확한 결과를 얻을 수 있다는 것을 강조했고, 그리고 기준을 설정하고 구체적인 논의를 통해 근대이행기에 주로 수용하는 입장에 서 있었던 한국이 신생한자어를 받아들이기만 한 것이 아니라는 것을 밝혔다. 이 논문은 통시적인 시점보다 공시적으로 한중일 삼국의 신생 한자 어휘를 비교·분석하였다는 데 의미가 있다.

## 제 2 절    한국 측에서 신생한자어의 연구

### 2.1   한일 간의 연구

한국 학계의 신생한자어에 대한 대표적인 연구는 서재극(1970), 송민(1989, 1990, 1998, 1999a, 1999b, 1999c, 1999d, 2000a, 2000b, 2000c, 2001), 박영섭(1987, 1994~1997, 2002), 최경옥(2000, 2002a, 2002b, 2003, 2007), 이한섭(1987, 2010, 2014), 국립국어연구원에서 출간한 『국어순화어휘집』(1993) 등을 들 수 있다.

서재극(1970)은 개화기에 새로 생긴 한자어를 '신용어(新用語)'라 명명하고 연구하였다. 이 논문에서는 갑오개혁(甲午改革) 이후 이조(李朝) 종언(終焉)까지의 것으로서 문헌의 성질이 조금씩 상이한 것들<sup>①</sup>을 대상으로 자료를 분석·검토하는 방법으로 개화기 신용어뿐만 아니라 개화기 외래어도 비중 있게 연구하였다. 이 연구는 한국 국내 최초로 개화기 신생한자어를 연구한 것으로서 큰 의미를 가진다고 할 수 있다.

송민(1989)은 '신문명어휘(新文明語彙)'라는 용어를 사용하였고 신문명어휘의 성립과정을 개별어휘사적 방법과 종합어휘사적 방법으로 연구하였다. '大統領'이란 일본식 번역어가 한국어에 정착되는 과정을 개별어휘사적 방법으로 더듬어 보았고, 일본어 학습서인 이봉운(李鳳雲)·사카이[境益太郞]의 『單語連語日話朝雋』(1895)과 게일의 『한영ᄌᆞ뎐』(1897)에 나타나는 신문명어휘를 종합어휘사적 방법으로 조사하였다. 신문명어휘의 정착으로 한국어의 한자어 어휘체계에 어떠한 변화가 일어났는가 하는 문제를 설명하기 위해 『한영ᄌᆞ뎐』에 나타나는 일부 한자어휘의 의미를 조사하였다. 그리고 현대한국어의 한자어 어휘는 그 어형이나 의미에서 중국어보다는 일본어에 훨씬 가까워졌다고 지적하였다.

송민(1990)은 한국어 어휘 체계의 시대적 전환점을 갑오개혁(1894)과 조국광복(1945)으로 구분하였고, 두 전환점을 배경으로 하여 일어나게 된 한국어 어휘 체계의 변화 양상에 대하여 살펴보았다. 이 논문에서는 일본어의 간섭으로 인해 전통적 한자어에 의미 변화를 가져왔을 뿐만 아니라(예. 發明: 해명 > 새로운 물건을 만들어냄, 室內: 남의 아내 > 방안) 어형의 변화까지 초래했다고 주장하였다(內外 > 夫婦, 南草 > 煙草, 雜技 > 賭博). 그리고 현대 한국어의 어휘 체계가 중국어 어형과 달라진 것들을 다음과 같이 세 부류로 나누어 정리한 바 있다. 첫 부류는 한자 형태소의 결합이 역으로 이루어져 있는 경우, "介紹(중국어): 紹介, 痛苦(중국어): 苦痛" 등을 예로 들었다. 둘째 부류는 한국어가 중국어보다 압축된 어형을 보이는 경우, "都市中心(중국어): 도심, 主要原因(중국어): 요인" 등을 예로 들었다. 셋째 부류는 한국어와 중국어

---

① 『西遊見聞』(1895), 『獨立新聞』(1896), 『血의 淚』(1906) 등의 신소설, 『增補文獻備考』(1908), 『少年』(1908), 게일의 『한영ᄌᆞ뎐』(1911) 등을 연구 대상으로 삼았다.

의 어형이 서로 다른 경우, "房屋 ( 중국어 ): 家屋 , 情緒 ( 중국어 ): 氣分" 등을 예로 들었다.

송민 (1998) 에서는 개화기 국어에 나타나는 신생어의 일부 ( 病院 , 新聞紙 ; 千里鏡 , 懸迷鏡 ; 熱帶 , 溫帶 , 寒帶 ; 電信 , 電線 , 電報 , 電氣 ; 地球 , 太平洋 , 經緯線 ; 海流 , 暖流 , 寒流 ; 回歸線 , 貿易風 ) 를 대상으로 그 유입과 정착 과정, 기원적 계보 등을 살펴보았다. 개화 초기에는 『易言』에서처럼 중국식 신생어 일부가 일시적으로 한국어 문헌에 소개되기도 하였으나, 한일관계가 날로 밀접해짐에 따라 일본식 신생어가 빠른 속도로 한국어에 확산되는 과정에서 중국식 신생어는 일본식 한자어에 밀려 점차 소멸되었다고 지적하였다.

송민은 이상과 같이 종합어휘사적 입장에서 자료를 분석하는 방법으로 개화기 신생한자어의 수용 경로와 정착 과정을 논의했을 뿐만 아니라 여러 연구 ( 송민 1999a, 1999b, 1999c, 2000a, 2000b, 2000c, 2001) 를 통하여 개별어휘사적 입장에서 '汽船 , 汽車 , 器械 , 機械 , 經濟 , 時計 , 生存競爭 , 熱帶 , 溫帶 , 寒帶' 등 신생한자어의 유입과 정착 과정을 논의하였다. 그의 연구는 근대 개화기 어휘 체계의 형성 과정과 개화기 신생한자어 특히 일본식 한자어의 어휘사 연구에 큰 기여를 하였다고 할 수 있다.

박영섭 (1987) 에서는 현용 한자어를 중심으로 중국 고전에서 유입·차용된 문어계 한자어, 불경에서 유입된 불교어계 한자어, 중국 백화계에서 유입된 한자어, 근세 서구문명과 함께 유입된 일본어계 한자어, 한국에서 조어된 한국 한자어 다섯 계보로 나누어 한자어의 유입 배경과 형성 과정 및 사용 양상을 논의하였다. 그리고 이들 한자어를 편의상 현용어 ( 現用語 ) 의 의미에 기준을 두고 일반어, 정치·경제·문화, 시령·천문, 군사용어, 제도·직제, 인륜어, 동식물·물품명, 방위·처소, 고사성어 9 가지로 분류하고 각 분야의 한자어 수를 통계하였다. 논의의 결과, 중국 고전에 전거를 두고 유입 차용된 어휘는 일반어 ( 一般語 ) 가 주류를 이루고 있고, 불경에서 유입된 것은 개념어 ( 概念語 ) 가 주류이다. 일본어계 한자어는 전문어와 학술어가 주류이고, 한국 한자어는 일부 일반한자어도 있지만, 문화어휘가 주를 이룬다. 그리고 중국 백화계 한자어는 현대 한국어에서 차용한 어휘로 법률 용어가 주류를 이루고 있다고 지적하였다.

박영섭(2002)은 '新語·新用語'라는 용어를 사용하고 있으며 개화기 한국어 어휘를 ① 근세어 ② 신고유어 ③ 고유한자어·취음어·미확정명어·미해석어 ④ 사라진 한자어·대체어 ⑤ 신어·신용어·외래어 등 다섯 가지로 분류하여 그 특성을 살펴보았다. 이와 동시에 개화기에 유입된 일본식 한자어는 일상 생활어보다 전문술어가 많은 것이 그 특징이라고 지적하면서 정치·경제·과학·문화·교육·교통·법률·행정·군경·종교·물명어(物名語) 등 분야의 전물 술어들을 정리하였다. 그러나 "물명어" 부분의 예로 든 '自鳴鐘, 千里鏡'과 '交通' 부분의 예로 든 '火輪船' 등의 어휘가 일본에서 유입된 일본식 한자어가 아니고 이 연구에서 설정한 개화기 전 이미 중국에서 유입된 단어들이라는 사실을 감안하면① 신생한자어의 판별과 선정에는 다소 문제가 있다고 볼 수 있다.

또한 박영섭 선생은 1994년~1997년간에 '개화기 국어 어휘자료집'을 주제로 5권의 저서를 출간하면서 개화기에 한국어에 정착된 신생한자어를 연구하는 데 기초적인 자료를 마련하였다. 개화기에 생겨난 『獨立新聞』(제1권), '신소설'(제2권), '교과서·신문'(제3권), '잡지'(제4권), '외래어'(제5권) 등을 연구 자료로 삼고 상기 자료에 나타난 고유어의 소멸과 대체 변화 양상을 살펴보고 신용어·신어, 외래어 등 각종 어휘를 간추려 정리하였다. 제1권은 한국 최초의 민간신문으로 1896년에 발간한 『獨立新聞』에 나타난 어휘들을 정리·분석한 것이다. 이 책의 구성은 고유어, 사라진 한자어, 신어, 차용어(외래어) 순으로 분류하였다. 신어·신용어 부분에는 또한 정치, 경제, 과학·문화, 교육·교통·체신(遞信), 법률·행정, 군사·경찰, 종교, 물명어, 관직명·인류, 처소·시령 등 10분야로 분류하여 기술하였다. 제2권은

---

① '自鳴鐘, 千里鏡, 火輪船'에 대한 논의는 單體瑞(2002: 36)와 최경옥(2002a: 45)에서 상세히 이루어지고 있다. 『한불ᄌ뎐』(1880)에 '火輪船'이 표제어로 등재되어 있다.

한국 근대기 소설[①]에 등장한 어휘를 고유어, 사라진 한자어, 신어(신용어), 차용어(외래어) 순으로 기술하였다. 제4장의 일부분인 '新語(新用語)'에는 정치, 경제, 과학·문화, 교육·교통·체신(遞信), 법률·행정, 종교, 군(軍)·경(警), 물명어, 직업·관직·인류, 시령·처소 등으로 분류하여 어휘를 정리하였다. 제3권은 개화기 국어교과서[②]와 개화기 신문[③]에 나타난 어휘를 분류하여 정리한 것이다. 이 책의 구성은 개화기 국어교과서로 특수어휘·고유한자어와 취음어·신어와 차용어 순으로 되었고, 개화기 신문에 나타난 고유어와 미해석어·사라진 한자어·신어와 미확정명어(未確定名語)·차용어 순으로 구성하였다. 제4권은 1908년 11월 1일에 최남선에 의하여 발행되어 통권 4권 2호로써 1911년 5월 15일에 종간된 『少年』과 1914년 10월 1일 창간되어 통권 15호로써 1918년 9월 26일에 종간된 『靑春』을 대상으로 삼아 이들 잡지에 등재된 어휘를 고유어·고유한자어·취음어·미해석어·신어·외래어 등으로 나누어 수집·분석한 자료집이다. 제5권에서는 저자가 개화기 문헌에 산재한 외래어를 수집, 동양계와 서양계로 나누어 정리하였고 내용상으로는 국명·지명·인명·일반어·고유명어·전문어 등으로 구분하였다. 표기상으로는 한글음사어·한자음사어·한한

---

① 다음과 같은 신소설을 연구대상으로 삼았다. 『혈의 누』, 『귀의성』(상하), 『빈상설』, 『치악산』(상하), 『송뢰금』, 『금수회의록』, 『경세종』, 『은세계』, 『설중매』, 『철세계』, 『홍도화』(상하), 『자유종』, 『성산명경』, 『모란병』, 『목단화』, 『쌍옥적』, 『구마검』, 『화세계』, 『원앙도』, 『동각한매』, 『죽서루』, 『고목하』, 『월하가인』, 『황금탑』, 『산천초목』, 『추풍감수록』, 『추원색』, 『행낙도』, 『두견성』(상하), 『花의 血』, 『현미경』, 『명월정』, 『화중화』, 『구의산』, 『비행선』, 『만인계』, 『재봉춘』, 『옥호기연』, 『완월루』, 『마상루』.
② 연구대상으로 삼은 개화기 한국어 교과서는 다음과 같다. 『國民小學讀本』(1895), 『小學讀本』(1895), 『新訂尋常小學』(1896), 『幼年必讀』(1906), 『幼年女學讀本』(1908), 『蒙學必讀』(?), 『勞動夜學讀本』(1908), 『幼年必讀釋義』(1907), 『初等小學』(1906), 『樵木必知』(1909), 『高等小學讀本』(1907), 『最新初等小學』(1908), 『初等小學』(?), 『國語讀本』(1908), 『新纂初等小學』(1909), 『녀ᄌ독본』(상하)(1908), 『婦幼獨習』(1908).
③ 연구대상으로 삼은 한국 개화기 신문은 다음과 같다. 『경향신문』, 『공립신보』, 『대한미일신보』, 『대한민보』, 『만세보』, 『미일신문』, 『신한민보』, 『뎨국신문』, 『한성주보』, 『황성신문』, 『그리스도신문』, 『대한크리스도인회보』, 『예수교회보』, 『죠션크리스도인회보』, 『협성회회보』.

음사어(韓漢音寫語) 등으로 구분하여 정리하였다.

신소설을 통하여 근대 한자어 어휘집 편찬과 신생한자어의 개별적 기원 고찰에 중점을 둔 연구는 최경옥(2000, 2002a, 2002b, 2003, 2007) 등이 있다.

최경옥(2000)은 실제 개화기에 한국에서 사용되었던 초등학교 교과서 『新訂尋常小學』(1896)를 통해 번역 한자어의 출처와 기원을 밝히려는 입장에서 일본 번역 한자어의 유입, 수용 과정을 고찰하였다. 최경옥(2002a)에서는 근대에 새롭게 만든 한자어에 대하여 '근대 한자어'라고 명명하고 근대한자어 가운데 일본이나 중국으로부터 수용된 한자어를 '근대 외래 한자어'라고 부르고 있다. 그리고 개화기 신소설이 일본계 근대 외래한자어를 한국에 소개하거나 수용시키는 통로로서 큰 역할을 하였다고 밝히면서 1906년부터 1912년까지 출판된 개화사상이 짙은 신소설인 『血의 淚』, 『鬼의 聲』, 『銀世界』, 『구마검』, 『鬢上雪』, 『雉岳山』, 『自由鍾』, 『모란병』, 『花의 血』, 『雪中梅』, 『금슈회의록』, 『秋月色』 등 12개 작품의 한자어를 통하여 일본계 근대외래한자어의 한국 수용에 관하여 고찰하였다. 이 연구에서는 일본계 근대 외래한자어가 언제, 어떠한 경로로 한국에 수용되었는가를 밝혔고, 아울러 수용된 어휘의 어지(語誌)를 제공함으로써 근대한자어 연구에 기초적 토대를 마련하였다.

최경옥(2002b)과 최경옥(2003)에서는 '번역한자어'라는 용어를 사용하고 있으며 실제 개화기에 쓰여지고 읽혀졌던 신소설 『血의 淚』(1906)와 『雉嶽山』(1908)을 통해 이러한 번역한자어의 한국에로의 유입, 수용 과정을 고찰하였다. 이어서 최경옥(2007)에서 메이지기 일본에서 만들어진 번역한자어 가운데, 자본주의 문명의 근간을 이루는 개념이라 할 수 있는 'right'와 'individual'이 어떠한 과정을 거쳐 일본에서 '權利'로 번역되었으며 또 그것이 개화기 한국에 어떠한 과정을 거쳐 수용되었는지에 대하여 고찰하였다.

이한섭(2014)은 개화기 이후 일본어에서 한국어로 들어온 어휘를 조사 연구한 것으로, 수록된 어휘는 3634 단어이다. 어휘를 선정하는 방법은 크게 두 가지인데 하나는 어휘의 형태나 어구성 등을 보고 일본어 여부를 판별하는 방법이고 ( 예. 노가다, 데모토 가이당 ) 또 하나는 개별 단어에 대하여 역사적으로 조사하는 방법이다. 시대별 용례의 유무를 조사하기 위해 한중일 삼국의 어휘 데이터베이스나 코퍼스 자료가 동원되고 또 한 가지 보조적인 방법으로는 한중일 삼국의 선행연구를 참고로 하는 것이다. 어휘 의미를 설명하는 방식은 다음과 같다. ① 표제어 제시 ② 의미 해석. 표제어의 대표적인 의미를 『표준국어대사전』과 『고려대 한국어 대사전』을 참고하여 간략하게 제시한다. ③ 용례 제시. 기본적으로 필자 자신이 구축한 『근대한국어코퍼스』에 나오는 용례를 중심으로 하되 구한말 잡지 및 서적 자료, 언론재단 고신문 검색자료, 동아일보 기사 검색자료 등도 수록 대상이 되었다. ④ 어원제시. 원칙적으로 모든 단어에 어원 설명을 부과하나 한자어에 대해서는 일일이 어원 설명을 하지 않았고 번역어에는 서양어 원어와 일본에서의 성립과정 등을 부분적으로 적었다. ⑤ 참고. 참고란에는 어휘에 대한 한국과 중국의 연구 정보를 제시한다. 현대 중국어에서의 사용 여부를 확인하고 현대 중국어에서 쓰이는 어휘는 그 어휘의 형태와 병음을 표시하였다. 이 사전은 물론 일본어 한자어를 선정하는 데 의심쩍은 부분이 있지만 지금까지 한국어학계에서 일본어 차용어 연구에 있어 가장 총괄적이고 새로운 성과라고 할 수 있다.

 그 외에 일본어 한자어가 많이 수집된 어휘집이라고 하면 빠뜨릴 수 없는 것이 1993년 국립국어연구원에서 출간한 『국어순화어휘집』이다. 광복 후 한국인의 언어생활은 혼란 상태에 빠져 들었다. 이러한 상황에서 한국 정부 기관이나 뜻있는 많은 단체에서 한국어에 남아 있는 일본어의 찌꺼기, 어려운 한자어, 무분별하게 들어온 외국어를 행정 용어, 선거정치용어, 생활 외래어, 전산기 용어 4가지로 분류하여 정리하였다. 그 중에 행정 용어 및 선거정치용어 부류는 모두 '한국어 – 한자'의 배열 방식으로 표기하고 있으며 이들 한자어는 "한국어에 남아 있는 일본어의 찌꺼기"로 간주되고 있다. 상기 4 부류의 어휘들을 도표 3 칸으로 정리하였는데 순화대상용어와 순화한 용어를 제시한 다음에 구분란에는 당시의 언어생활에서 순화한 용어만 사용해야 할 용어, 될 수 있으면 순화한 용어를 사용할 것, 순화대상용어와 순화한 용어를 모두 사용할 수 있는 것, 순화대상용어를 그대로 사용하는 것 등 4가지 유형으로 분류하였다. 이는 한국어 어휘의 변천 양상을 드러냈을 뿐만 아니라 한국 정부나 뜻있는 단체에서 국민들이 올바르게 언어생활을 할 수 있도록 노력하고 있음을 보여주는 것이다.

## 2.2  한중 간의 연구

이한섭(1987)에서는 한자어의 교류에 있어서는 1890년대 전반까지는 중국의 한자어가 한국이나 일본에 거의 일방적으로 영향을 미쳤으나 그 후부터는 일본의 정치적인 힘이 확대되고 서구문명의 선두주자(先頭走者)가 됨으로써 반대로 일본의 한자어가 중국이나 한국에 유입되게 되었다고 지적하면서 『西遊見聞』에 받아들여진 일본어 한자어 1317語를 대상으로 살펴보았다. 이 연구는 신생한자어의 기원 문제를 제기하면서 1317개의 한자어를 ① 일본 기원의 단어 ② 일본 기원일 가능성이 높으나 아직 미심쩍은 면이 있어서 금후 더 조사할 필요가 있는 단어 ③ 중국 기원의 단어 ④ 현 단계에서 판단하기 어려운 단어 등 4가지로 분류하였다. 이와 더불어 한자어의 유입 경로에 대해서 ① 중국→한국 ② 중국→일본→한국 ③ 일본→한국 ④ 일본→중국→한국 4가지 루트를 설정하면서 일본어로부터 『西遊見聞』에 들어온 한자어는 ②와 ③의 루트를 통하여 284개의 단어가 들어왔다고 밝혔다. 또한 '寒帶, 科學, 器械師' 등 3語를 중심으로 기원 문제를 고찰한 결과는 '寒帶'가 중국 기원 단어이고 '科學'은 일본 기원 단어며 '器械師'는 기원 불명한 부류로 귀속시켰다. 이 연구는 근대 시기에 한국어에 들어온 신생한자어들을 기원적 측면에서 유형화하고 유입 경로를 비교적 상세하게 분류하였다.

이한섭(2010)에서는 '신문명어휘(新文明語彙)'라는 용어를 사용하고 있으며 한국 최초의 근대적 신문 『漢城旬報』에 도입, 사용된 근대 일본어 어휘에 대하여 살펴보았다. 이 연구에서는 『漢城旬報』의 외국 기사의 뉴스원에 대해 조사했는데 611건 기사의 뉴스원이 중국 신문이고 156건 기사의 뉴스원이 일본 신문이며 뉴스원이 불명한 기사가 169건, 기타가 93건이라는 조사 결과가 나왔다. 조사 결과에서 보듯이

『漢城旬報』는 외국소식란 기사 작성에 중국 기사를 주 뉴스원으로 삼고 있으며 일본 신문은 그 뒤를 잇고 있다고 지적하였다. 이와 더불어 중국 신문인 『申報』를 예로 들어 『漢城旬報』에 등재한 『申報』의 기사는 번역하거나 가공한 것이 아니고 해당 기사 전문을 그대로 전재한 반면에 일본 신문의 기사는 전문 내용을 추려서 한문으로 번역하여 게재하였다고 밝혔다. 이 연구에서는 『漢城旬報』에 나온 일본어 어휘를 추출하는 데 어려움을 겪었다고 하였다. 그 이유는 『漢城旬報』가 발행된 시기는 근대 일본어 어휘가 본격적으로 한국어와 중국어에 유입되기 전의 일이고 그 시기는 중국에서 활동 중인 서양 선교사의 번역서와 저서가 일본과 한국에 유입되어 참고가 되던 시기이기 때문이라 하겠다. 이는 한국 개화 초기, 즉 『漢城旬報』가 발행될 쯤에 한국어에 중국과 일본어의 간섭이 공동으로 존재했다는 것을 말해 준다. 이한섭(1987, 2010)에서는 한국 근대 신생한자어를 연구하는 데 한일 간의 어휘 교류사 연구가 큰 비중을 차지하고 있는 현실에서 근대 중국에서 유입된 한자어 연구의 필요성이 있다는 문제의식을 제기하고, 근대 중한 간의 어휘 교류를 활성화시키려는 연구자의 노력을 엿볼 수 있다.

  송민(1999d)에서는 현재로서는 신생한자어의 판정에 주관성이 개입될 소지가 크다고 하면서, 그것은 신생한자어에 대한 어휘사적 검토가 아직은 초보적 단계에 머물러 있기 때문이라고 지적하였다. 또한 개화초기까지 조선왕조의 지식인이 서양문물에 대한 지식을 접할 수 있는 길은 중국 서적뿐이었고, 19세기 중엽을 전후한 시기에 중국에서 간행된 서양문물 소개서 가운데에서 한국의 개화사상에 직접적으로 커다란 영향을 끼친 저술로 魏源의 『海國圖志』, 徐繼畬의 『瀛環志略』, 褘理哲의 『地球略說』, 丁韙良의 『萬國公法』, 鄭觀應의 『易言』 등을 들었다. 그리고 이들 자료가 한국어 어휘사에서 중시되어야 하는 이유는 그 안에 중국에서 만들어진 신식한자어(新式漢字語)가 많이 담겨 있기 때문이라고 하면서, 개화기 전후의 지식인들은 위와 같은 서적을 읽으면서 자연스럽게 중국어 기원의 신생한자어를 접하게 되었을 것이라고 하였다. 이 논문에서는 鄭觀應의 『易言』과 그 언해본 『이언』을 대조 분석함으로서 언해본에 나타난 신생한자어의 대체적 실상을 파악하고, 그 결과를 통하여 일본식 신생한자어가 한국에 정착되기 전에 중국식 신생한자가 어떻게 수용되었는지를 살펴보았다. 이 연구는 신생한자어의 판정에 주관성이 개입될 소지가 크지만 한국 근대 신생한자어의 계보를 규명하려는 시도와 후일 신생한자어 연구의 토대를 만들었다는 데 큰 의미가 있다고 본다.

민현식 (2005)에서는 그 동안 학계에서 『西遊見聞』(1895)과 같은 일본계 개화 지식서나 『ᄉᆞ민필지』(士民必知, 1889 경)와 같은 서구식 개화 지식서만 논의되어 왔으나, 이들보다 앞서 나온 『易言』 등 중국계 개화 지식서가 먼저 도입되어 언해까지 되었다는 사실을 소홀히 했다는 문제점을 지적하였다. 이 연구에서는 신생한자어의 기원과 수용 과정을 밝히는 것은 한중일 삼국 동형한자어의 의미 차이의 양상과 의미 차이가 발생한 원인을 파악하는 것보다 선행되어야 하는 작업이라고 지적하였다. 그리고 어휘의 생성과 소멸이라는 관점에서 중국 개화 이론서인 한문본 『易言』의 원문 한자어가 한글본 『이언』 속에서 고유어나 한자어로 번역 수용되는 생성 과정과 현대 국어 시기에 이르기까지 지속 또는 소멸되어 가는 변천 양상을 살펴보았다.

# 제 3 절  마무리

## 3.1  중국 측 선행연구에 대한 검토

중국 측 선행연구에서 보듯이 중국 학계에서 근대 신생한자어에 대한 연구는 주로 중일 양국 간에 어휘 교류사를 중심으로 이루어져 왔다. 그리고 개별 단어를 통해서 중국어가 일본계 어휘를 어떻게 수용했고 그것이 중국어 어휘 체계에 어떤 변화를 가져오게 했는가 등의 문제에 주목하기도 하였다. 그러나 근대 이래 서양의 정신문명 및 물질문명의 전래와 수용으로 중국과 일본뿐만 아니라 한국 등의 동양 여러 나라가 크게 변모하였다. 중국, 일본과 같이 한자문화권에 처해 있는 한국은 중국과 일본을 통해서 서양의 새로운 사물과 신문명을 접촉하게 됨으로써 신생한자어가 많이 전입되어 한국어의 근대어휘체계에 큰 변동을 일으켰다. 그 동안 중국에서는 근대 신생한자어를 연구하는 데에 중일 간의 어휘 교류사 연구에 치우치는 경향이 있었다. 그리고 중국 학계의 한중 어휘 교류에 대한 선행 연구를 보면 중국 기원 신생한자어가 어떤 경로로 한국어로 유입되었는지, 유입된 신생한자어가 근현대 한국어 어휘체계에 얼마 정도의 영향을 미쳤는지 등에 대한 연구가 미흡하다. 이 점에서 보면 중국 기원 신생한자어가 한국어로 유입되는 경로와 수용 양상을 살펴보는 연구는 의미 있는 주제라고 생각된다.

## 3.2 한국 측 선행연구에 대한 검토

한국 학계에서 이루어진 근대 한자어 연구의 대표적인 성과들을 종합해 보면 대체로 다음과 같은 3가지 유형으로 분류할 수 있다.

첫째는 개별단어의 한국어 유입과 정착에 대한 연구이다. 서재극(1970), 송민(1999a, 1999b, 1999c, 2000a, 2000b, 2000c, 2001) 등의 연구가 이에 속한다.

둘째는 특정 작품에 나타난 신생한자어의 유입과 정착에 대한 연구이다. 최경옥(2000, 2002a, 2002b, 2003), 이한섭(1987, 2010), 송민(1999d), 민현식(2015) 등의 연구는 이 유형에 속한다.

세 번째는 어휘자료집을 편찬한 연구이다. 국립국어연구원(1993), 박영섭(1994~1997), 이한섭(2014) 등이 이 유형에 속한다.

한국 학계에서는 이상의 세 가지 주제에 대하여 일정 부분 성과를 보였으며, 한국 근대 신생한자어의 유입, 수용과 정비 측면을 연구하는 데에는 불완전하나마 기초적인 연구 자료를 마련하였다. 지금 한국 학계의 연구 성과를 보면 신생한자어를 연구하는 데에는 일본어와의 어휘 교류에만 치우쳐 있고 근대 중국어와의 어휘 교류에 대한 연구 성과가 미흡하다. 이런 점에서 보면 근대기 한중간의 어휘 교류 연구에 소홀히 해 왔다는 것을 알 수 있다. 바꿔 말하면 신생한자어의 판별기준 등 이론적인 토대를 마련하지 못했고 기원 측면에서의 연구가 매우 미흡한 상태에 있다.

현재 한국어에서 사용되고 있는 어휘 가운데는 19세기 말 이후 성립된 것들이 많은데, 이들 중 많은 어휘의 성립이 일본어뿐만 아니라 중국어와 관련이 있다는 것은 상기의 선행연구에서 많이 연구되었다. 그러나 한국과 중국 학계에서 근대 한자어 교류와 관련한 연구가 오래되었음에도 근대 신생한자어의 계보와 판별에 대한 연구가 드물다. 이런 면에서 신생한자어의 판별기준을 세우고, 표본 단어를 선정하여 중국 기원 신생한자어가 한국어로 유입되는 경로와 정착·소멸의 과정, 즉 수용 상황을 밝히는 이 책의 주제는 의미가 있다고 본다.

## 제 3 장   신생한자어의 판별기준과 선별

    한국과 중국 학계에서 근대 한자어 교류와 관련한 연구가 오래되었음에도 근대 신생한자어를 판별하고 유형화할 수 있는 기준이 정립되지 않은 것은 한국과 중국 학계의 편향적인 연구 현실과 관련성이 있다. 현재 중국 학계에서는 중일 간의 어휘 교류 연구가 주를 이루고 중한 간의 어휘 교류 연구는 드물며 한국 학계에서도 한일 간의 어휘 교류 연구는 활발하게 진행되고 있는데 반하여 근대기 중한 간의 어휘 교류 연구는 상대적으로 빈약한 실정이다.
    이 책 신생한자어의 기원과 관련된 연구이기 때문에 신생한자어를 판별하는 기준, 즉 일본어 차용어와 차별화되는 기준이 무엇인지에 대한 논의가 저절로 부각된다. 신생한자어의 기원을 판단하는 것은 곧 신생한자어 여부를 판별하고 이를 유형화하는 기준을 세우는 것과 관련된다. 이에 이 책에서는 종래 연구에서 신생한자어를 판정하는 문제점을 살펴본 다음에 현재 한중 학계에서 신생한자어를 연구하는 이론적 토대가 정립되지 않은 점을 인식하고 근대 신생한자어를 판별하고 유형화할 수 있는 기준을 마련해 보고자 한다. 표본 어휘의 출현 시기를 특정하기 어려운 관계로 어휘의 정착 여부에 대한 판단 기준이 될 수 있는 사전을 주자료로 하고 한국 고전 문헌 자료를 부자료로 삼아 표본 어휘의 기원을 판단하는 방법을 취할 것이다. 이를 위해 1930년대까지 간행된 영한/한영 이중어사전을 주자료로, 『朝鮮王朝實錄』을 비롯한 20세기 이전의 고전 자료를 부자료로 삼을 것이다.

## 제 1 절  종래 연구에서 신생한자어 판정의 문제점

### 1.1  『漢語外來詞詞典』(劉正埮・高名凱, 1984)

『漢語外來詞詞典』에서 어원 고증에 사용한 중국 고전 문헌은 고대 중국에서 송대(宋代) 문헌까지로, 명나라 말기(16세기 말) 이후 자료, 예를 들어 명말・청초 이후 선교사에 의해 편찬된 한역서학서와 이중어사전, 중국 지식인에 의해 편찬하거나 번역한 서적들은 포함되지 않았다. 그러나 명나라 말기부터 청일전쟁까지의 300여 년간은 중국 근대 어휘 형성의 중요한 시기이다. 서양문물을 받아들여야 했기에 어휘 면에서 많은 신생어가 창안되었기 때문이다. 이러한 사실을 간과한 『漢語外來詞詞典』의 일본어 차용어 리스트는 문제가 없지 않다. 沈國威(2012:182, 이한섭 외역)에서 현대 일본어 표준번역과 일치한 용어로서 일찍이 로브샤이트(1866~1869)에 등재되었지만 『漢語外來詞詞典』에서 일본어 차용어로 간주한 어휘는 (5)와 같은 63개 어휘를 제시하였다[1].

　　　　(5) 우연(偶然) 심판(審判) 부관(副官) 침범(侵犯) 단백질(蛋白質) 양극(陽極) 사도(使徒) 교제(交際) 은행(銀行) 맥주(麥酒) 공보(公報) 내각(內閣) 가비(加非) 탄산(炭酸) 음극(陰極) 기독(基督) 기독지교(基督之敎) 극복(克服) 총영사관(總領事館) 비평(批評) 금강석(金剛石) 소화(消化) 교양(敎養) 백기(白旗) 반기(半旗) 원예(園藝) 영상(影像) 상상(想像) 보험(保險) 지식(知識) 법률(法律) 수준(水準) 자유(自由) 문학(文學) 순문학(純文學) 천주(天主) 천주교(天主敎) 원수(元帥) 물질(物質) 의학(醫學) 필요(必要) 대풍금(大

---

[1] 沈國威(2012:167, 이한섭 외역)를 참조.

風琴) 원죄(原罪) 수난(受難) 연필(鉛筆) 백금(白金) 연습(演習) 원리(原理) 특권(特權) 선전(宣傳) 반사(反射) 묵시(黙示) 우익(右翼) 법칙(法則) 기호(記號) 비중(比重) 정신(情神) 수원(隨員) 동정(同情) 한대(寒帶) 열대(熱帶) 단위(單位) 톤(噸) 작자(作者) 마(碼)

『英華字典』에 등재되어 있는 번역어들은 로브샤이트가 새로 번역한 단어라기보다는 당시 번역서에 사용된 번역어를 집약, 정리한 한자어였을 가능성이 크다. 이들 번역어의 대부분은 메드허스트의 『英漢字典』(1847)에 이미 수록되어 있었다. 그 중의 일부 단어는 중국 고전 문헌에까지 거슬러 올라갈 수가 있다. 따라서 (5)의 한자어는 일찍이 19세기 중반에 번역어로서 존재한 것으로 보아도 무방하다. 그러므로 『漢語外來詞詞典』에서 이들 단어들을 일본어에서 유입된 신생한자어로 간주한다는 주장은 상당히 의심스럽다.

## 1.2 『개화기 국어 어휘자료집』(박영섭, 1994~1997)

박영섭(1994~1997)에서는 개화기에 중국과 일본에서 유입된 신생한자어를 추출하여 개화기 한국어 어휘자료집을 마련하였다. 그러나 이 자료집에 수록된 신생한자어의 상당수는 개화기에 한국으로 유입된 신생한자어가 아니다. 이들 어휘 중의 상당수가 중국 고대부터 쭉 사용되어 온 것이고 한국 고전 문헌에서도 확인이 가능한 것들이다. 이는 박영섭(1994~1997)에서 신생한자어를 추출하는 기준에 문제가 있다는 것을 암시해 준다. 한국 고전 문헌 자료에서 해당 단어의 자취를 검색하면서 검토해 보자.

(6) 목성(木星)[①]: 火星貫木星[②]. (번역문: 화성이 목성이 있는 자리를

---

[①] 박영섭(1997, 제4권)에는 개화기 국어 어휘자료집을 마련하는 일환으로 한국 최초의 근대적 잡지라고 불리는 『少年』과 『靑春』에 등재된 신생어를 정리하였다.
[②] 정종실록 6권, 정종 2년 12월 22일 壬子 1번째기사 1400년 명 건문(建文) 2년.

관통하여 지나가다.)

　　직분(職分)①: 載馳載驅, 使臣之職分也②. (번역문: 구치하는 것이 사신의 직분입니다.)

　　주위(周圍)③: 淡白氣周圍木星, 或現或無④. (번역문: 담백색 기운이 목성 주위에 혹 나타났다가 혹은 없어졌다가 하였다.)

　　관리(管理)⑤: 各司殘破, 而亦有遺存之物, 管理無人⑥. (번역문: 각사가 잔파되기는 하였지만 그래도 남아 있는 물건이 있는데 관리할 사람이 없으니.)

　　신속(迅速)⑦: 納諫恢聽, 遷改迅速⑧. (번역문: 간언을 받아들여 널리 말을 들어주시고 개과 천선하시기를 신속하게 하신다면.)

　　준공(竣工)⑨: 七八日內, 庶可竣工矣⑩. (번역문: 칠팔일 안에 준공 가능하다.)

박영섭(1994~1997)에는 한국 고전 문헌 자료에 같은 어형으로 근대적 의미와 일치하는 어휘가 상당수 있다.

　　(7) 공상(空想) 기호(記號) 최촉(催促) 포괄(包括) 금성(金星) 수성(水星) 화성(火星) 토성(土星) 망근(網巾) 범포(帆布) 도량형(度量衡) 맥주(麥酒).....

(7)과 같은 어휘는 개화기 이전에 한국어 어휘체계에 정착된 단어들

---

① 박영섭(1997, 제4권: 98).
② 태종실록 4권, 태종 2년 10월 12일 壬戌 2번째기사. 1402년 명 건문(建文) 4년.
③ 박영섭(1997, 제4권: 96).
④ 태종실록 32권, 태종 16년 7월 2일 辛卯 1번째기사 1416년 명 영락(永樂) 14년.
⑤ 박영섭(1997, 제4권: 54).
⑥ 선조실록 38권, 선조 26년 5월 14일 丁卯 2번째기사 1593년 명 만력(萬曆) 21년.
⑦ 박영섭(1997, 제4권: 97).
⑧ 선조실록 71권, 선조 29년 1월 16일 癸未 2번째기사 1596년 명 만력(萬曆) 24년.
⑨ 박영섭(1997, 제4권: 97).
⑩ 승정원일기 94책 (탈초본 1779책) 정조 21년 7월 4일 신미 24/26 기사 1797년 嘉慶(淸/仁宗) 2년.

이기에 박영섭(1994~1997)이 이 단어들을 신생한자어로 간주한 것은 한국 고전 문헌자료에 대한 검토가 부족하였기 때문이다.

## 1.3 『일본어에서 온 우리말 사전』(이한섭, 2014)

　　이한섭(2014)에서 일본어 차용어라고 인정된 어휘 중의 상당수가 현대 한국어의 표준번역과 일치하는 의미로 『英華字典』에 이미 등재되어 있는 것들이다. 그리고 일부 단어는 중국 고전 문헌에까지 거슬러 올라갈 수 있다. 앞에서도 지적했듯이 『英華字典』에 등재되어 있는 단어들은 19세기 중반에 이미 어휘화 과정이 완성되어 중국어 어휘체계에 정착된 것들이라고 간주해도 무방하다. 이렇다 보면 이한섭(2014)에 수록된 한자어가 일본어에서 전래되었다는 주장은 의심의 여지가 있다. 최근의 연구에서 밝혀졌듯이 『漢語外來詞詞典』에 수록된 일본 한자어들 중에 19세기 중반쯤 발행된 『英華字典』에 일찍이 수록된 것들이 있어서 이 사전을 참고 자료로 하는 것은 신뢰성이 떨어진다고 생각된다. 3.1.1.에서 밝힌 바와 같이 일본어 현대 표준번역과 일치하는 용어로서 『漢語外來詞詞典』에서 일본어 차용어로 인정되는 어휘수가 63개에 달하는데 (8)과 같은 단어들이 이한섭(2014)에 수록되어 있다.

　　　　(8) 우연(偶然) 심판(審判) 침범(侵犯) 단백질(蛋白質) 양극(陽極) 교제(交際) 은행(銀行) 맥주(麥酒) 음극(陰極) 극복(克服) 비평(批評) 금강석(金剛石) 소화(消化) 교양(敎養) 반기(半旗) 원예(園藝) 영상(影像) 보험(保險) 지식(知識) 법률(法律) 수준(水準) 자유(自由) 문학(文學) 순문학(純文學) 물질(物質) 의학(醫學) 필요(必要) 연필(鉛筆) 연습(演習) 원리(原理) 특권(特權) 선전(宣傳) 반사(反射) 우익(右翼) 법칙(法則) 기호(記號) 비중(比重) 동정(同情) 톤(噸) 단위(單位) 작자(作者) 마(碼)

　　(8)의 단어들은 번역어로서 19세기 중반에 이미 존재했으므로 이한

섭(2014)에서는 일본어 차용어로 보는 것은 무리가 있다고 본다. 이한섭(2014)은 "일본어에서 온 우리말 사전"을 저서 이름으로 명명하고 있다. 필자는 "일본어에서 온 우리말 사전"이라는 표현은 모호성이 있다고 생각한다. 이 사전에 수록된 어휘가 일본어 기원 어휘들인지 그 유입 경로가 일본어로부터인지 명확하게 구분하고 있지 못하기 때문이다. 해당 단어의 기원과 유입 경로에 대한 연구는 각각 다른 차원에서 다루어져야 하는 문제라고 생각한다.

또한 "일본어에서 온 우리말"이라는 전제를 제시해 놓고 의미 기술에서는 고전적 의미와 근대의 새로운 의미를 모두 제시하는 것은 문제가 있다고 본다. 이한섭(2014)은 표제어의 의미 기술에 대해 (9)와 같이 설명하고 있다.

(9) 우리말에서 사용하는 대표적인 의미를 간략하게 제시하였으며 의미 기술에서는 『표준국어대사전』(국립국어원)과 『고려대 한국어 대사전』(고려대민족문화연구소) 등 대표적인 사전을 참고로 하였다.(p.12)

그러나 (9)의 설명에서 이 사전의 표제어 의미 기술 부분이 근대적인 새로운 의미만 제시한 것인지 고전적 의미를 병기한 것인지 알 수 없다. '交通'이라는 단어의 의미를 이한섭(2014)은 (10)과 같이 기술하였다.

(10) ① 자동차, 기차, 비행기 등의 탈 것을 이용하여 사람이나 짐이 한 지역에서 다른 지역으로 이동하는 일.
② 서로 서신이나 의견, 정보 따위를 주고받음.(p.145)

(10)의 의미 기술 부분에서 볼 수 있듯이 ①은 'traffic'이라는 뜻이고 ②는 'communication'이라는 뜻이다. 'communication'의 의미가 의미 기술 부분에 제시되어 있는 것은 문제가 있다. 왜냐하면 'communication(교통하다)'이라는 의미인 '交通'은 일본어에서 들어온 의미가 아니고 한국 고전 문헌에서 줄곧 사용되어 왔기 때문이다.

이상으로 선행연구에서 대표적인 사전이나 자료집을 대상으로 수록된 어휘의 양상을 살펴보았다. 기존 연구에서 신생한자어를 판별하거나 의미를 기술하는 데 여러 가지 문제점을 드러내는 것은 '신생한자어'나 '일본어 차용어'라고 판별할 때의 기준을 충분히 고려하지 않은 데서 기인한 것이라고 할 수 있다. 근대어 연구에 있어 근대어 기초 자료를 수집하는 것은 중요한 문제지만 근대어를 판별하는 기준이 무엇인지는 보다 우선하여 해결해야 할 문제라고 생각한다. 다음 절에서는 신생한자어를 판별하는 기준을 검토할 것이다.

## 제 2 절  신생한자어를 판별하는 기준

이 책에서는 한국 신생한자어의 최신 연구 성과로 꼽힐 수 있는 『일본어에서 온 우리말 사전』에서 근대 일본어 차용어로 인정한 어휘 가운데 'ㄱ'부의 2음절 어휘를 추출하여 중국의 『漢語外來詞詞典』(1984)에 나온 일본어 차용어들과 대비시키고 두 사전에서 공통적으로 인정한 일본어 차용어를 추출하였다[1]. 『漢語外來詞詞典』(1984)은 892개 일본어 차용어가 수록되어 있고 그 수는 지금까지 나온 중국 사전 중 가장 많다. 상기 두 사전을 검토 대상으로 삼게 된 이유는 『일본어에서 온 우리말 사전』[2]과 『漢語外來詞詞典』은 각각 한중 학계에서 종전의 연구를 바탕으로 가장 어휘 수가 많은 일본어 차용어 리스트를 제시하였고 앞으로의 연구를 위한 기초적 자료를 제공하고 있기 때문이다. 상기 두 사전에서 공통적으로 인정한 'ㄱ'부의 일본어 차용어는 121개인데, (11)

---

[1] 여기서 형태를 보고 일본어 여부를 판별할 수 있는 어휘를 즉, 음역된 어휘를 연구대상에서 제외한다. 예를 들어 '가방 [ 鞄 ], 간죠 [ 鑑定 ]' 등이 이에 포함되지 않았다.
[2] 이 책에서는 이한섭(2014)를 연구 대상으로 삼은 것은 이 성과가 지금 한국 학계에서 한국어에 들어온 일본어 차용어에 대한 가장 총괄적인 연구일 뿐만 아니라 중국 학계에서 일본어 차용어로 인정된 어휘들과 비교하면서 편찬된 사전이기 때문이다.

과 같은 20 개의 단어를 연구 대상으로 선정하였다[①].

(11) 覺書 簡單 幹部 看守 鑑定 講師 客體 見習 經費 經濟 公民 工業 共和 科學 關係 交通 敎養 規則 克服 記錄

(11) 의 어휘가 한국 근대 시기에 발행된 사전에 동일한 형태로 출현하는지의 여부와 어떤 의미로 사용되는지의 사용 양상을 확인하는 작업은 2.1 과 2.2 에서 진행하겠다.

## 2.1 영한류 / 한영류 이중어사전을 통한 형태와 의미 조사

### 2.1.1 영한류 사전에 등재된 해당 단어의 형태 출현 시기

위에서 선정된 어휘가 한국 근대 시기에 발행된 사전에 어떤 형태로 어떻게 수용되어 있는지를 살펴보기 위해 동원된 영한사전은 언더우드(H. G. Underwood)(1890), 소콧(Scott)(1891), 존스(Jones)(1914), 게일(J. S. Gale)(1924), 元漢慶(H.H. Underwood)(1925) 등이다[②]. 해당 단어의 영어 번역어를 기준으로 각 단어의 상기 사전에서의 출현 여부

---

[①] 이 책 한중 양국에서 일본어 차용어로 인정한 한자어를 연구하는 과제 중의 하나로 우선 'ㄱ'부의 단어를 대상으로 한 것이다. 대상어를 선정하는 기준은 다음과 같다. 첫째, 한중 양국에서 일본어 차용어라고 인정한 단어 중의 'ㄱ'부 동형한자어를 선정한다. 둘째, 한중 'ㄱ'부 동형한자어를 선정할 때 사용빈도수가 비교적 높은 한자어를 선정한다. 국립국어연구원(2002)에서는 58437 개의 단어의 사용 빈도를 조사했다. 이 책에서 연구 대상으로 삼은 20 개 단어의 사용빈도 순위는 다음과 같다. "각서 7976, 간단 1336, 간부 2187, 간수 25543, 감정 846, 강사 5577, 객체 12260, 견습 39004, 경비 4968, 경제 200, 공민 39596, 공업 1084, 공화 3972, 과학 346, 관계 152, 교통 1249, 교양 4115, 규칙 2127, 극복 4118, 기록 1094". 그리고 민현식(2004a, b) 의 연구에 따르면 이 책에서 연구대상으로 삼은 20 개의 단어 중 초등학교 교과서에 등재된 단어가 '규칙, 교통, 관계, 간단, 과학, 기록, 경제, 극복, 간부, 공업, 경비' 등 11 개며 중학교 교과서에 등재된 단어가 '관계, 경제, 공업, 간단, 과학, 기록, 규칙, 교통, 극복, 공화, 간부, 경비' 등 12 개이다.

[②] 한국 근대 이중어사전을 연구 자료를 삼게 된 것은 사전이 다른 문헌자료에 비해 수록된 어휘수도 많고 그 당시 사회의 어휘 사용 양상을 잘 드러낼 수 있는 자료이기 때문이다.

제 3 장 신생한자어의 판별기준과 선별

와 출현 양상을 확인하여 다음과 같은 <표 2>를 작성하였다[①]. <표 2>에서는 해당 단어의 번역어를 총량 입력한 것은 아니고 해당 단어 형태의 출현 여부를 초점으로 입력하였다.

<표 2>[②] 영어를 기준으로 살펴본 번역어 양상 [③]

| | | 언더우드<br>(1890) | 스콧<br>(1891) | 존스<br>(1914) | 게일<br>(1924) | 元漢慶<br>(1925) |
|---|---|---|---|---|---|---|
| 覺書 | memorandum | × | × | × | 각셔<br>(覺書) | 각셔<br>(覺書) |
| 簡單 | simplicity<br>simple | × | × | × | - | 간단흔<br>(簡單) |
| | brevity<br>brief | - | 간단후다[1];자<br>르다, 져르다 | 간단흔 簡短 | - | 간단흔<br>(簡單) |
| 幹部 | staff- officials | - | - | - | × | - |
| | staff | × | × | × | × | × |
| | cadre[2] | - | - | - | - | - |
| 看守 | jailer | | × | × | | |
| | warder<br>warden | - | × | 간슈쟝<br>(看守長)<br>간슈원<br>(看守員) | - | 간슈(看守) |

[①] <표 2> 왼쪽의 영어 원어를 金東成이 편찬한 『最新鮮英辭典』(1928)을 기준으로 하되 번역어가 많은 경우에는 그 중에서 중심의미를 드러낸 번역어만 추출하여 대상어를 선정한다. 예를 들어 이 사전에는 '規則'의 번역어로 'a regulations; a rule; a law; a tenet' 네 가지가 등재되어 있지만 본 연구에서는 주변의미를 배척하고 중심의미를 담은 'regulations'와 'rule'를 대상어로 선정한다. 그러나 '教養'이라는 단어처럼 김동성의 사전에 나와 있는 단어인데도 불구하고 근대적 새로운 의미를 담은 것이 아니라면 필자가 임의로 『프라임 영한/한영사전』에 나온 해당 단어의 영어 번역어를 원어로 삼았다. 또한 金東成(1928)에는 '簡單'의 번역어가 'simplicity'로 나와 있지만 필자는 실제로 이중어 사전에서 검색할 때 의미 연관성이라는 측면에서 'simple'도 검색 대상어에 포함한다. 즉, 각 사전에 등재어를 제시하는 기준이나 양상이 달라서 이 책에서는 연관성에만 주목하여 품사의 차이 등의 요소를 고려 대상에서 배제하였다.

[②] <표 2>는 金東成(1928)에 등재된 해당 단어의 영어 번역어를 기준으로 한국 근대 영한 이중어사전에서 각 영어 원어의 번역 양상을 살펴본 것이다. 金東成(1928)에 나온 영어 번역어를 기준으로 한 이유는 이 사전에 조사된 단어들이 거의 등재되어 있을 뿐만 아니라 의미 측면에서도 해당 단어의 현대적 의미와 거의 일치하기 때문이다.

[③] <표 2>에 사용된 부호 '-'은 해당 영어 원어가 사전의 표제어로 등재되어 있지 않은 상황이고 "×"는 해당 영어 원어가 사전의 표제어로 등재되어 있지만 해당 한자어의 형태로 등재한 것이 아니고 다른 말로 영어 원어를 해석한 것이다.

근대기 중국 기원 신생한자어의 한국어 유입과 정착

이은 도표

| | | 언더우드<br>(1890) | 스콧<br>(1891) | 존스<br>(1914) | 게일<br>(1924) | 元漢慶<br>(1925) |
|---|---|---|---|---|---|---|
| 鑑定 | judgment | × | × | – | × | 감뎡(鑑定) |
| | opinion | × | × | × | – | 감뎡(監定)<br>(專門家의)³ |
| 講師 | lecturer | – | – | 강ᄉ<br>(講師) | 강ᄉ<br>(講師) | 강ᄉ<br>(講師) |
| 客體⁴ | object | × | × | × | | × |
| 見習 | apprenticeship<br>apprentice | – | – | 견습쟈<br>(見習者) | | – |
| | probation | × | | × | | 견습(見習) |
| 經費 | expense | × | × | – | × | 경비(經費) |
| | expenditure | – | – | 경비<br>(經費) | 경비<br>(經費) | 경비(經費) |
| 經濟 | economy | × | × | 경졔<br>(經濟) | 경졔<br>(經濟) | 경졔(經濟) |
| 公民 | citizen | × | × | 공민<br>(公民) | – | 공민(公民) |
| 工業 | industry | × | × | 공업<br>(工業) | 공업<br>(工業) | 공업(工業) |
| 共和 | republican<br>republic | × | × | 공화국<br>(共和國)<br>공화졍치<br>(共和政治) | 共和黨 | 공화국<br>(共和國) |
| 科學 | science | × | × | 과학<br>(科學) | × | 과학<br>(科學) |
| 關係 | relation | × | × | 관계<br>(關係) | 관계<br>(關係) | 관계흠<br>(關係) |
| | connection | – | × | 관계<br>(關係) | – | 관계<br>(關係) |
| | affinity | – | × | 관계<br>(關係) | | × |
| | result | × | 관계 | × | × | × |
| 交通 | traffic | – | × | × | – | 교통<br>(交通) |
| | communication<br>communicate | × | × | × | 교통<br>(交通) | 교통<br>(交通) |

제 3 장  신생한자어의 판별기준과 선별

이은 도표

| | | 언더우드<br>(1890) | 스콧<br>(1891) | 존스<br>(1914) | 게일<br>(1924) | 元漢慶<br>(1925) |
|---|---|---|---|---|---|---|
| 敎養 | culture | - | × | × | × | × |
| | refinement | - | × | × | - | × |
| | cultivate<br>(경작) | × | × | - | - | × |
| 規則 | regulations | × | × | 규측<br>(規則) | - | 규측<br>(規則) |
| | rule | × | × | 규측<br>(規則) | × | × |
| 克服/<br>克復[5] | restoration<br>restore | × | × | × | × | × |
| | overcome | × | × | - | - | × |
| | surmount | - | × | - | - | × |
| 記錄 | recorder | 긔록ᄒ오,<br>젹소. | 긔록,<br>긔록ᄒ다 | (동사) 긔<br>록ᄒ다<br>(記錄) | × | 긔록ᄒ다<br>(記錄)<br>긔록(記錄) |
| | note | × | 긔록ᄒ다 | - | × | 긔록ᄒ다<br>(記錄) |

1. '간단ᄒ다'라는 형태가 나왔지만 해당하는 한자 형태가 '簡單'인지 '簡短'인지 확실하지 않다. 그러나 '자르다'와 관련된 의미라는 것을 생각하면 '簡短'일 가능성이 높다.

2. 'cadre'는 金東成(1928)에 나오지 않는 번역어이다. '幹部'라는 단어가 중국 이중어사전에 처음으로 등장한 것은 赫美玲(1916)의 사전이다. 이 사전에는 '幹部'라는 단어의 번역어는 'cadre'로 나타났다. 중국 劉正埮·高名凱이 편찬한 『漢語外來詞詞典』에는 '幹部'라는 단어의 어원을 프랑스어라고 표기하고 있다. 이러한 사실들을 근거하여 필자가 검색 대상어를 'cadre'라는 번역어를 추가한 것이다.

3. 'judgment'는 법률 용어로서, 'opinion'은 일반 생활 용어로서 두 단어가 [+ 판정], [+ 평가]라는 의미 자질을 공동으로 가지고 있다. 그리고 '監定'이란 단어 뒤의 괄호 내용을 보면 '監定'은 [+ 평가]라는 의미로 나타난 것이 분명하다. 따라서 이 책에서는 언더우드(1925)에 등재된 '監定'은 '鑑定'으로 간주한다.

4. '客體'는 『最新鮮英辭典』(1928)에 등재된 단어가 아니라서 『프라임 영한/한영사전』의 번역어 'object'를 검색 대상어로 선정한다.

5. '克服'이라는 단어가 金東成(1928)에는 'restoration'의 번역어로 나와 있지만 현대어와 의미 차이를 보여 필자가 『프라임 영한/한영사전』에 중심의미를 나타낸 번역어를 추가하여 한국 근대 이중어사전에서 '克復/克服'의 자취를 추적하였다.

<표 2>에서는 해당 단어의 영어 번역어를 기준으로 각 단어가 상기 근대 이중어사전에 등재된 양상을 살펴보았다. 한국은 1876년 일본과 강화도 조약을 체결한 이후부터 서양 문물의 영향을 받아 종래의 봉건적

인 사회 질서를 타파하고 근대적 사회로 변화되는 개화기에 접어들었다. 개화기를 언제부터로 언제까지로 볼 것인가에 대해 학자들 간에 이견이 분분하지만 대체로 강화도조약으로부터 1910년까지를 개화기로 보고 있다. 위에서 연구 자료로 삼은 사전들은 한국 근대 영한류 이중어사전들이다. 이 책에서는 한국 근대 이중어사전을 크게는 개화기 사전과 일제강점기 사전 두 가지로 나눴다.

이렇게 분류한 이유는 이 시기는 한국으로 근대 신생한자어를 수출하는 공급처가 중국에서 일본으로 본격적으로 바뀌게 된 시기이기 때문이다. 사전의 편찬 작업은 짧은 시간 내에 이루어지는 것이 아니다. 표제어의 선정은 그 사회에 어느 정도 정착이 되고 당시 사람들에게 받아들여진 어휘거나 각종 저서에 사용된 어휘를 중심으로 선정되었을 것이다. 앞에서도 지적했듯이 개화기에 한국의 신생한자어들 중에는 중국어에서 유입된 것이 있는가 하면 일본어에서 유입된 단어도 있다. 그러나 한일강제병합 이후에 일본은 정치적으로 한국을 통치하게 되고 1919년 3·1 운동 이후에 다차원적으로 한국을 지배하려는 야심 때문에 교육과 문화적으로도 한국을 지배하기 시작하였다. 따라서 이 시기 일본에서 유입된 신생한자어는 전시대에 비해 차이가 있고 양적으로도 많이 증가하였을 것이다. 이 책에서는 이러한 사실에 기반하여 위에 조사된 단어들을 <표 3>과 같은 세 가지 유형으로 분류하였다.

<표 3> 시기별로 구분된 연구대상 어휘의 유형

| 구분 | 어휘 |
| --- | --- |
| 개화기 사전에 등재된 어휘 | 關係, 記錄 |
| 일제강점기 사전에 등재된 어휘 | 覺書, 簡單, 看守, 鑑定, 講師, 見習, 經費, 經濟, 公民, 工業, 共和, 科學, 交通, 規則 |
| 한국 근대 이중어사전에 등재되지 않았던 어휘 | 幹部, 客體, 敎養, 克服 |

### 2.1.2 한영류 사전에 등재된 해당 단어의 의미 조사

앞에서도 언급했듯이 의미만을 기준으로 하는 조사는 해당 단어의 유입과 정착 과정을 살펴보기에 부족하기 때문에 이 부분에서는 형태를

제 3 장 신생한자어의 판별기준과 선별

기준으로 해당 단어의 한국 근대 이중어사전에의 등재 여부와 의미 해석 양상을 살펴보기로 한다. 동원된 근대 이중어사전은 리델의 『한불즈뎐』(1880)[①], 언더우드의 『한영즈뎐』(1890)[②], 게일의 3판 『한영즈뎐』과 金東成의 『最新鮮英辭典』[③](1928) 이다.

---

[①] 『한불즈뎐』은 파리외방선교회 한국선교단에서 편찬한 한불대역사전(韓佛對譯辭典)으로서 1880년에 일본 요꼬하마[橫浜]의 Echo du Japon 인쇄소에서 인쇄하고 C.Levy, Imprimeur-Libraire 에서 발행하였다(한국민족문화대백과, 한국학중앙연구원). 『한불즈뎐』은 1880년 간행된 근대이중어사전으로서 한국 근대 최초의 이중어사전이 아니다. 이 사전보다 5년 일찍 간행된 『露韓辭典』(1874)이 한국 최초의 이중어사전이다. 그러나 푸칠로(Пyuипп o,M.)에 의해 편찬된 이 사전은 사전이라기보다 대역어휘집에 가까우며 함경방언을 대상으로 하고 있어 학술계의 큰 관심을 일으키지 못하였던 것이다. 이 사전보다 5년 뒤늦게 간행된 『한불즈뎐』은 두 번째로 나온 근대이중어사전이지만 서울의 표준어를 기본으로 삼았다는 점에서 본격적인 이중어사전이라는 점과 개화기에 나온 첫 번째의 사전이기 때문에 그 동안 학술계의 관심을 크게 끌었다. 『한불즈뎐』은 한글철자를 표제어로 삼고 발음을 병기하고 의미설명에 있어서도 불어 이외에 한자를 이용하는 모습을 보여 사전으로서 망라성과 격식을 두루 갖추고 있는 사전으로서 총 29026개의 어휘를 수록하였다.

[②] 게일의 『한영즈뎐』은 각각 1897년, 1911년, 1931년에 초판, 제2판, 제3판 세 차례로 간행되었다. 초판은 1897년 요꼬하마[橫浜]의 kelly & walsh 출판사에서 발행되었고 제2판은 1911년 요꼬하마의 푸쿠인 출판사(The Fukuin printing co. LTD.)에서 나왔으며 제3판은 1931년 서울의 조선 야소교서회(朝鮮耶蘇敎書會)에서 간행되었다(한국민족문화대백과, 한국학중앙연구원). 초판에는 약 35000개 어휘를 수록했으며 그 분량과 체계에 있어서는 『한불즈뎐』을 능가한다고 할 수 있으나 이 사전의 서문에서 밝혔듯이 『한불즈뎐』을 중요한 참조사전으로 삼았다. 『한불즈뎐』을 중요한 참조사전으로 삼았음에도 불구하고 그 분량과 체계에 있어서는 『한불즈뎐』을 능가한다. 게일의 사전들은 이후 모든 한영이중어사전류의 가장 중요한 참조 저본이 되었으며, 한국어사전(단일어사전)이 부재한 시기 한국어사전 그 자체의 역할을 담당하기도 했다. 1911년과 1931년에 간행된 제2판과 제3판에는 각각 약 50000개, 75000개의 어휘를 수록했으며 단순한 증보판이 아니라 책의 형태와 편찬 방식을 달리하는 형태로 간행되었다.

[③] 김동성(金東成)의 『最新鮮英辭典』은 1928년에 박문서관에서 간행되었다. 이 사전은 미군정기 시기동안 사용되던 영어를 조선인 입장에서 이해하기 위해 편찬되었고 해방 직후인 1945년 『最新鮮英辭典』(한성, 대한출판사, 단기 4278, 총 672면)으로 재발간 되었으며, 1946년에 재판이 나왔다(한국민족문화대백과, 한국학중앙연구원). 이 사전은 약 26,000개의 어휘를 수록했으며 한국인이 편찬한 최초의 한영사전이라는 점에서 가장 큰 의의를 지닌다. 1911년에 나온 게일의 『한영즈뎐』을 기준으로 한다면 거의 17년간의 공백을 뚫고 나온 한영사전이었다. 이 사전의 표제어를 보면 신문명 어휘와 식민지 관련 어휘와 당대 상황을 반영한 예문들이 많이 실려 있다. 『한국민족문화대백과』에서 밝혔듯이 한글 표제어의 경우는 게일의 『한영즈뎐』(1911년)이, 영문 해제어의 경우는 이전 외국인 편찬의 이중어사전과 일치하는 부분이 발견되고, 또한 몇몇 어휘들을 통해 게일의 『한영즈뎐』 최종본(1931)을 비롯한 후속 사전들에도 어느 정도의 영향을 미쳤음도 찾아볼 수 있다고 한다.

<표 4> 형태를 기준으로 살펴본 번역어 양상①

| | 리델(1880) | 언더우드(1890) | 게일(1897) | 게일(1911) | 金東成(1928) | 게일(1931) |
|---|---|---|---|---|---|---|
| 각서(覺書) | - | - | - | memorandum | a memorandum | a memorandum |
| 간단(簡單) | - | - | - | - | simplicity; shortness; brevity | to be abbreviated; to be lessened; to be brief |
| 간부(幹部) | - | - | - | - | staff officials; the staff | - |
| 간수(看守) | surveiller; faire attention; prendre soin de; garder | to oversee; to superintend | to take charge of; to oversee | to take charge of; to oversee; to guard or watch-prisoners | a jailer; a warder; a turnkey | a jailer; to take charge of; to oversee; to guard |
| 감정(鑑定) | - | - | - | appraisement | judgment; opinion; appraisal | to appraise |
| 강사(講師) | - | - | - | - | a lecturer | - |
| 객체(客體) | - | - | - | - | - | - |

① <표 4> 안에 한글로 표기된 단어와 병기한 것은 해당 단어의 형태가 조사된 이중어사전에 일대일로 등재한 것이 아니고 품사가 다른 형식이나 다른 형태소나 단어와 결합된 형식으로 등재된 것이다.

제3장 신생한자어의 판별기준과 선별

이은 도표

| | 리델(1880) | 언더우드(1890) | 게일(1897) | 게일(1911) | 金東成(1928) | 게일(1931) |
|---|---|---|---|---|---|---|
| 견습(見習) | - | - | - | - | apprenticeship; probation; a cadet | an apprentice clerk (見習番頭) |
| 경비(經費) | - | - | outlay of money | outlay of money | expense; expenditure | expenses; outlay of money |
| 경제(經濟) | - | - | - | finace; economy | economy; finance | economy; finace |
| 공민(公民) | - | - | - | 公民權: the right of an elector | a citizen | a citizen |
| 공업(工業) | metier et travail; travail | - | - | a handicraft; work-of any kind, or any under talking of the nature of public works; industrial work | industry; manufacturing-industry | a handicraft; work-of any kind, or any under talking of the nature of public works; industrial work |
| 공화(共和) | - | - | - | 共和國 a republic | union; a republican | republican |
| 과학(科學) | - | - | - | - | science | school studies; science. |

51

# 근대기 중국 기원 신생한자어의 한국어 유입과 정착

| | 리델(1880) | 언더우드(1890) | 게일(1897) | 게일(1911) | 金東成(1928) | 게일(1931) |
|---|---|---|---|---|---|---|
| 관계(關係) | 관계하다: importance, sion. etre important; importer | 관계하지아니하다: to be of no importance, not worth mentioning, bo be all right | (계관할) to involve; to concern; to interest(used generally with a negative) | concern interest 관계하다: to involve; to concern; to interest(used generally with a negative) | relation; participation; connection; concern; respect; consanguinity; affinity | 관계: concern; interest 관계자: a party concerned 관계하다: to concern |
| 교통(交通) | 교통하다: cowmeture la fornication faduture,etc; faire allance | – | 교통하다: to have intercourse | 교통하다: to have intercourse | communication; intercourse; traffic | intercourse; communication. 交通巡査: a traffic policeman |
| 교양(敎養) | – | – | – | 교양하다: to educate and bring up | – | 교양하다: to educate and bring up |
| 규칙(規則) | – | – | (법) regulations by-laws; customs | (법) regulations by-laws customs | regulations; a rule; a low; a tenet | (법) regulations by-laws; customs |
| 극복(克服) | – | – | – | – | 克復 restoration | 克復 to restore |

제3장 신생한자어의 판별기준과 선별

| | 리델(1880) | 언더우드(1890) | 게일(1897) | 게일(1911) | 金東成(1928) | 게일(1931) |
|---|---|---|---|---|---|---|
| 기록(記錄) | 긔록ᄒᆞ다: prendre note d'une chose pour ne pas l'onblier; mentionner. se ressouvenir; rappeler a la memoire; repasser dans sa memoire | 긔록ᄒᆞ다: to note; to remember | 긔록ᄒᆞ다: to make a note of; to record | 긔록ᄒᆞ다: to make a note of; to record | a recorder; a document; archives; annals; a chronicle 긔록한다: to write down; note; describe; give an account of | 게일(1931)<br>a note; a record<br>긔록하다: to make a note of; to record |

이은 도표

## 2.2 일본어 차용어와의 관계에 따른 분류

2.1에서 의미와 형태 두 가지 측면에서 해당 단어의 이중어사전에서의 출현 시기와 의미 양상을 살펴보았다. 그러나 이중어사전에서의 출현 시기와 의미 양상에만 의거하여 해당 단어가 일본어 차용어인지 아닌지를 판별할 수는 없다. 왜냐하면 해당 단어가 한국 근대 이중어사전에 처음으로 등장한 것인지 한국 고전 문헌 자료에서도 형태 확인이 가능한 것인지를 살펴보아야 하기 때문이다. 한국 고전 문헌 자료에서도 형태 확인이 가능한 단어라면 이 단어가 일본어 차용어가 아닐 가능성도 있다. 또한 해당 단어의 고전적 의미가 근대적 의미와 일치하는 경우에도 이 단어를 일본어 차용어라고 인정할 수가 없다.

여기서는 한국 고전 자료를 동원하고 앞의 <표 2>와 <표 4>의 조사 결과를 종합하여 위 어휘를 일본어 차용어와의 관계 긴밀성에 따라 A, B, C, D 4가지 유형으로 분류하였다.

### 가. A 유형

A 유형은 일본어 차용어라고 판정해도 무방한 유형이다. 이 유형은 형태의 발생과 새로운 의미의 생성이 모두 1910년대 이후인 어휘들이다. 이 유형의 어휘들은 20세기 이전의 이중어사전에서 그 자취가 발견되지 않으며 20세기에 들어와서야 새로운 문물의 출현과 함께 한국어 어휘 체계에 정착된 것들이다.

<표 2>에서 해당 형태의 새로운 의미 발생 시기가 1910년 이후로 조사된 어휘는 "覺書, 簡單, 看守, 幹部, 鑑定, 講師, 見習, 經費, 經濟, 公民, 工業, 共和, 科學, 交通, 敎養, 規則" 등 16개가 있다. 형태의 발생 시기를 살펴보는 <표 4>에서 살펴봤듯이 20세기 이전의 한영 이중어사전에서 자취가 확인된 단어는 "看守, 經費, 工業, 交通, 規則" 등 5개다. 그렇다면 이것으로 나머지 단어인 "經濟, 公民, 共和, 幹部, 鑑定, 講師, 見習, 覺書, 簡單, 科學, 敎養" 등은 형태의 발생과 새로운 의미의 생성 모두 1910년대 이후에 성립되었다고 해서 이들 단어가 모두 일본어 차용어라고 판정할 수 있을까? 사실은 그렇지 않다. 20세기

의 한영 이중어사전에서 형태 확인이 안 되는 단어들이 한국 고전 문헌에 이미 존재했을 가능성을 배제할 수 없기 때문이다. 사전에 표제어로 등재된 어휘 항목은 그 시대의 어휘 사용 양상을 반영하지만 사전의 편찬 목적과 편찬자의 언어 능력 등의 요소로 인하여 당시 사회 사람들이 즐겨 사용하는 어휘와 분야별 학술 용어 등을 모두 망라할 수 있는 것은 아니다. 이것은 모든 이중어사전의 한계라고 할 수 있다. 한국 고전 문헌에서 형태가 확인된다면 해당 단어의 의미 사용 양상이 어떠한지 새로운 의미와 연관성이 있는지 등을 살펴봐야 해당 단어가 일본어 차용어인지 아닌지를 정확하게 판단할 수 있을 것이다. 이들 단어의 한국 고전 문헌 자료에 등재 여부를 확인하기 위해 필자는 『朝鮮王朝實錄』을 비롯한 20세기 이전의 고전 자료를 조사하였다. 조사된 결과는 이들 단어 중에 "覺書, 簡單, 幹部, 見習, 科學, 鑑定" 6개의 단어가 한국 고전 문헌 자료에서 형태가 추적되지 않았다. 따라서 이 6개의 단어가 20세기 경에 한국으로 유입된 일본어 차용어라고 판정할 수 있을 것이다. 이 유형에 포함시켜야 할 다른 단어가 '客體'다. '客體'는 金東成(1928)에 등재되어 있지 않다. '客體'는 중국 근대이중어사전인 赫美玲(1916)에 'object'의 번역어로 처음으로 등장한다. 필자가 'object'를 한국 영한 이중어사전에서 검색한 결과 '客體'라는 단어가 한 번도 등장하지 않으며 '客體'라는 형태는 한영 이중어사전에서도 표제어로 등재되지 않았다. 따라서 이 단어는 20세기 후에 근대 신개념의 유입과 함께 한국 사회에 정착된 것으로 보아도 될 것이다[1].

### 나. B 유형

B 유형은 해당 단어의 형태를 고전 문헌에서 그 자취를 추적할 수 있지만 새로운 의미의 형성은 20세기 후인 데다가 그 새로운 의미가 고전적 의미와 연관성이 없는 유형이다. 이 유형에 해당하는 단어들을 이 책

---

[1] 이한섭(2014)에서는 한국 근대 자료에서 이 단어의 자취를 확인한 바가 있다. 第一 客體의 差異 法律과 道德이 行爲規則은 同一호되法律은 其 목적물되눈 意思가 外界에 表示된 結果로 行ᄒ야 其原因된 意思善惡의 如何눈 不關ᄒ되. 『대한유학생회회보』 제1호 "法律과 道德의 區別" 1907년 3월 3일.

에서는 역시 일본어 차용어로 판별하였다. 이 유형에 해당하는 단어는 "克服, 經濟, 交通, 工業"이다. '克服'①과 '經濟' 두 단어만 예로 들어 설명하겠다. '克服'이라는 형태는 근대 한영 이중어사전에 한 번도 나오지 않고 『프라임 영한/한영사전』에 '克服'의 영어 번역어 'overcome, surmount'를 기준으로 근대 영한 이중어사전들을 조사해도 '克服'이라는 단어의 자취를 한 번도 발견할 수 없다. 그러나 이 단어를 한국 고전 문헌 자료에서 확인한 결과는 (12)와 같다.

(12) 謚貞武, 淸白守節 '貞', 刑民克服'武'. 世祖 22卷, 6年(1460년) 자료.

今冊爾峼爲王世子, 爾其樂道尊師, 親賢遠佞, 克服三善之訓, 以延一國之休.
中宗 39卷, 15年(1520년) 자료.

爾大夫士, 咸知不與賊共乃生, 本部允妶動于心, 克服王之大義.
宣祖 40卷, 26年(1593년) 자료.

度支部大臣 閔泳綺가 上疏하여 辭職을 청하는 동시에 現在 國勢의 危急을 克服하려면 人民과 政府가 合心 團結하여 努力하여야 하며.
度支部大臣 閔泳綺가 上疏하여. 光武 9年, 1905년 5월 1일 자료.

이상의 기록에서 보듯이 '克服'이라는 단어는 "싸움에 이겨서 상

---

① '克服'과 한글 표기법이 같은 단어는 '克復'이다. '克復'은 金東成(1928)에 번역어 'restoration'으로 등재되어 있고 형태를 기준으로 한국 한영이중어사전에서 검색해 보면 이 단어가 표제어로 한 번도 등재되지 않았다. 그러나 이것만으로 '克復'을 일본어 차용어라고 판단할 수는 없다. 이 단어의 한국 고전 문헌 자료에의 등재 여부와 의미 양상에 대한 조사가 필요하기 때문이다. 조사 결과 이 단어가 "克復舊都, 指日可期"[宣祖 36卷, 26年(1593년) 자료]와 "克復光明正大之本體"[孝宗 5卷, 1年(1650년) 자료]에서 보는 바와 같이 '회복하다, 수복하다, 복원하다'를 기본의미로 하고 있고 현대에 들어와서도 그런 의미로 계속 유지되고 있음을 알 수 있다. 따라서 이 단어는 전통한자어이고 근대시기에 들어온 일본어 차용어가 아니라고 볼 수 있다.

대를 복종시킴, 이겨서 따르게 됨"이라는 의미로 고대로부터 한국 고전 문헌에 사용되어 온 단어이다. 20세기에 들어서야 도지부대신(度支部大臣) 민영기(閔泳綺)의 상소문에서 발견된 바와 같이 '克服'이 'overcome, surmount'라는 현대적 의미와 일치하게 된다. 따라서 '克服'이라는 형태가 한국 고전 문헌 자료에 나왔다 하더라도 그 의미가 현대적 의미와 전혀 관련성이 없으므로 새로운 의미의 형성은 일본어에서 완성된 다음에 한국어로 유입된 것이라고 이해해도 무방할 것이다.

'經濟'라는 단어도 한국 고전 문헌 자료에서 그 자취를 추적할 수 있는데 (13)에서 보는 바와 같이 근대적 의미와 연관성을 찾을 수 없다.

(13) 簿書期會所任, 數三胥吏足以當之, 又安用旁求俊彦, 以致經濟之才乎? 成宗 86 卷, 8 年 (1477 년) 자료.

卿以忠義之資, 懷經濟之略.
成宗 189 卷, 17 年 (1486 년) 자료.

先正之道德經濟, 卽百世之師也.
순조 29 권, 27 년 (1827 년) 자료.

중국 고전 문헌에서 '經世濟民'의 줄인 말로 사용되어 왔던 '經濟'는 "世事를 잘 다스려서 백성들을 구한다"라는 뜻을 기본 의미로 하고 있다. 근대에 들어서서 '經濟'라는 단어에 새로운 의미를 부여하게 되었고 'economy, finance'의 번역어로 되었다. 따라서 이 단어의 근대적 의미는 고전적 의미와 관련성이 없는 것으로 보인다.

### 다. C 유형

C 유형은 해당 단어의 형태를 고전 문헌에서 그 자취를 추적할 수 있고 새로운 의미는 20세기 후에 형성되었지만 그 새로운 의미가 고전적 의미와 어느 정도 연관성이 있는 유형이다. 이 유형에 해당하는 단어들을 일본어 차용어로 판정하는 것은 문제가 있다고 본다. 왜냐하면 고전

적 의미와 관련성을 가진 단어들은 일본어의 자극이 없었더라도 자연스럽게 서양 신개념의 의미 범위로 조정되었을 가능성이 있다고 생각하기 때문이다. 이 유형에 해당하는 단어는 "講師, 看守, 經費, 公民①, 共和②, 關係, 規則, 敎養" 등이 있다. '講師, 看守' 2 語를 예로 들어 설명하겠다.

'講師'는 존스(1914)에 'lecturer'라는 단어의 번역어로 근대 이중어사전에 처음으로 등장하고 그 후에 金東成(1928)에 표제어로 나와 있다. 이 단어가 "학교나 학원 따위에서 위촉을 받아 강의를 하는 사람"이라는 새로운 의미를 갖게 된 시기는 20세기 이후로 간주되고 있지만 고전적 의미와 의미상의 관련성 유무를 확인하기 위해 한국 고전 문헌 자료를 살펴보았다.

(14) 大焉道統之所存, 皆已尙德; 小而**講師**之相守, 亦不廢功。肅宗 13 卷, 8 年(1682년) 자료.

臣以爲太學則大司成爲**講師**.
正祖 34 卷, 16 年(1792년) 자료.

(14)에서 보듯이 '講師'라는 단어는 "경전을 강하는 사람"이라는 의미로 옛날부터 사용되어 온 단어이다. "강의하는 사람"이라는 의미 측면

---

① 이한섭(2014)에 의하면 일본어에서 유입된 "公民"이라는 단어의 의미는 "국가 사회의 일원으로서 그 나라 헌법에 의한 모든 권리와 의무를 가지는 자유민"이다. "나라의 백성"이라는 의미 측면에서 고전 의미가 근대적 의미와 어느 정도 유연성을 가지기 때문에 이 책에서는 '公民'을 이 유형에 분류시켰다.

② '共和'란 단어가 한국 고전 문헌 자료에서 "일을 함께 상의하고 결정하다"라고 하는 의미로 사용되어 있었다. 주지하다시피 '공화(共和)'란 단어는 중국 주(周)의 여왕(厲王)이 국인폭동(國人暴動)으로 쫓겨나고 일부 제후와 재상이 왕을 대신하여 집정(執政)하던 시기의 연호를 뜻하며, 왕이 없이 정치가 이루어지는 '공화제(共和制)'란 말이 여기에서 비롯되었다(BC 841~BC 828). 『史記·本紀·周本紀·西漢參較文獻·西周中葉紀』에서 "召公, 周公二相行政, 號曰「共和」"라고 하는 기록에서 확인이 가능하다. 왕이 없이 정치가 이루어진다는 의미에서 '共和'라는 연호를 짓는 것은 오늘날 이른바 '民主'란 의미와 관련이 있다고 본다. 따라서 "일을 함께 상의하고 결정하다"라는 의미 측면에서 근대적 의미가 고전 의미와 관련이 있어서 이 책에서는 '共和'를 이 유형에 분류시켰다.

에서 이 단어의 고전적 의미와 'lecturer'로서의 근대적 의미가 어느 정도 관련성을 갖기에 이 책에서는 '講師'를 이 유형에 포함시켰다.

'看守'라는 단어가 조사된 근대이중어사전에 처음으로 등장한 것은 리델의 『한불즈뎐』(1880)이다. 그 후에 나온 한영 이중어사전에는 모두 표제어로 등재되어 있었던 것이다. 의미를 보면 1910년대 이전의 이중어사전에는 동사로서 "간수하다, 지키다"의 의미로 사용되어 있었다. 존스(1914)에 'warder, warden'의 번역어로 '看守長, 看守員'이라는 형태로 나오다가 金東成(1928)에 "a jailer, a warder, a turnkey"라는 의미로 '看守'가 표제어로서 등재되었다. 필자가 한국 근대 영한 이중어사전에서 'jailer, warder, warden'의 번역 양상을 살펴본 결과 1910년대 이전의 사전에 '옥사장이, 감옥서장, 순라군'이라는 해석어만 나오고 '看守'가 명사로서는 한 번도 나오지 않았다. 한국 고전 문헌 자료에서 '看守'라는 단어의 형태와 의미 사용 양상을 살펴보기 위해 (15)와 같이 조사했다.

(15) 泊, 吳千戶發放每船留軍一十名看守. 太祖 5卷, 3年(1394년) 자료.

諸種禽獸, 不謹看守, 致令故失, 則內官及守直人決罪.
燕山 61卷, 12年(1506년) 자료.

外藩人到本境, 應卽出派官監, 加意看守.
正祖 2卷, 卽位年(1776년) 자료.

故府使安漢彦及看守人, 時方推考.
中宗 105卷, 39年(1544년) 자료.

各國人初見我物, 故觀者萃雜, 看守者無暇應對.
高宗 30卷, 30年(1893년) 자료.

警務使는 所屬官吏를 統督호니 奏任及判任官의 進退及懲戒는 內部大臣에 具申호고 巡檢及<u>看守</u> 其他雇員은 專行홈.

高宗 33卷, 32年(1895년) 자료.

이상의 자료에서 보듯이 '看守'라는 단어는 한국 고전 문헌 자료에 "간수하다, 지키다"라는 의미로 동사로서 쭉 사용되어 왔다. 명사로서 "간수하는 사람"이라는 의미를 표현할 때는 '守直人, 看守人, 看守者' 등 단어가 나왔지만 '看守'라는 형태가 한 번도 독립적으로 나온 적은 없었다. 1895년경에 이르러서야 '看守'가 명사로서 "간수하는 사람"이라는 뜻으로 나타나기 시작했다. '看守'라는 단어가 교도관의 옛 용어로서 동사로서의 고전적 의미인 '간수하다, 지키다'라는 뜻에서 유래한 것이므로 그 현대적 의미는 고전적 의미와 깊은 관련을 갖는다고 볼 수 있다.

### 라. D 유형

D 유형은 해당 단어의 형태가 고전 문헌에서 추적이 가능하고 새로운 의미가 고전적 의미와 일치하는 유형이다. 이 유형에 해당하는 단어가 '記錄'이고 이 책에서는 일본어 차용어가 아니라고 판정한다. '記錄'이라는 단어는 게일(1924)을 제외하면 조사된 10종의 근대 이중어사전에 등재되어 있는 단어다. 의미 사용 양상을 보면 'note, record'를 중심 의미로 하고 있다. 한국 고전 문헌 자료에서 이 단어의 의미 사용 양상을 살펴보기 위해 (16)과 같이 조사했다.

(16) 又令都評議使司·檢詳條例司, 每於月季, 悉書條例, 送于本館, 以憑<u>記錄</u>, 永爲恒式. 太祖 2卷, 1年(1392년) 자료.

正朝使通事朴枝, 領受中朝《大統曆》一百一件, 而禮部領受<u>記錄</u>, 《大統曆》一百件.《七政曆》一件. 其鞫之.

世祖 38卷, 12年(1466년) 자료.

奉教李栽, 在史局重地, 凡<u>記錄</u>之事, 所當愼密.

제 3 장 신생한자어의 판별기준과 선별

仁宗 2 卷, 1 年(1545 년) 자료.

蓋同副承旨金壽恒, 以文書記錄之故, 仍許入侍.
孝宗 18 卷, 8 年(1657 년) 자료.

以文字記錄以來, 一經乙覽後, 卽下政院, 令諸臣見之.
英祖 33 卷, 9 年(1733 년) 자료.

而但不知呼冤之漢姓甚名誰, 容貌如何, 有誰聽見, 有誰記錄, 可爲執證者乎.
純祖 31 卷, 30 年(1830 년) 자료.

此時船主, 又呈其記錄簿. 所謂記錄者, 船主詳記本船之名, 發本船之地名, 本船所積載之噸數石數.
高宗 13 卷, 13 年(1876 년) 자료.

記錄局, 掌收錄行政底稿及統計事務存作檔案.
高宗 31 卷, 31 年(1894 년) 자료.

參議一員, 記錄局長兼之.
高宗 31 卷, 31 年(1894 년) 자료.

判事가 第四十八條及第四十九條로 賦與ᄒᆞᄂᆞᆫ 權을 行ᄒᆞᄂᆞᆫ 時ᄂᆞᆫ 訴訟記錄에 注記ᄒᆞ고 其理由도 附記홈이 可홈.
高宗 33 卷, 32 年(1895 년) 자료.

記錄司 : 保存文書記錄ᄒᆞᄂᆞᆫ 事務를 掌홈.
高宗 33 卷, 32 年(1895 년) 자료.

위의 자료는 필자가 한국 고전 문헌 자료에 '記錄'이라는 단어가 등

61

장하는 시기를 기준으로 하여 100년마다 예문을 하나씩 선정하여 정리한 것이다. 다만 19세기 후반으로부터 신명사가 빈번하게 나타남으로 신명사와 관련된 어휘도 함께 제시하였다. 이상의 자료에서 확인되듯이 14세기 말부터 19세기 말까지 '記錄'이라는 단어는 한국 고전 문헌에 "기록하다, 적다"라는 뜻의 기본의미로 쭉 사용되어 왔다. 여기에서 주목할 만한 것은 19세기 후반에 "記錄簿, 記錄者, 記錄局, 記錄局長, 訴訟記錄, 記錄司" 등 신명사가 나왔다는 점이다. 19세기 말기에 한국이 일본에 대대적으로 문호를 개방하고 일본과 빈번하게 접촉하면서부터 새로운 사물과 신개념이 유입됨에 따라 예전에 한국 어휘 체계에 없던 신명사도 이와 함께 나타났다. 한국고대 어휘체계에 이미 뿌리박힌 '記錄'이라는 단어에 다른 명사를 결합시켜 새로운 명사를 만들었거나 일본과 체결한 조약, 일본과 관련된 공문에 이 단어가 출현한 빈도수가 높다고 해서 '記錄'을 일본어에서 들어온 차용어로 인정하는 것은 논란의 여지가 있다.

'記錄'이라는 단어는 중국 고전 문헌 자료에서도 확인되고 『東漢·三國志·魏書二十五·辛毗楊阜高堂隆傳第二十五』에서 "良史記錄, 必不墜於地矣 [1]"라는 구절이 나오듯이 옛날부터 "역사 등에 대한 기록"이라는 의미로 쭉 사용되어 왔던 것이다. 이상의 논의를 종합해 보면 '記錄'은 근대시기 일본어에서 한국어로 유입된 신생한자어가 아니고 순수한 전통한자어로 보는 것이 더 타당하다.

종래의 연구에서 위에 제시한 단어는 모두 일본어 차용어로 취급하고 있다. 이 책에서는 이상 단어들을 일본어 차용어로 취급하는 데에는 문제가 있다고 보고 조사를 통해 해당 단어의 일본어 차용어와의 관계를 긴밀성을 기준으로 분류하였다. 이 책에서는 A와 B유형은 일본어 차용어라고 인정해도 무방하고 C유형은 일본어 차용어로 인정하는 데 문제가 있는 유형이며 D유형은 일본어 차용어가 아닌 것으로 본다. <표2>와 <표4>에서 논의한 내용들을 표로 정리하면 <표5>와 같다.

---

[1] 晉·陳壽 撰, 宋·裴松 注.

제 3 장 신생한자어의 판별기준과 선별

<표 5> 일본어 차용어와 관계의 긴밀성에 따라 분류한 대상어 유형 일람표

| 사전에서의 등재 상황 \ 유형 분류 | A 유형 | B 유형 | C 유형 | D 유형 |
|---|---|---|---|---|
| 개화기 사전에 등재된 어휘 | | | 關係 | 記錄 |
| 일제강점기 사전에 등재된 어휘 | 覺書 簡單 見習 鑑定 科學 | 經濟 交通 工業 | 講師 經費 公民 共和 看守 規則 | |
| 한국 근대 이중어사전에 등재되지 않았던 어휘 | 幹部 客體 | 克服 | 敎養 | |

## 2.3 일본어 차용어의 판별 기준

위에서 한중 양국의 대표적인 외래어사전에서 공통으로 일본어 차용어라고 인정한 20개의 단어를 대상으로 한국 고전 문헌 자료에서 해당 단어의 자취를 확인하고 한국 근대 이중어사전에서 이들의 수용 양상을 살펴봄으로써 일본어 차용어와의 관계를 검토하였다. 이 부분에서는 일본어 차용어의 판별기준을 설정하는 데 있어서의 문제점을 검토하면서 방법론을 제시하도록 한다.

### 가. 형태의 발생지와 근대적 의미의 발생지

기존의 연구에서 신생한자어에 대한 연구는 주로 한일 간의 연구에 주목하여 개별 한자어의 유입과 수용, 특정 작품에서 신생한자어의 수용, 신생한자어 어휘집 편찬 등에 대한 연구가 주류가 되었지만 신생한자어를 연구하는 데에 필요한 이론적 토대를 마련하지 못한 것이 현실이다. 즉, 신생한자어를 어떻게 정의할 것인지, 일본어 차용어를 판별하는 기준이 무엇인가를 명확히 하지 못하였다. 이한섭(2014)이 일본어에서 들어온 신생한자어라고 인정한 '敎養'이라는 단어를 예로 들겠다.

'敎養'이라는 단어의 의미를 이한섭(2014)은 "지식, 정서, 도덕 등을 바탕으로 길러진 고상하고 원만한 품성"이라고 기술하고 있다. 이 의미가 근대적 개념과 관련된 의미 기술인 것을 부정할 수는 없지만 이 단어에 해당하는 예를 (17)과 같이 제시하고 있다는 점에서 논란이 있다.

(17) 勅令第七十九號漢城師範學校官制第五條에 의ᄒᆞ야 兒童을 敎養ᄒᆞ고 漢城師範學校生徒의 敎授法 實習에 供홈을 爲ᄒᆞ야 設置홈. 대한민국 『관보』 제 121 호 漢城師範學校附屬小學校規程 1895 년 7 월 24 일. 京城에 濟生院을 設置하야 孤兒를 敎養하야 職業을 엇게하고. 朝鮮總督府 『普通學校朝鮮語及漢文讀本』 권 3 제 39 과 '慈善' 1917 년. (p.143)

문제점은 (17)에서 '敎養'이라는 단어가 고전적 의미인 '기르고 교육하다, 교육하다'의 뜻으로 사용되고 있다는 것이다[①]. 이한섭 (2014) 은 '敎養'이라는 단어의 의미를 기술하는 데 있어 공통적으로 고전적 의미와 근대적 새로운 의미를 구분하지 않고 함께 제시하고 있다. '일본어에서 들어온 우리말'이라는 전제를 제시해 놓고 의미 기술에서는 고전적 의미와 근대적 새로운 의미를 모두 제시하고 있다는 점은 '일본어 차용어'라고 인정할 때 기준이 무엇인가 하는 문제를 충분히 고려하지 않은 데서 기인한 것으로 보인다. 이 책에서는 해당 단어 형태의 발생지와 새로운 의미의 발생지가 모두 일본어인 경우와 형태의 발생지는 중국 고전 문헌이지만 새로운 의미의 발생지는 일본어인 경우 해당 단어를 일본어 차용어라고 인정한다.

나. 고전적 의미와 근대적 의미 간의 유연성

앞에서도 언급했듯이 이 책에서는 해당 단어 형태의 발생지와 새로운 의미의 발생지가 모두 일본어인 경우와 형태의 발생지가 중국고전문헌이지만 새로운 의미가 고전적 의미와 관련이 없는 경우 일본어 차용어라고 인정하지만 형태가 한국고전문헌에서 추적이 가능하고 새로운 의미

---

[①] '敎養'이라는 단어가 한국고전문헌에 "기르고 교육하다"의 뜻으로만 사용된 것이 아니고 의미 축소가 되어 "교육하다"라는 뜻으로 사용된 것은 다음 예에서 확인할 수 있다. 是故非素設方略以敎養之, 則倉卒之際, 或有違忤之患矣.(번역 : 그러므로 평소부터 방략(方略)을 세워 그들을 가르치지 아니하면 뜻하지 아니한 때에 혹 잘못된 근심이 있을 것입니다) 太宗 3 卷, 2 年 (1402 년) 자료.

가 고전의미와 일치하거나 꼭 일치하지 않더라도 깊은 연관성을 가진 경우는 해당 단어를 일본어 차용어라고 판정하는 데 문제가 있다고 본다. 여기서 '經費'와 '關係'를 예로 들어보자.

'經費'란 단어는 'expense, expenditure'의 번역어로 이한섭(2014)은 일본어 차용어라고 간주하고 (18)과 같이 그 의미를 기술하고 있다.

(18) ① 사업을 경영하거나 운영하는 데 필요한 비용. ②국가나 공공단체가 사업을 하고 정책을 실현하는 데 지출하는 비용. (p.86)

필자가 한국 고대 문헌 자료에서 '經費'라는 단어의 의미 사용 양상을 자세히 살펴본 결과 "나라나 일정한 기관에서의 경상비"라는 것을 기본의미로 하고 있지만 아래의 (19)에서 확인되듯이 "국가나 공공 단체가 사업을 하고 정책을 실현하는 데 지출하는 비용"이라는 의미로도 사용되고 있다.

(19) 祭享有所重, 固當以大同劃給, 而餘外雜費, 不可以議到經費, 故廟堂方欲區別草記矣. 순조 3권, 1년(1801년) 자료.

(19)에서 '經費'는 '支出'과 관련된 의미로 사용되고 있다. 1800년대 경에 근대적 의미와 관련된 의미를 갖게 된 '經費'는 단어 자체의 의미 변화로 근대적 의미를 가지게 된다고 이해해도 무방할 것이다. '關係'라는 단어도 마찬가지다. '關係'는 한국 고전 문헌 자료에서 동사로서 "관계하다, 관계되다"의 의미로 사용되어 왔지만 (20)에서 보듯이 명사로 사용된 경우도 가끔 보인다.

(20) 尊賢講道之本, 惟在於飭躬如何, 篤學如何而已, 則院宇之有無, 何所關係? 高宗 15卷, 15年(1878년) 자료.

위의 예문에서 보듯이 '關係'는 명사로서 'relation'의 의미로 사용되어 있다. 한국 근대어휘체계를 연구하는 데 빠뜨리면 안 되는 부분이 일본어 차용어지만 신생한자어라고 하는 것이 모두 일본어 차용어는 아니라는 사실은 매우 중요하다. 그 동안 신생한자어에 관한 연구는 주로 한일 간의 어휘 교류 연구에 치우쳐 있었으며 근대기 한중 간의 어휘 교류, 해당 단어의 자체 의미 변화 등에 대한 연구는 매우 부족한 상태이다. 위의 예들을 통해서 강조하고 싶은 것은 신생한자어의 발생지를 연구하는 데 있어 해당 단어의 고전적 의미와 근대적 의미 간의 관련성도 고려해야 할 중요한 요소라는 것이다. 즉, 沈國威(2012:83, 이한섭 외역)에서 지적하듯이 고전적 의미와 관련성을 가진 단어들은 일본어의 자극이 없었더라도 자연스럽게 서양 신개념의 의미 범위로 조정되었을 가능성이 있다는 사실을 충분히 고려해야 한다.

한중 학계에서 한일 간, 중일 간의 어휘 교류 연구를 활발하게 진행하고 있는 상황에서 근대한중간의 어휘 교류를 연구하는 기초 작업으로 이 책에서는 한중 양국의 대표적인 외래어사전에서 공통적으로 일본어 차용어라고 인정한 20개 단어를 선정하고 『朝鮮王朝實錄』과 한국 근대 이중어사전 등 자료를 동원하여 형태와 의미 두 가지 측면에서 고찰함으로써 이들 단어와 일본어와의 관계를 살펴보았다. 즉, 이 책에서는 일본어 차용어를 판별하는 기준으로 형태의 발생지와 의미의 발생지라는 기준을 제시한다. 형태의 발생지와 새로운 의미의 발생지가 다 일본어인 경우와 형태의 발생지가 중국 고전이지만 일본어에서 근대적 의미를 부여한 경우는 일본어 차용어라고 인정한다. 또한 고전적 의미와 근대적 의미 간의 관련성에도 주목해야 한다. 근대적 의미가 고전적 의미와 관련이 있는 단어들은 일본어 차용어라고 판정하기가 어렵다고 본다. 위에서 제시한 사례들 중에서 '經費'와 '關係'처럼 고전적 의미와 관련성이 높은 단어들의 경우 일본어의 자극이 없었더라도 자연스럽게 서양 신개념의 의미 범위로 조정되었을 가능성을 강조하고 싶다.

## 제3절 중국 기원 신생한자어의 선별

이 책에서는 로브샤이트(1866~1869)에서 신생한자어일 가능성이 높은 어휘를 선별하고 이들 어휘가 한국 영한류 이중어사전과 근대문헌자료에 등재된 양상을 살펴봄으로써 중국 기원 신생한자어가 한국어로 유입되는 경로와 정착, 소멸 과정을 검토하기로 한다. 어휘를 선별하는 구체적인 기준과 절차는 다음과 같다.

(1) 『英華字典』에서 어휘를 선별하는 기준은 두 가지이다. 첫째, 문장의 구성은 조사 대상 자료에서 배제한다. 또한 "了, 得, 以, 在, 之, 且, 的, 與, 於, 過, 像" 등 중국어 개사(介詞)나 조사(助詞)가 들어가 있는 구(句)나 단어도 배제한다. 둘째, 한자의 축자적 의미에 의해 만들어진 단어나 구는 어휘화가 된 구성처럼 어휘체계에 정착된 것이 아니어서 본 연구대상에서 제외한다. 이러한 예는 "探朋友, 侯朋友, 請朋友" 등이 있다.

(2) 이상의 절차를 거쳐 일차적으로 선별된 어휘는 대만 교육부에 의해 편찬된 『重編國語辭典修訂本』에 등재어나 용례가 있는지 확인한다. 『重編國語辭典修訂本』을 참고자료로 삼은 것은 이 사전은 16만 7천여 개의 어휘가 수록된 방대한 사전일 뿐만 아니라 해당 단어의 어원까지 고증하려는 경향이 있는 사전이기 때문이다. 이 사전에 해당 단어의 용례가 있을 경우 그 용례는 주로 중국 중고시기[1] 부터 현대까지의 문헌자료에서 발췌해서 등재시킨 것들이다[2]. 이 책에서는 우선 이 사전에서 해당 단어의 용례 유무를 조사한다. 해당 단어의 용례가 있을 경우 고전적 의미인지 근대적 의미인지 확인하고 고전적 의미를 지닌 용어는 연구 대상에서 제외시켰다. 그러나 해당 단어의 의미가 고전적 의미에 근대적 의미를 새롭게 부여한 경우 이 단어는 근대 신생한자어로 간주한다.

(3) 모든 사전의 성격이 다 그렇듯이 『重編國語辭典修訂本』은 아무리 방대한 사전이라 하더라도 중고시기부터 현대까지 사용된 모든 단

---

[1] 중국 秦나라 시기로부터 1840년까지의 시간을 가리킨다.
[2] '八卦'라는 단어는 이 사전에 어떻게 등재되고 해석되어 있는지 예로 들겠다.(http://dict.revised.moe.edu.tw/cgi-bin/cbdic/gsweb.cgi?ccd=pMpS5U&o=e0&sec=sec1&op=v&view=1-1)

어들을 망라할 수는 없다[①]. 이에 이 책에서는 대만중앙연구원(臺灣中央硏究院)에서 제공한 한적전자문헌자료고(漢籍電子文獻資料庫)를 이용해서 해당단어의 역사적인 자취를 검색한다. 漢籍電子文獻資料庫(이하 '漢籍'으로 칭함)는 수록된 역대 전적(典籍)이 934개 종류에 달한다. 내용으로 보면 중국 역대 중요한 전적이 거의 수록되어 있으며 지금까지 규모가 제일 큰 漢文正文資料庫이다[②]. 『重編國語辭典修訂本』에 등재되어 있지 않은 단어가 漢籍에 존재한다면 무슨 의미로 사용되어 있

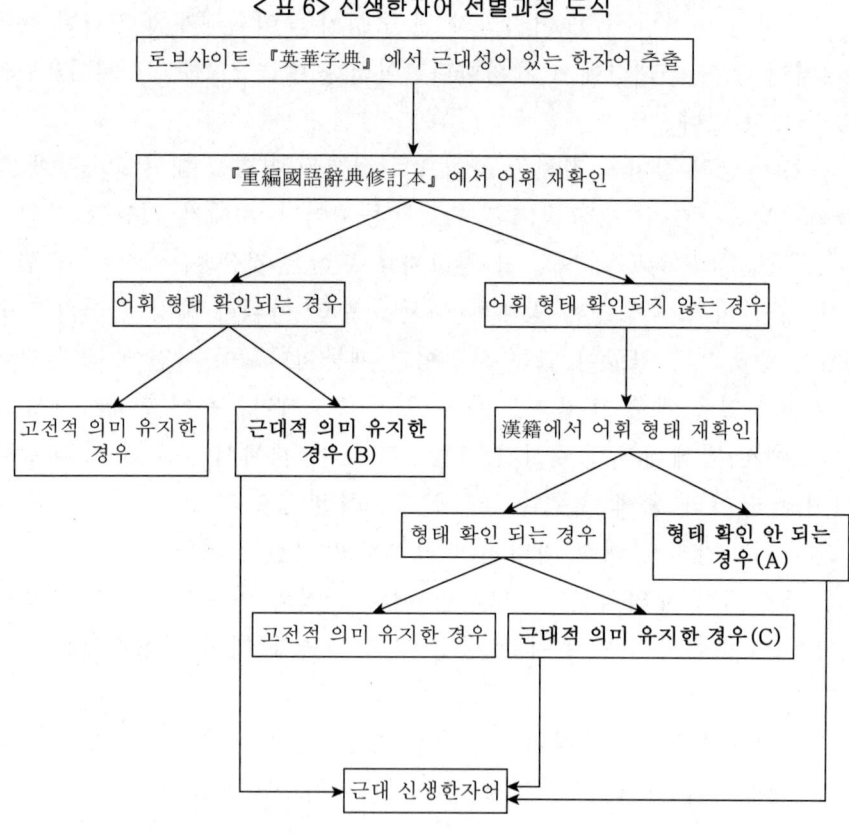

&lt;표 6&gt; 신생한자어 선별과정 도식

---

[①] 『重編國語辭典修訂本』에 해당단어가 등재어로 등재되어 있는 경우, 등재어로 되어 있지만 고전적 의미로 사용된 용례가 제시되어 있지 않은 경우, 또한 고전적 의미로 제시된 용례는 1815년 이전의 나온 경우는 2차적으로 '漢籍電子文獻資料庫' 검색을 동원한다.
[②] http://hanchi.ihp.sinica.edu.tw/ihpc/hanjiquery?31:1416475269:10:/raid/ihp_ebook/hanji/ttswebquery.ini:::@SPAWN.

는지 검토한다. 漢籍에 등재된 용어의 의미가 고전적 의미라면 그 용어를 연구대상에서 제외시켰고, 해당 단어의 의미가 漢籍에 사용된 의미 외에 근대에 새로운 의미가 부여된 경우 근대 신생한자어일 가능성이 높은 어휘로 간주한다. 이러한 절차를 도식화하면 다음과 같다. 도식 중의 (A)형, (B)형, (C)형에 속한 어휘들은 이 책에서 근대기에 생성된 신생한자어로 인정된다.

이 도식에 따라 이 책에서는 로브샤이트(1866~1869)에서 (21)과 같은 다섯 분야의 용어를 선별하여 표본 어휘로 삼을 것이다. 다음 장에서 이들 어휘들이 한국 근대 영한류 사전이나 개화기 문헌자료에 나타난 양상을 조사함으로써 이들 중국 기원 신생한자어가 한국어로 유입되는 경로와 한국 근현대 어휘체계에 미친 영향을 살펴볼 것이다.

(21)
가. 지리용어(45개)
大西洋 天氣 渾天儀 指南針 氣候 地球 地震 東半球 黃道 赤道 地球中線 赤帶 晝夜平分線 中帶 潮汐 寒帶 半球 地平線 緯度 經度 經線 緯線 地圖 正午線 正午度 午線 子午圈 地中海 航海 北極 大洋 軌道 大平洋 熱帶北限 夏至道 熱帶南限 冬至道 南極 海峽 千里鏡 溫帶 寒暑針 寒暑表 熱帶 火山

나. 종교용어(88개)
天使 背敎 使徒 洗禮 聖書 聖經 主敎 祝福 聖燭節 天主敎 聖歌 聖油 基督 耶蘇敎 禮拜堂 敎會 聖餐禮 十字架 門徒 神學 信條 入敎 福音 聖地 聖職 聖所 聖水 耶蘇 審判 主 黙想 回回敎 修道院 聖樂(大)風琴 原罪 樂園 受難 牧師 祈禱 長老 原理 宣傳 黙示 安息日 聖禮 救世主 三位一體 眞理祝聖 群(羣)牧師 禮拜一 禮拜二 禮拜三 禮拜四 禮拜五 禮拜六 首牧師 總領牧師 京監牧師 總監牧師 聖貞女 基利士督 敎爺 修道堂 極樂園 敎王 聖詩 聖灰日 聖洗 聖石 羅瑪敎 聖膏 上帝 敎條 會長 奉敎 瞻禮 敎父 敎母 天主 本罪 宣傳 敎規 敎宗 祭司 禮拜日 浸禮

다. 외국지명(38개)
亞非利加 亞美利加 亞細亞州 奧地哩亞國 雙鷹國 孑鷹國 奧地利 澳地利國 新荷蘭之別稱 平洋羣島之稱 比利時(國) 巴西(國) 加拿他 大尼國 埃及

(國) 埃及多國 麥西國 (大) 英國 英吉利 (國) 紅毛國 歐羅巴 (州) 佛蘭西 (國) 法國 法蘭西 日耳曼國 希臘 (國) 荷蘭 (國) 和蘭 (國) 以大利 葡萄牙 (國) 普魯士 (國) (大) 俄國 峨羅斯 (國) 西班牙 瑞典 土耳其 花旗合國 花旗國

라. 정치·법률·외교용어 (40개)

投票 領事 (官) 民會 自主 (者) 陪審 (官) 國旗 半旗 新聞 新聞紙 刑法 特權 自治 主權 公會 日報 萬國 公法 會長 法師 公會所 公所 國大公會 花旗國法院 花旗國征法會 花旗議士會 爵會 爵會所 民委官會 民委官會所 民委員會 民委員總會 民政 平權 紳衿房 紳衿會 議士 議士會 衆政之邦 自政之權 爵房

마. 학문명칭 (83개)

聲響之理 星學 星氣學 星家學法 卜星吉凶之法 占星之理 生活之理 生活總論 草木總理 草木之學 博學草木 堪輿總論 天地總論 頭殼總論 髑髏總論 煉法 煉物之學 煉物之理 蟲學 博蟲之理 五常之理 五常之道 修德之理 修齊之理 人類通知 萬族通知 地理全志 地理志 地理總論 量地之理 幾何原本 紋印通知 解紋印之事 博紋印之學 律法之學 律法之知 思之理 理論之學 明理之學 理學 數學 工藝之學 機藝之學 機器之學 萬有理之學 金錄 百金錄 百金總論 人物論 人類總論 金石之理 金石之學 性理之學 博物理學 格物總智 心論 心學 博物之理 格物 博物之學 古學 古文學 古論 古物總論 病學 病論 百病總論 製藥之藝 製藥之學 整藥之學 治藥法 五常總論 聲音之學 音學 性學 性功用學 性功用論 靈魂之學 魂學 靈魂之智 地方總論 生物之知 生物總論

# 제 4 장  중국 기원 신생한자어의 유입과 정착

　　20세기 언어학이 발전하면서 근대적 의미의 철학, 인류학, 문학 등 여러 가지 새롭게 학문 분야가 파생되었다. 'linguistic turn'이라는 전문용어가 나온 만큼 언어학이 20세기에 다른 과목보다 일찍이 발전되어 왔다. 그러나 명말청초 서학동점(西學東漸) 과정에서 지리학은 중국에 있의 서양학문 유입과정에서 선행 학문의 역할을 하였다고 해도 과언이 아니다. 일찍이 개화된 중국 지식층은 세계 지리에 대한 인식으로부터 직방(職方) 세계에서 벗어나 만국병존(萬國竝存)이라는 세계의식을 갖추게 되었고 서학을 수용하기 시작하였다. 利瑪竇를 비롯한 야소회사들이 선교를 목적으로 중국에 왔지만 중국인 지식층으로 하여금 중화 중심의 세계관에서 벗어나게 하기 위해 세계 지도를 그리는 것으로부터 시작하였다. 利瑪竇의 『坤與萬國全圖』와 艾儒略의 『職方外紀』가 이러한 역사적 배경에서 등장하였다. 이와 동시에 지리용어가 많이 창안되었고 동아시아 각국 지리용어의 생성과 정착에 커다란 영향을 주었다. 19세기에 들어오면서 서양 열강들이 동아시아 대륙에 진출하기 시작하였다. 동아시아인들은 더 이상 세계 지리를 탐구하는 데만 만족하지 못하고 직방 외 세계의 정치, 경제, 사회 제도, 군사, 법률, 근대적 학문 등을 연구하면서 그들과 맞설 만한 실력을 키우는 데까지 관심을 확대해 나갔다. 이에 따라 19세기 초반부터 상술(上述) 분야와 관련된 신생한자어가 많이 창안되었다. 따라서 본 장에서는 근대기 신생한자어의 생성 순서와 관련지어 지리용어, 종교용어, 외국지명, 정치·법률·외교용어, 학문명칭의 순서로 논의를 진행하고자 한다. 마지막으로, '化學'이란 용어에 주목하여 이 단어가 한국어로 유입되는 경로와 수용 과정을 밝힐 것이다.

## 제1절  지리용어의 유입과 정착

본 절에서는 로브샤이트(1866~1869)에 등재된 지리학 관련 신어를 한국 근대 영한류 사전에 등재된 해당 용어와 비교함으로써 이들 용어들이 한국어로 유입되는 경로와 한국어에 정착·소멸되는 과정을 살펴보고자 한다. 주지하다시피 동아시아 근대 지리용어의 생성은 17~18세기에 중국에 선교하러 온 야소회사들이 한역한 서양 지리서 및 지도와 깊은 관련이 있다. 또한 서양 지리학 신어의 전파(傳播)와 재조(再造)는 19세기에 중국에 선교하러 온 개신교 선교사들의 학술 활동과 관계를 맺고 있다. 이에 우선 16세기 말~18세기 초와 19세기 두 시기로 나누어 야소회사와 개신교 선교사들에 의해 번역된 대표적인 지리서의 출현과 영향을 중심으로 살펴보겠다[1]. 중국에서 이러한 작업은 한역 서학지리서들과 조선, 일본에 유입되는 지리학 신어를 연구하는 데 배경적인 근거를 제공해 줄 것이다. 본 절에서 로브샤이트(1866~1869)와 한국 근대 영한류 사전 외에도 두 시기에 조선으로 유입된 한역서학 지리서의 영향으로 책을 저술한 조선지식인들의 대표적인 논저들이 보조적인 자료로 동원될 것이다. 이들 자료들을 보조적인 자료로 삼은 이유는 조선지식인들의 저술을 통해서 조선 사회가 서양 지리학 지식을 얼마나 수용하였는지 그리고 거기에 담겨진 지리학 신어를 어느 정도로 소화했는지 등을 살펴보기 위해서이다. 따라서 이 책에서는 16세기 말~18세기 초와 19세기 두 시기로 나누어 해당 시기에 나타난 대표적인 한역서학 지리서나 지도의 출현과 영향을 살펴본 다음 로브샤이트(1866~1869)에 등

---

[1] 이렇게 시기 구분을 한 것은 18세기 초기부터 19세기 초까지 약 백년간에 강희제의 금교 정책으로 중국에서 선교사들의 선교 활동이 금지되었기 때문에 서학의 전파가 일시적으로 중단되었기 때문이다.

재된 지리학 신어를 기준으로 조선지식인들의 저술에서 해당 신어를 추적하여 이들 용어가 한국어 어휘체계에 정착되는 과정과 조선 지식인들이 서양지리학 지식을 수용해 가는 과정을 함께 살펴보겠다.

## 1.1 근대기 대표적인 한역서학 지리서의 출현 및 조선 유입

### 1.1.1 16세기 말 ~18세기 초

1584년 이탈리아 예수교 선교사 利瑪竇가 천주교의 복음을 전파하기 위해 중국 광주에 들어왔다. 1601년 利瑪竇가 명나라 황제인 신종(神宗)에게 『萬國圖志』라는 도책을 공물로 바쳤다. 1602년 태부사(太仆寺) 소경(少卿)인 이지조(李之藻)가 출자하여 이를 판각하였는데 이른바 『坤輿萬國全圖』이다. 利瑪竇가 황제에게 세계지도를 바친 것은 중국 사대부들의 영혼의 문을 열어 천주교의 복음을 전파하기 위해서였지만 결과적으로 당시 최신의 지리 개념을 중국인에게 전달해 주게 되었다. 이 지도에는 적도, 남북극, 오대주에 대해서 상세히 다루었을 뿐만 아니라 오대주의 명칭과 유럽 30여 개 국가 등을 묘사하였다. 한편, 지도에 등재된 지명과 지리학 관련 용어들을 모두 한자로 번역하였는데, 이는 중국 근대 지리학 관련 용어들을 최초로 성립시키는 계기가 되었을 뿐만 아니라 중국을 포함한 동아시아 나라들에서 근대적 학문으로서의 지리학이 성립하는 데 큰 영향을 주었다. 이 지도는 중국에서 세계 지도를 그리는 효시가 되었고 거기에 등재된 신생한자어들도 후세 지리학 서적을 편찬하는 데 많은 참고가 되었다. 이 지도가 한국에 전해진 것은 중국에서 간행된 그 이듬해인 1603년이었다. 이수광의 『芝峯類說』에는 북경에 사신으로 갔던 이광정(李光庭, 1552~1627)과 권희(權憘, 1547~1624)가 이 지도를 한국에 가져왔다는 기록이 있다. 이 세계지도에 담긴 지구에 대한 논설과 아시아 이외의 확대된 지리 정보는 조선 지식인들의 세계관에 큰 영향을 주었다.

명말 청초의 지리학 도서 중에서 후세 사람들의 지리관과 세계관에 큰 영향을 준 다른 한역서학서는 이탈리아 예수회 선교사 艾儒略이 편찬한 『職方外記』이다①. 6권으로 이루어진 『職方外記』는 예수회 선교사 판토하(D. Pantoja, 1571~1618, 중국명 : 龐迪我)와 우르시스(Sabbatino de Ursis, 1575~1620, 중국명 : 熊三拔)가 조사해 둔 기초자료를 중국 학자 양정균(揚廷筠)의 협조 하에 艾儒略이 증보한 것으로 1623년 중국 항주(杭州)에서 간행되었다. 『職方外記』는 양극(兩極)·적도(赤道)·황도(黃道)에 대해서 언급하고, 계절의 변화, 천문의 변화와 경위도를 개설하였을 뿐만 아니라 세계를 주(洲)별로 대별하고 다시 국가, 지역별로 지지적(地誌的) 기술을 하였던 인문지리의 성격을 띤 한역서학서다. 艾儒略은 『自書』에서 利瑪竇의 『萬國圖誌』와 龐迪我가 명나라 황제인 신종(神宗)의 명으로 서양 지도를 번역한 미간행 『圖說』 등 옛 글에 자신의 자료를 보충하였다고 『職方外記』의 편찬 경위를 밝혔다. 이 책은 1630년 진주사(陳奏使)로 북경에 왔던 정두원(鄭斗源)이 1631년 귀국할 때 각종 서양 과학 기기와 함께 한국에 가져왔던 것이다. 천기철(2003:112)에 의하면 정두원이 이 책을 조선으로 입수한 후에 조선 지식인들이 이를 언급하거나 인용한 문헌은 11종에 달하였다고 조사되었다②. 이러한 문헌들을 통해서 『職方外記』가 전래 초기부터 학자들 사이에 널리 알려져 논쟁의 중심에 있었음을 알 수 있다. 이 책은 조선의 지식인들에게 중국 중심의 세계관을 바꾸는 데 큰 역할을 하였고, 거기에 담긴 지리학 신어들도 이 서적의 도입과 함께 한국 근대 지리용어의 성립에 크나큰 영향을 미쳤다.

利瑪竇와 艾儒略 이후에 청나라 초기 지리학 분야에서 영향이 가장 컸던 것은 南懷仁이 1647년에 제작한 『坤與全圖』이다. 이 지도는 동서양의 양반구도(兩半球圖)로 만들어졌으며 오대주와 사대양의 지리적

---

① 『職方外記』라는 책 제목은 職方司의 관할 대상 지역이 아닌, 즉 중화 세계 질서 속에서 벗어난 나라들에 관한 기록이라는 뜻이다.
② 11종의 문헌은 다음과 같다. 鄭斗源,『國朝寶鑑』Ⅳ(입수경위 설명); 李瀷,『星湖僿說』『星湖先生全集』(내용인용, 전반평가); 愼後聃,『西學辯』『河濱全集』(내용 인용, 전반평가); 安鼎福,『順菴集』(단순평가); 魏伯珪,『存齋集』(단순평가); 黃胤錫,『頤齋亂藁』(단순평가); 洪有漢,『?隱遺稿』(단순평가); 李家煥,『黃嗣永帛書』(단순평가); 李圭景,『五洲衍文長箋散稿』(단순평가); 權日身,『正祖實錄』33(단순평가); 崔漢綺,『氣測體義』(내용 인용).

특성 이외에 각 지역의 기이한 동물, 진기한 어류를 기록하고 있다. 지도의 네 모에는 여섯 개의 타원형 도설(圖說)이 장식되어 있고 좌우 양변에는 세로로 여덟 개의 서양문자 장식이 새겨져 있다[①]. 『坤與全圖』는 육지와 해양, 산맥, 수륙의 동물 등에 채색을 했을 뿐 아니라 하천, 해안 도서를 표현하는 선 또한 매우 정교하다. 내용의 일부분은 마테오 리치의 『坤與萬國全圖』에 이미 등재되었다. 1674년 南懷仁이 『坤與全圖』의 해설서인 『坤與圖說』 두 권을 펴냈는데, 상권은 坤與圖說, 地體之圖, 地球, 南北極, 山脈 등의 내용을 수록한 자연지리적 성격을 지녔던 것이며, 하권은 세계 각국 四海總說, 海洋, 海産, 海狀 등 인문지리와 해양 지리적 내용을 담은 세계지리서이다. 『坤與圖說』은 艾儒略의 『職方外記』와 내용상 서로 교차한 부분이 있지만 상세함과 간략함에는 종종 차이를 보인다. 이원순(1991:11~43)에서 밝히고 있듯이 이 두 한역서학 지리서는 중국에서 한역지리서의 2대 명저로서 중국 중심의 職方世界에 한했던 전통적 세계관을 타파하여 근대적 세계지리로의 접근을 촉구하는 공헌을 한 지리서이다. 『坤與圖說』은 경종 1년(1722) 청나라에 사행했던 주청사서장관(奏請使書狀官) 유탁기(俞拓基)에 의해 도입된 것으로 『職方外記』와 함께 조선후기 실학자와 북학자에게 읽히고 검토되면서 그들의 세계지식은 '직방세계' 즉 중국과 정치적 연관을 가진 나라들의 지역인 아시아 지역에 한하던 중화적 지리 인식에서 벗어날 수 있게 되었고 만방균시(萬邦均是)의 세계관을 키우게 되었던 것이다[②].

    이상의 한역서학 지리서는 조선으로 유입된 대표적인 한역 세계지리서라고 할 수 있다. 이러한 세계지리서들은 중국사회에서는 물론 조선사회의 유교지식인 사이에서도 널리 읽혀져 세계관의 확대에 크게 이바지하였다. 또한 거기에 담겨진 서양의 지구과학적 지식과 문화지리적 지식은 동아시아 각국에서 근대적 학문으로서의 지리학의 성립에 상당한 영향을 주었을 뿐만 아니라 언어적으로 보면 동아시아 각국 지리학 관련 어휘의 성립에도 커다란 영향을 미쳤다. 일본 학자인 아라카와 기요히데

---

① 鄒振環(2000:23)을 참조.
② 이원순(1991:18)을 참조.

[荒川淸秀]<sup>①</sup>는 현재 일본 지리학계에서 사용하고 있는 41개의 용어가 17~18세기 편찬된 다섯 종류의 한역서학 지리서<sup>②</sup>에서 출현되는 양상을 살폈다. 조사 대상으로 삼은 41개의 용어는 (22)와 같으며 이 용어들은 연구 대상으로 삼은 다섯 종류의 지리서에 공통적이나 개별적으로 등재되었던 것들이다.

(22) 地球 半球 東半球 西半球 赤道 南極 南極圈 北極 北極圈 北回歸線 南回歸線 地平線 子午線 五帶 溫帶 熱帶 經線 緯線 經緯線 緯度 經度 時差 五大洲 海濱 海峽 氷山 大洋 暗礁 航海 太平洋 地中海 大西洋 氣候 天氣 地震 火山 噴火 潮汐 海底 海面

16세기 말~18세기 초 이미 창안된 이들 용어들은 한역서학자와 중국사대부에게 상당한 주목을 받아 이들이 서양의 지리학 저서들을 번역하는 데 중요한 어휘 자원을 제공해 주었다. 19세기 이후 개신교 선교사들이 번역한 지리서와 사전에 사용한 용어를 보면 그들 간의 계승 관계를 파악할 수 있다.

### 1.1.2 19세기

18세기 초 예의지쟁의 발단으로 청나라 강희제가 금교령을 내렸고 서양 선교사들을 추방하기까지 하였다. 청나라의 금교령과 쇄국령으로 백년 가까이 중국에서 포교가 금지되었으며 중국 남부 바다와 홍콩, 마카오를 거점으로 한 연해의 일부 지역에서만 포교 활동이 비밀리에 진행되었다<sup>③</sup>. 또한 이지강(李志剛)의 연구에 따르면 1811년부터 1842년까지 개신교 선교사들이 번역하거나 저술한 서적의 출판지는 광주(廣州), 마리우지아[Melaka, 馬六甲], 파달유아[Batavia, 巴達維亞], 마

---

① 아라카와 기요히데[荒川淸秀]의 연구는 추진환(鄒振環)(2000:236~237)에서 재인용한 것이다.
② 다섯 종류의 한역서학 지리서는 다음과 같다. 『坤輿萬國地圖』(1602), 『職方外記』(1623), 『坤輿圖說』(1674), 『渾天儀說』(1636), 『地球圖說』(1761).
③ 沈國威(2012:195~196, 이한섭 외역) 참조.

제 4 장 중국 기원 신생한자어의 유입과 정착

카오 [澳門], 페낭 [Penang, 檳榔嶼], 싱가포르 [新加坡] 등 여섯 곳이었다①. 1807년 런던 선교회에서 임명을 받아 중국 광주에 온 馬禮遜이 포교 활동뿐만 아니라 『聖經』 번역 작업, 『華英字典』의 편찬, 잡지 창간 등 학술적인 활동에도 적극적이었다. 1815년 8월 5일에 馬禮遜이 기획하고 밀른(William Milne, 1782년~1822년, 중국명 : 米憐)이 편집을 맡은 중국 최초의 중문 잡지인 『察世俗每月統計傳』가 馬六甲에서 간행되었다. 잡지의 주요 내용은 잡지였지만 이듬해인 1816년부터 지리학적 내용을 일부 수록하기 시작했다. 그 후에 1833년 네덜란드 선교사 찰스 구츠라프(Charles Gutzlaff, 1803~1851, 중국명 : 郭實臘)에 의해 창간된 월간지 『東西洋考每月統計傳』②, 브리지만(E. C. Bridgman, 1801~1861, 중국명 : 裨治文)에 의해 편찬된 『美理哥合省國志略』③, 1848년 웨이(Richard Quarterman Way, 1819년~1895년, 중국명 : 禕理哲)에 의해 편역된 『地球圖說』④과 『地球說略』 (1856)⑤, 1853~1854년 뮤어헤드(William Muirhead, 1822~1890, 중국명 : 慕維廉)에 의해 편찬된 『地理全志』⑥, 1853년 홍콩의 영화서원(英華書院)에 의해 간행된 월간지 『遐邇貫珍』⑦, 1857년 영국 선교사

---

① 鄒振環(2000:64)에서 재인용한 것이다.
② 이 잡지는 선교를 목적으로 창간하였지만 종교의 범주를 넘어서서, 서양의 '지리, 정치, 과학, 경제' 등 다방면에 걸쳐 중국인에서 서양 문화의 우월성을 소개하는 월간지였다. 『東西洋考每月統計傳』에 등재된 다수의 문장은 후일 郭實臘이 편찬한 『萬國地理全集』에 수록되었다. 또한 『瀛環志略』의 편찬에도 이 잡지의 영향을 받았고, 『海國圖志』에 『東西洋考每月統計傳』의 글 24편을 수록하였다.
③ 상하 두 책 27권으로 구성한 이 저서는 미국의 지리, 역사, 상업, 정부, 법률, 언어, 국방 등을 중문으로 소개하는 백과사전의 성격을 띤 저서이다. 이 책의 초기 판본은 학계에 매우 큰 영향을 주었는데, 『瀛環志略』, 『合省國志』 등의 저술도 이 책을 참고하였다. 또한 이 책은 위원의 『海國圖志』에 전부 수록되었다.
④ 세계지리를 간략하게 설명하는 총 53쪽으로 구성되었으며 『海國圖志』에서 이 책을 인용한 부분은 34곳에 달한다.
⑤ 1856년 禕理哲은 중국 지식인의 도움을 받아 『地球圖說』을 증보했고 『地球說略』이라는 이름으로 다시 출판하였다.
⑥ 『地理全志』는 근대 서양의 지역지리·자연지리·인문지리를 소개하는 일종의 백과서전이라고 할 수 있다. 이 책의 일부분 내용은 『遐邇貫珍』과 『六合叢談』에도 소개되었다.
⑦ 이 원간지에는 천문, 지리, 정치, 의학, 종교 등 서양의 자연과학과 사회과학 지식에 대한 단편적인 소개와 더불어 지리학 관련된 글, 서양 각국의 정치 제도, 역사, 인물과 관련된 글이 상당수 수록되었다.

알렉산더 와일리(Alexander Wylie, 1815~1887, 중국명 : 偉熱亞力)에 의해 상해의 묵해서관에서 간행된 월간지 『六合叢談』① 등 저서·역서·잡지에 등재된 자연지리학과 인문지리학적인 글들이 근대 지리학의 학문성립에 커다란 영향을 주었을 뿐만 아니라 자연 지리학 신어의 변천 연구를 하는 데에도 중요한 자료를 제공하였다. 이상에 열거된 자료들은 한국측 기록이 없지만 1844년 이전에 출간한 이상의 잡지가 간접적으로나마 조선의 지식인들에게 영향을 미쳤다고 할 수 있다. 『瀛環志略』과 『海國圖志』 등의 저술은 위 잡지를 참고하거나 인용하였던 경우가 있기 때문이다.

　사실상 이 시기에 한국으로 유입되는 지리학 관련 저서로서 조선 지식인들에게 가장 큰 영향을 미쳤던 책은 魏源의 『海國圖志』와 徐繼畬의 『瀛環志略』이다. 중국은 아편전쟁에서 패배한 후 청나라 지식인들이 위기감을 느껴 서양을 구체적으로 이해하고 이에 적합하게 대응해야 한다는 의식으로 魏源을 비롯한 지식인들이 민족의 위기를 극복하기 위해 『海國圖志』를 저술하였다. 『海國圖志』는 1844년 50권으로 간행되었고 1847년에 60권으로 증보하고 1852년에 다시 개정 작업을 거쳐 100권으로 간행하였다. 李光麟(1974:2~4)에서 밝혀졌듯이 50권 판본의 『海國圖志』가 간행된 지 1년 만에 권대긍(權大肯)에 의해 조선으로 유입되었고, 그 후에 중국에 파견되었던 여러 사절(使節)들이 구입하여 한국에 가져왔다고 하였다. 『海國圖志』와 함께 서양을 중국 사회에 소개한 저술로는 복건 순무(巡撫)인 徐繼畬의 『瀛環志略』이다. 이 책은 서양 각국의 지도와 지리서를 참고하여 편찬되었으며 『海國圖志』가 간행된 다음해인 1845년 바로 사행원에 의해 조선에 도입되었다. 『海國圖志』와 『瀛環志略』에 관해 최초의 이해를 기술하고 있는 조선 지식인은 이규경(李圭景)이다. 그는 『五洲衍文長箋散稿』에서 자신의 지리관을 펴고 서양 과학기술의 수용을 주장하고 있다. 또

---

① 『遐邇貫珍』과 마찬가지로 『六合叢談』 또한 종합적 성격의 잡지이다. 천문, 지리, 역사, 인물전기 등 방대한 자연과학 및 사회과학적 내용과 각종 상업 정보와 신문보도가 포함되었다. 鄒振環(2000:108)에서는 이 책에 포함된 지리적 글은 대부분은 慕維廉의 『地理全志』 상편의 자연지리 부분에 수록된 내용의 요점이나 요약이라고 지적하였다. 부분적으로 수정을 거친 부분도 있다. 예를 들어 『地理全志』 중의 '熱道, 溫道, 寒道'라는 번역어는 『六合叢談』에서 '熱帶, 溫帶, 寒帶'로 고쳐 번역되었다.

한 한국 최초 최대의 세계지리학자로 지칭되는 사학자[1] 최한기(崔漢綺)가 각종의 한역서학서를 섭렵하고 청나라 선각자에 의해 저작된 『海國圖志』나 『瀛環志略』과 같은 지리서를 검토하여 세계인문지리서와 자연지리서라 할 방대한 내용의 지리서인 『地毬典要』를 편찬하였다. 후술하겠지만 『海國圖志』와 『瀛環志略』이 한국으로 전래되자 지도자와 학자들 사이에서 비상한 관심의 대상이 되었다. 또한 그 내용을 토대로 세계의 지리와 풍속을 소개한 책들이 저술되었다. 다음 절에서는 17~18세기와 19세기 두 시기로 분류하여 동시기에 이상 저서의 영향을 받은 조선지식인이 저술한 책에서 지리용어의 사용 양상을 살펴봄으로써 두 시기 용어 사용면의 계승 관계를 확인하여 용어의 변천 양상을 고찰할 것이다.

## 1.2 지리용어의 한국어 유입과 수용

앞에서 잠깐 살펴보았듯이 17~18세기에 중국에서 번역된 대표적인 한역서학 세계지도나 지리서들이 출간된 지 얼마 지나지 않아 한국에 유입되었다. 17~18세기에 한국으로 유입된 서적과 함께 야소회사들에 의해 창안된 이들 지리용어가 조선 지식인들이 세계 자연지리적 인문지리적 지식들을 수용하는 과정에서 받아들여졌을 가능성이 크다고 추정된다. 이에 이 책에서는 로브샤이트(1866~1869)에 등재된 지리용어들을 선정하여 한국 근대 영한류 사전에서 이들 용어의 출현 여부를 확인함으로써 중국어 기원의 이들 용어들이 근대 지리용어의 성립에 얼마나 영향을 미쳤는지 다음 조사표를 통해 살펴볼 것이다. 로브샤이트(1866~1869)에서 선정한 45개의 지리용어들은 (23)과 같다.

(23) 大西洋 天氣 渾天儀 指南針 氣候 地球 地震 東半球 黃道 赤道 地球中線 赤帶 晝夜平分線 中帶 潮汐 寒帶 半球 地平線 緯度 經度 經線 緯線 地圖 正午線 正午度 午線 子午圈 地中海 航海 北極 大洋 軌道 大平洋 熱帶北限 夏至道 熱帶南限 冬至道 南極 海峽 千里鏡 溫帶 寒暑針 寒暑表 熱帶 火山

---

[1] 이원순(1991:39)을 참조.

근대기 중국 기원 신생한자어의 한국어 유입과 정착

<표 7> 지리용어의 한국어 유입 상황 조사표

| 영어 원어 | 로브샤이트 (1866~1869) | 언더우드 (1890) | 스콧 (1891) | 존스 (1914) | 게일 (1924) | 元漢慶 (1925) | 현대 한국어 대역어 |
|---|---|---|---|---|---|---|---|
| (the) Atlantic Ocean | 大西洋 | - | - | 대셔양 (大西洋) | - | - | 大西洋 |
| Atmosphere | 天氣 | n. 긔운, 공중 | 긔운 | n. 공긔 (空氣), 대긔 (大氣) | 공긔 空氣 | n. 긔운, 대긔 大氣, 거공 氣空, 공중 空中 | (지구의) 대기 |
| (the) Armillary Sphere | 渾天儀 | - | - | - | - | - | (고대의) 혼천의 (渾天儀) |
| Compass (Mariner's Compass) | 指南針 | n. 지남텰 | 콤도, 지남텰 | n. 지남텰 (指南鐵), 라계든 (羅計盤), 륜도 (輪圖) | 라침반 (羅針盤) | n. 지남텰 指南鐵, 라침반 羅針盤 | 나침반 |
| Climate | 氣候 | n. 슈토, 풍토 | 슈토 | n. 슈토 (水土) | 긔후 氣候 | n. 긔후 氣候, 슈토 水土, 풍토 風土 | 氣候 |
| Earth | 地球 | n. 짜, 셩, 흙 | 짜 땅 흙 | n. 디구 (地球) | 디구 地球, 토디 土地 | n. 디구 地球 | 地球 |
| Earthquake | 地震 | n. 디동, 디진 | 디동증다 | n. 지동 (地動) | 디진 地震, 디동 地動 | n. 디동 地動, 디진 地震 | 地震 |
| (the) Eastern Hemisphere | 東半球 | - | - | - | - | - | 東半球 |
| (the) Ecliptic | 黃道 | - | - | n. 황도 | 황도 黃道 | n. 황도 黃道 | 黃道 |

80

제 4 장  중국 기원 신생한자어의 유입과 정착

이은 도표

| 영어 원어 | 로브샤이트 (1866~1869) | 언더우드 (1890) | 스쿳 (1891) | 존스 (1914) | 게일 (1924) | 元漢慶 (1925) | 현대 한국어 대역어 |
|---|---|---|---|---|---|---|---|
| (the) Equator | 赤道<br>地球中線<br>赤帶[1] | n. 땅가온 디력 | 젹도 | n. 젹도 (赤道) | 젹도 赤道 | n. 젹도 赤道 | <u>赤道</u> |
| Equinoctial Line | 晝夜平分線<br>赤道<br>中帶 | equionox: 쥬야평 균, 츈분, 츈분 | - | - | - | - | 쥬야 평분선, 천구 젹도 |
| (the) Flood-tide and the Ebb-Tide | 潮汐 | - | - | 설물 (退潮) 밀물 (進潮) | - | 밀물 지조 (進潮) 썰물 (退潮) | <u>潮汐</u> |
| (the) Frigid Zone | 寒帶 | - | - | 한디 (寒帶) | - | 한디 寒帶 | <u>寒帶</u> |
| Hemisphere | 半球 | - | 반구 | - | 반구 半球 | n. 반구 半球 | <u>半球</u> |
| Horizontal line | 地平線 | - | - | - | - | horizontal: 디평 선의 地平線 | <u>地平線</u> |
| Latitude | 緯度<br>緯線 | - | - | n. 위도 (緯度) north~: 北緯 south~: 南緯 | 위도 緯度, 위션 緯線 | n. 위도 緯度, 위 션 緯線 | 위도 (緯度) 경선 (經線) |
| Longitude | 經度<br>經線 | - | - | n. 경도 (經度) east~: 동경 (東經) | 경션 經線, 경도 經度 | n. 경도 經度 경션 經線 | 경도 (經度) 위션 (緯線) |

81

근대기 중국 기원 신생한자어의 한국어 유입과 정착

| 영어 원어 | 로브샤이트 (1866~1869) | 언더우드 (1890) | 스콧 (1891) | 존스 (1914) | 게일 (1924) | 元漢慶 (1925) | 현대 한국어 대역어 |
|---|---|---|---|---|---|---|---|
| Map | 地圖 | n. 디도 | 디도 | n. 디도 (地圖) | - | n. 디도 地圖 | <u>지도</u> |
| Meridian | 正午線 正午度 午線 | - | - | n. 즈오선 (子午線) | 즈오선 子午線 | n. 즈오선 子午線 | 子午線 |
| Meridian Circle | 子午圈 | - | - | - | - | - | <u>子午圈</u> |
| (the) Midland Sea | 地中海 | - | - | - | - | - | 지중해 |
| Navigate | 航海 | v.t. 세돈니오 | 빅가다, 비도 니다, 힝셩ᄒᆞ 다, 빅부리다 | navigation: 航海術 | navigation: 항힝홈 | v. 향ᄒᆞᆼ다 航海 중힝ᄒᆞ다 航行 | <u>航海하다</u> |
| (the) North Pole | 北極[2] | - | - | 북극 (北極) | - | n. 북극 北極 | <u>北極</u> |
| Ocean | 大洋 | n. 대히, 큰바다 | 바다 | n. 大洋 | - | n. 대히 大海, 대양 大洋, 큰바다 | <u>대양</u>, 바다 |
| Orbit | 軌道 | - | Orbit of sun: 젹도 황도 | - | 궤도 軌道 | 괴도 軌道 | <u>軌道</u> |
| (the) Pacific Ocean | 大平洋 | - | - | 태평양 (太平洋) | - | - | 태평양 |
| Tropic of Cancer | 熱帶北限 夏至道 | - | - | 夏至線 | 夏至線 | 남회귀선 南回歸 線 하지션 夏至線 | 북회귀선 |

82

제 4 장  중국 기원 신생한자어의 유입과 정착

이은 도표

| 영어 원어 | 로브샤이트 (1866~1869) | 언더우드 (1890) | 스콧 (1891) | 존스 (1914) | 게일 (1924) | 元漢慶 (1925) | 현대 한국어 대역어 |
|---|---|---|---|---|---|---|---|
| Tropic of Capricorn | 熱帶南限 冬至道 | - | - | 남회귀선 | 冬至線 | 북회귀선 北回歸線 동지선 冬至線 | 남회귀선 |
| (the) South Pole | 南極[3] | n. 좀은목, 좀은물목 | - | 남극(南極) | 남극南極 | n. 남극 南極 | 南極 |
| Strait | 海峽 | - | 어귀 | - | 히협 海峽 | n. 히협 海峽, 히문 海門 | 海峽 |
| Telescope | 千里鏡 | - | 쳔리경 | n. 망원경 (望遠鏡), 쳔리경 (千里鏡) | 망원경 (望遠鏡) | n. 망원경 望遠鏡 쳔리경 千里鏡 | 望遠鏡 |
| (the) Temperate Zone | 溫帶 | - | - | 온디(溫帶) | - | 온디 溫帶 | 溫帶 |
| Thermometer | 寒暑針 | - | - | n. 한난계 (寒暖計), 한서표, 톈온긔 (體溫計) | 침온긔驗器器, 즈긔한난긔 自記 寒暖器 | n. 한서표 寒暑表, 한란계 寒暖 驗溫器計, 침온긔 驗溫器 | 온도계, 체온계 |
| Thermoscope | 寒暑表 | n. 한서표 | 한서표 | - | - | - | 온도 표시기, 온도 측정기 |
| (the) Torrid Zone | 熱帶 | - | - | 열디(熱帶) | 열디 熱帶 | 열디 熱帶 | 熱帶 |
| Volcano | 火山 | n. 화산, 불나는 산 | 화산 | n. 화산 (火山), 분화산 (噴火山) | 분화산 噴火山 | n. 화산 火山 | 火山 |

83

## 근대기 중국 기원 신생한자어의 한국어 유입과 정착

| 영어 원어 | 로브샤이트 (1866~1869) | 언더우드 (1890) | 스콧 (1891) | 존스 (1914) | 게일 (1924) | 元漢慶 (1925) | 현대 한국어 대역어 |
|---|---|---|---|---|---|---|---|
| Zodiac | 黃道 | - | 젹도 | n. 슈디(獸帶), 일도(日道), 황도(黃道) | 슈디獸帶 | n. 황도띠 黃道帶, 슈디 獸帶, | 황도대, 황도십이궁 |

1. 로브샤이트 (1866~1869)에 '赤帶'라는 말은 'south of the line'의 번역어로 '赤道之南, 赤帶之南, 赤帶之南'의 형태로 등재되어 있다.
2. 로브샤이트 (1866~1869)에 '北極'의 대역어는 'Arctic'으로도 등재되어 있다.
3. 로브샤이트 (1866~1869)에 '南極'의 대역어는 'Antarctic'으로도 등재되어 있다.

연구 대상으로 삼은 45개 용어 중에 29개 용어가 현대한국어 표준 번역과 일치하지만 그 중에서 언더우드(1890)과 스콧(1891)에 사전에 등재된 어형은 '赤道, 半球, 地圖, 火山' 4개뿐이고, 근대적 신어를 상대적으로 많이 포함하고 있는 존스(1914)에도 등재된 용어는 겨우 17개에 불과하다①. 또한 주목할 만한 것은 '渾天儀, 東半球, 子午圈, 地中海' 등의 단어는 조사된 한국 근대 영한류 사전에는 한 번도 나타나지 않지만 현대 표준 번역어와 일치한다는 점이다. 그러면 이들 용어들이 과연 언제 한국어로 유입되었을까? 사전만을 조사대상으로 삼은 이 연구는 신뢰할 수 있는가?

앞에서 잠깐 언급하였지만 아라카와 기요히데[荒川淸秀]의 연구에 따르면 현재 일본 지리학계에서 사용하고 있는 41개의 용어들이 야소회사들에 의해 창안된 것이라고 밝히고 있다. 이 점으로 미루어 보면 한국 근대 영한류 사전에 수록된 지리용어는 매우 제한적이라고 할 수 있다②. 이는 사전을 편찬한 목적, 사전 편찬자의 견식과 그 시대의 역사적 배경과 관련이 있다고 본다. 19세기 초반에 조선 지식인들은 야소회사들이 번역한 세계지리서들을 통해 중화 중심의 세계관에서 벗어나 職方 외의 세계에 대해 자연지리적 인문지리적인 지식을 얼마 정도 갖추었을 것이다. 서양 열강들이 동아시아 대륙에 진출한 후부터 동아시아인들은 더 이상 직방 외의 세계를 탐구하는 데만 만족하지 못하고 그들의 정치, 경제, 사회 제도 등을 연구하면서 그들과 맞설 만한 실력을 키우는 것을 주된 관심사로 삼았다. 따라서 16세기 말~18세기 초에 비하여 19세기 초반부터 정치, 경제, 법률, 군사, 근대적 학문 분야에서 많은 신생한자어들이 창안된 것은 이러한 동아시아의 시대적 배경과 관련이 있다고 추정된다. 존스(1914)를 보면 종교·정치·법률·경제 분야의 신어들이 지리용어에 비하여 많이 등재되었다는 점도 이러한 시대적 배경과 관련된다고 생각한다. 이상으로 말미암아 16세기 말~18세기 초와 19세기 두

---

① "大西洋, 海濱, 地球, 黃道, 赤道, 寒帶, 氷山, 緯度, 地圖, 北極, 大洋, 半島, 火山, 熱帶, 南極, 溫帶" 등 용어가 그것들이다.
② 개화기 신어들이 가장 많이 수록된 존스(1914)에도 정치·법률·외교용어, 종교용어, 학문명칭 등에 비하면 지리학 관련 용어의 수량이 매우 적은 것은 사실이다.

시기로 나누어 한역서학 지리서의 한국 유입이 조선 지식인들에 미친 영향과 한국 지리용어의 성립 과정을 살펴볼 것이다. 이 책에서는 시기별로 대표적인 한역서학 지리서나 한문서학 지리서들이 조선에 유입된 후에 있은 조선 지식인들의 반응을 검토하면서 한국으로 유입된 지리용어의 수용 과정을 함께 조사할 것이다.

### 1.2.1  16세기 말~18세기 초 한국어로 유입된 지리용어

17세기 이전에는 조선 지식인의 서양에 대한 인식은 주로 『山海經』에 의거하였고, 천원지방(天圓地方)의 전통적 지식 하에 중화 중심의 세계관이 사상을 지배해 왔다. 이러한 전근대적 중화 중심 세계관의 변화를 가져온 것은 17세기 초에 도입된 『坤與萬國全圖』 등 한역세계지도와 『職方外記』나 『坤與圖說』과 같은 한역서학 지리서였다. 이원순(1991:27)에서는 『職方外記』는 세계지리만이 아니라 서양문화에 대한 개론적 이해를 전통적 조선사회에 심어 주었다고 지적하였다. 천기철(2003)에서는 『職方外記』를 중심으로 조선 후기 지식인들의 이에 대한 반응을 분석한 바 있지만 여기서는 이원순(1991:21~26)에 근거하여 조선지식인들의 한역서학 세계지도나 지리서에 대한 수용 과정을 살펴보고자 한다.

조선후기에 최초로 한역서학 세계지도를 접하고 그것을 통해 단편적이나마 새로운 세계지리적 논술을 한 사람은 선조(宣祖) 대의 학자인 이수광이었다. 그는 『芝峯類說』에서 북경회환사신(北京回還使臣) 이광정이 구라파여지도(歐羅巴興地圖), 즉 『坤與萬國全圖』를 조선으로 가지고 왔다는 사실에 대해 논한 바 있다. 또한 한역서학지리 지식에 대한 그의 계몽적 깨우침을 자신의 저서인 『芝峯類說』에 반영되었다. 『芝峯類說』 제2권 "地理部"에는 '地, 山, 水, 海, 島, 井, 田' 등 자연지리적 내용을 담았고, "外國部"에는 '本國, 國都, 郡邑, 風俗, 道路' 등 인문지리적 내용과 "外國·北虜" 등 외국의 지리적 내용을 기술하였다.

한역서학서에 대한 접근을 학문적 수준으로 끌어올려 조선 서학의 학문 세계를 열어놓은 지식인은 星湖 李瀷이었다. 그는 한역서학지도, 『職方外記』, 『坤輿圖說』을 학문적 관심으로 검토함으로써 지리 천문 현상에 관한 서양의 인문지리학설을 수용하였고 자연지리학적인 지구과학 지식을 얻었다. 그는 『職方外記』를 탐독하고 『職方外記跋』을 지은 바가 있고 『星湖僿說』에서는 "潮汐, 日月蝕, 地震"이나 "泉脈의 水理論" 등 다방면에 걸쳐 논술하였다.

河濱 신후담(愼後聃)은 『天主實義』, 『職方外記』 등 한역서학 지리서를 깊이 있게 검토하고 철학적 논리로 이를 논평하는 논설인 『西學辯』을 저술한 것으로 유명하다. 그는 『職方外記』를 논평하기에 앞서 먼저 『職方外記』에 관하여 기록하고 『職方外記』에서 특히 그의 흥미를 자극하였다고 볼 수 있는 기록을 한 항목씩 제시하고 이에 대하여 각 항목별로 자신의 소견을 적었다. 그의 논평에서 볼 수 있듯이 그는 결국 중화 중심의 세계관에서 벗어나지 못하였다고 할 수 있다[1]. 비록 신후담이 서양적 지리학에 입각한 세계지리관과 문화 인식을 거부로 하였지만 그가 서양학의 새로운 지리세계와 문화가치에 관한 학문적 지식을 얻었다는 것은 사실이다. 그 밖에 湛軒 홍대용(洪大容)이 그의 지구과학적 지식을 바탕으로 지구설(地球說)·지전설(地轉說) 등의 근대적 우주 원리를 이해하고 논술한 바가 있었다. 지전설을 주장한 洪大容은 많은 서학서를 연구하였는데 서학에 관한 그의 광범위한 이해와 논평이 그의 문집인 『湛軒書』에 수록되어 있다.

이상에서 조선 후기에 중국에서 유입된 한역서학 지도와 지리서에 대한 조선 지식인들의 반응과 수용 상황을 그들의 저서를 통해서 살펴보았다. 이 책의 목적은 한역서학지도나 지리서에 실려 있는 신어들에 대한 조선지식인의 수용 상황을 살펴보는 것이므로 이들의 저서에 등재된 지리학 신어들의 사용 상황을 조사할 것이다. 물론 조선 후기에 서양 지리학적 신지식에 관심을 갖고 책을 저술한 지식인들이 상기의 학자 외에도 많은 학자들이 있었겠지만 이 책에서는 대표적인 논저를 선정하고 한정된 범위에서 지리학 신어들의 사용 상황을 살펴볼 것이다. 이에 이 책

---

[1] 愼後聃, 『西學辯』 참조.

에서는 로브샤이트(1866~1869)에 등재된 지리용어들 중에 현대 한국어의 표준 번역어와 일치하는 용어 27개를 선정하여 상기의 지리학 관련 저서에서 해당 단어들이 어떻게 사용되었는지를 조사함으로써 이들 용어가 근대 한국어 어휘체계에 정착된 과정을 관찰할 것이다.

<표8> 17~18세기 지리용어의 한국어 유입 조사표

| 지리용어 | 李睟光<br>(1563~1629) | 李瀷<br>(1681~1763) | 愼後聃<br>(1702~1761) | 洪大容<br>(1731~1783) |
|---|---|---|---|---|
| 大西洋 | ○ | ○ | | |
| 渾天儀 | | | | 渾象儀 渾儀 |
| 氣候 | ○ | | | |
| 地球 | | ○ | | ○ |
| 地震 | | ○ | | |
| 東半球 | | | | |
| 黃道 | | ○ | | ○ |
| 赤道 | | ○ | | |
| 晝夜平分線 | | | | |
| 潮汐 | | ○ | | |
| 寒帶 | | | 凉帶 | |
| 半球 | | | | |
| 地平線 | | | | ○ |
| 緯度 | | | | ○ |
| 經度 | | | | ○ |
| 地圖 | ○ | ○ | | |
| 子午圈 | | | | |
| 地中海 | ○ | | | |
| 北極 | | ○ | | ○ |
| 大洋 | | | | |
| 軌道 | | | | |
| 南極 | | ○ | | ○ |
| 海峽 | | | | |
| 溫帶 | | | ○ | |

제 4 장  중국 기원 신생한자어의 유입과 정착

이은 도표

| 지리용어 | 李睟光<br>(1563~1629) | 李瀷<br>(1681~1763) | 愼後聃<br>(1702~1761) | 洪大容<br>(1731~1783) |
|---|---|---|---|---|
| 熱帶 | | | | |
| 火山 | | | | |
| 航海 | | ○ | ○ | |

『芝峯類說』・권二・諸國部・外國・北虜 부분에 상기의 27개 용어 중에 '地圖, 潮汐, 大西洋, 地中海'라는 4개의 용어가 사용되었다. 『芝峯類說』은 주로 고서와 고문에서 뽑은 기사일문집(奇事逸聞集)이고 지구와 천문 관련 지식을 인문적인 방식으로 접근하였기 때문에 지리학 신어를 사용하는 데는 한계가 있었다고 생각된다.

이익은 천주교 신앙에 대해서는 부정적이었지만 서양과학에 대해서는 그 탁월성을 인정하고 적극적으로 지지하였던 학자다. 그의 서학에 대한 태도는 『星湖僿說』을 통해 확인할 수 있다. 상기의 용어들 중에서 '大西洋, 地球, 地震, 黃道, 赤道, 潮汐, 地圖, 北極, 南極, 航海' 등 11개 용어가 『星湖僿說』 중의 "跋職方外記", "題星土坼開圖", "黃道辯", "潮汐辯" 등 글에 사용되었다는 점을 보면 그 시대에 서양의 지리학 지식을 상대적으로 많이 수용한 학자라고 볼 수 있다. 신후담의 『西學辯』에 등재된 지리용어는 '涼帶, 溫帶, 航海' 3개뿐이다. 신후담은 성호 문하에 나갔던 초기인 23세 때(1724) 『西學辯』이라는 서학 비판서를 저술하였다. 그는 『西學辯』 중의 "甲辰秋見李星湖紀聞"[①] 에 "西泰所撰職方外記觀之則其道全襲佛氏其爲邪學"이라고 적었다. 이 구절에서 볼 수 있듯이 그는 조선 초기의 정도전(鄭道傳)의 『불씨잡변』이 불교 비판의 기준이 되었던 것처럼 천주교 비판의 유학적 기준의 입지를 차지하고 있다. 신후담은 『西學辯』에서 『靈言蠡勺』, 『天主實義』, 『職方外記』 등 한역서학서들에 대해 부정적인 태도를 취하고 강력하게 비판하였다. 그 중에서 『職方外記』 에 대한 비판은 주로 종교적인 입장에서 이루어졌기 때문에 지리학 지식들에 대해 많이 언급하지

---

① 『河濱先生全集 卷七 遯窩西學辯』을 참조.

않았으므로 지리용어에 대한 연구에 유용한 자료를 제공해 주지 못한다. 다만 신후담의 『西學辯』이 오대(五帶) 지식을 언급하였다는 점은 주목할 만하다. 비록 『職方外記』를 비판하는 입장에서 저술한 한 마디였지만 조선 후기 실학자들의 논저 중 처음으로 五帶를 언급하였던 학자였다. "乙巳秋見李星湖紀聞" 중의 "然後已籌天度則推其福島之遠近直至溫帶凉帶平分兩極"이라는 구절에서 보는 것처럼 그는 『職方外記』에서 얻은 오대 지식을 나름대로 소화하여 '溫帶, 凉帶'라는 용어를 사용하였다. '凉帶'은 『職方外記』에서의 '冷帶', 즉 현대 한국어에 쓰는 '寒帶'를 지칭하는 말이다. 주지하다시피 이 말은 한국어 어휘체계에 정착되지 못하고 '冷帶, 寒帶' 두 가지 용어가 경쟁을 벌이다가 '寒帶'라는 말이 최종적으로 정착되었다.

홍대용은 서양 근대 수학을 소개할 정도로 수리(數理) 능력이 뛰어났을 뿐만 아니라 자택에 롱수각(籠水閣)이라는 별당을 마련하여 혼천의(渾天儀), 자명종(自鳴鐘)을 설치하고 천문·시제(時制)를 연구할 정도로 학구열이 왕성했던 조선 후기의 실학자였다[1]. 그는 『湛軒書·外集』권六 "籌解需用外編"(下)와 "籠水閣儀器志"라는 글에서 천과 지를 측량하는 방법을 소개할 때 "地球, 黃道, 赤道, 地平線, 經度, 緯度, 北極, 南極" 등 8개 지리용어를 사용하였다. 그 밖에 '渾天儀'을 지칭하는 말로 '渾象儀, 渾儀' 등 용어를 사용하였다. 이상에서 보듯이 17~18세기에는 "地球, 黃道, 赤道, 地平線, 經度, 緯度, 北極, 南極, 溫帶, 大西洋, 地震, 潮汐, 地圖, 航海, 地中海" 등 15개 용어가 벌써 조선후기 실학자들의 논저에 나타나 있다. 다음 절에서는 이런 용어들이 후세에 어떠한 과정을 거쳐 근대 한국어 어휘체계에 정착되었는지, 17~18세기 조선 지식인들의 논저에 출현하지 않은 용어들이 19세기에 어떠한 양상으로 나타났는지를 살펴볼 것이다.

### 1.2.2 19세기에 한국어로 유입된 지리용어

순조 이후 천주교에 대한 탄압이 강화되었기 때문에 중국에서 한역

---

[1] 이원순(1986:35)을 참조.

서학서를 수입하는 일에도 커다란 제한이 있었다. 배현숙(1984:16~17)에서는 헌종(憲宗) 4년 겨울 사행시(使行時) 진완잡물(珍玩雜物)을 도입하는 것을 금단하였으나 체포된 천주교도들이 여전히 중국의 천주교 서적을 보고 있으므로 헌종 5년(1839)에 왕이 비설(稗說)이나 잡서(雜書)는 일체(一切) 들여오지 못하게 하고 범하는 자는 법에 의해 다스리도록 엄명하였으므로 중국에서 천주교 서적을 반입하기는 매우 어려웠다고 하였다. 천주교 서적뿐만 아니라 다른 분야의 한역서학서의 수입에도 커다란 어려움이 있었다는 점을 짐작할 수 있다. 이러한 상황은 19세기 초반까지 지속되었다. 1842년 아편전쟁이 끝난 후에 중국 지식인층은 민족의 위기를 극복하기 위해 『海國圖志』, 『瀛環志略』 등 이른바 양무서들을 편찬하였다. 한역서학서가 금지되고 봉쇄된 조선사회에 새로운 세계 지식을 확대시켜 주는 서적은 바로 이러한 청래양무서라고 할 수 있다. 李瑄根(1961:566)에서도 밝혀졌듯이 『海國圖志』와 『瀛環志略』은 1870~80년대의 조선 개국과 개화 사상가들로 하여금 해외 지식을 갖게 하는 데 크게 공헌하였다고 한다[1]. 이 책에서는 이 서적들과 함께 유입되는 지리용어의 한국어 수용 상황에 주목하고 위 서적들의 영향을 받은 조선 지식인들의 저술부터 조사할 것이다.

조선 후기에 청나라에서 유입된 청래양무서를 접하게 되는 대표적인 인물은 五洲 이규경(李圭景)과 惠岡 최한기(崔漢綺)였다. 이규경은 『五洲衍文長箋散稿』에서 "辨證說"을 통하여 자신의 주장을 강조했다. 그 중 권19 "中原新出奇書辨證說"의 "如海國圖志數十冊....瀛環志略十餘冊... 海國圖志(五大洲諸國事堂 趙領相 寅承及崔上舍漢綺收藏於家)(瀛環志略崔上舍家收藏云)"이라는 구절에서 확인되듯이 조선에 들어온 奇書들 중에 『海國圖志』 십여 책과 『瀛環志略』 십여 책이 그 속에 끼어 있으며, 『海國圖志』는 조영상(趙領相) 인승(寅承)과 최한기 집에 소장되어 있고, 『瀛環志略』은 崔上舍 즉 최한기 집에 소장되어 있었다는 사실을 알 수 있다. 또한 최한기는 魏源의 『海國圖志』와 徐繼畬의 『瀛環志略』 등을 기초로 1857년에 일종의 종합적 세계지리서라

---

[1] 李光麟(1974:2)에서 재인용한 것이다.

할 수 있는 『地毬典要』를 저술하였다. 이 책에서는 이들 청래양무서와 함께 한국으로 유입된 지리용어에 대한 조선 지식인들의 수용 상황을 살펴보기 위해 일차적으로 『海國圖志』와 『瀛環志略』의 영향을 직접 받은 이규경의 『五洲衍文長箋散稿』와 최한기의 『地毬典要』에서 지리용어의 사용 상황을 살펴볼 것이다. 2차적으로 개화초기 한국 신문 『漢城旬報·周報』(1883~1884, 1886~1888), 미국인 선교사 헐버트가 지은 한글본 『스민필지』(1889)와 백남규(白南奎)·이명상(李明翔)에 의해 번역된 『士民必知』 한문본(1895), 개화기 지리 교과서의 효시라고 볼 수 있는 오횡묵(吳宖默)의 『輿載撮要』 등을 살펴보고 이들 용어의 정착 과정을 깊이 있게 살펴볼 것이다.

<표 9> 16세기 말~19세기 말 연구대상어가 조선 문헌에 출현한 양상

| 지리용어 | 16세기 말~18세기 초 | | | | 19세기 | | | | |
|---|---|---|---|---|---|---|---|---|---|
| | 李睟光 (1563~1629) | 李瀷 (1681~1763) | 愼後聃 (1702~1761) | 洪大容 (1731~1783) | 李圭景 (1788~?) | 최한기 (1803~1879) | 漢城旬報·周報 (1883~1888) | 士民必知 (1889, 1895) | 輿載撮要 (1893) |
| 大西洋 | ○ | ○ | | | ○ | 大西洋海 | ○ | ○ | ○ |
| 渾天儀 | | | | 渾儀 渾天儀 | | | | | |
| 氣候 | ○ | | | | | ○ | ○ | ○ | |
| 地球 | | ○ | | ○ | | ○ | ○ | ○ | ○ |
| 地震 | | | | | ○ | ○ | | | |
| 東半球 | | | | | | ○ | | | ○ |
| 黃道 | | ○ | | ○ | | ○ | ○ | ○ | ○ |
| 赤道 | | ○ | | ○ | ○ | | ○ 中帶 | ○ | ○ 中帶 |
| 晝夜平分線 | | | | | 晝夜平線 | | | | |
| 潮汐 | | ○ | | | | ○ | ○ | ○ | ○ |
| 寒帶 | | | 涼帶 | | 冷帶 | 冷帶 | ○ | ○ 氷帶 링대 | ○ |

## 제 4 장 중국 기원 신생한자어의 유입과 정착

이은 도표

| 지리용어 | 16세기 말~18세기 초 ||||  19세기 |||||
|---|---|---|---|---|---|---|---|---|---|
| | 李睟光(1563~1629) | 李瀷(1681~1763) | 慎後聃(1702~1761) | 洪大容(1731~1783) | 李圭景(1788~?) | 최한기(1803~1879) | 漢城旬報·周報(1883~1888) | 士民必知(1889, 1895) | 輿載撮要(1893) |
| 半球 | | | | | | | ○ | | ○ |
| 地平線 | | | | ○ | ○ | | | | |
| 緯度 | | | | ○ | | ○ | ○ | 緯線 | ○ |
| 經度 | | | | ○ | | ○ | ○ | 經線 | |
| 地圖 | ○ | ○ | | | | | ○ | | 地球圖 |
| 子午圈 | | | | | | 子午線 | | | |
| 地中海 | ○ | | | ○ | | ○ | ○ | ○ | ○ |
| 北極 | ○ | | | | | | | | |
| 大洋 | | | | | | | ○ | | |
| 軌道 | | | | | | | ○ | | |
| 南極 | | ○ | | ○ | | ○ | | ○ | ○ |
| 海峽 | | | | | | ○ | | | |
| 溫帶 | | | ○ | | 正帶 | 正帶 | ○ | ○ | 溫帶 |
| 熱帶 | | | | | | ○ | ○ | ○ | |
| 火山 | | | | | | | ○ | ○ | |
| 航海 | | ○ | ○ | | | ○ | | | ○ |

이상의 조사에서 보는 것처럼 16세기 말~18세기 초에 이미 조선 문헌에 나타난 용어들이 19세기에 들어오면서 더 빈번하게 출현했다. 이는 19세기에 들어오면서 서양 지리학 지식이 동아시아 각 나라에 확산되고 근대적 학문으로 발전해 나가고 있었기 때문이다. 이상의 도표를 통해서 이 용어들이 근대한국어에 정착되는 과정을 알아볼 수가 있다. 19세기 조선 지식인이 저술한 문헌에 새로 등장한 용어들은 "半球, 東半球, 大洋, 軌道, 熱帶, 火山, 寒帶, 海峽"등이다. 그 중에서 오대(五帶) 용어의 사용에 있어 다양한 양상을 보인다는 점은 주목할 만한 일이다. 다음에서 오대(五帶) 용어의 변천 과정을 살펴볼 것이다.

이규경의 『五洲衍文長箋散稿上』 중의 "三際辨證說, 大地五帶距九重天辨證說, 大地有五洲五帶九重諸名號辨證說, 地球辨證說"등의 글에서 조사한 결과, "大西洋, 地球, 地震, 赤道, 晝夜平線, 冷帶, 地平線, 地中海, 北極, 南極, 溫帶, 正帶, 熱帶" 등 13개 용어가 출현하였음을 알 수 있다. 전시대에 출현했던 용어들이 빈번하게 나오기도 하지만 새로 등장한 용어도 있다. 그 중 가장 주목 받을 만한 사실은 조선 지식인들이 저술한 문헌에 본격적으로 五帶 관련 용어가 등장한다는 점이다. 五帶를 지칭하는 용어로서 '熱帶, 溫帶'라는 말은 현대어와 일치하지만 '冷帶, 正帶'라는 표현은 현대어와 다르다. 이규경은 "地球辨證說"이라는 글에서 '艾儒略職方外記'를 여러 번 언급하였고 "艾儒略職方外記備詳五洲之說"이라는 구절에서 『職方外記』를 참조했다는 사실을 확인할 수 있다. 또한 "南懷仁記海産辨證說"이라는 글에서 南懷仁의 『坤與外記』를 읽었다는 사실도 확인할 수 있다. 앞에서 잠깐 살펴보듯이 "中原新出奇書辨證說"이라는 글에서 『海國圖志』와 『瀛環志略』 등 양무서를 접하였음을 추정할 수 있다. 이렇게 중국에서 유입된 서학 지리서를 광범위하게 접하였던 이규경이 五帶 용어를 사용한 것도 이상 문헌에서 영향 받았을 가능성이 크다[①]. 이규경은 『五洲衍文長箋散稿上』의 "三際辨證說"[②]과 "大地五帶距九重天辨證說"[③]이라는 두 글에서 오대 지식을 소개하였다.

---

① 艾儒略의 『職方外記』(1623): 分为五带其赤道之下二至规以内此一带者日轮常行顶上故为热带夏至规之北至北极规冬至规之南至南极规此两带者因日轮不甚遠近故为溫带北极规与南极规之内此两带者因日轮只照半年故为冷带 ... 南懷仁의 『坤與外記』(1674): 以天勢分山海自北而南為五帶一在晝長晝短二圈之間其地甚熱帶近日輪故也二在北極圈之內三在南極圈之內此二處地居甚冷帶遠日輪故也四在北極晝長二圈之間五在南極晝短二圈之間此二地皆謂之正帶不甚冷熱日輪不遠不近故也 ...

② 天地之間有三際水土之塊太陽蒸之是爲暖際眞炎仝天是爲熱際中間至冷是爲冷際大地有五帶冷帶居北辰出地處其次溫冷界溫帶居天頂處其次溫暖界暖帶居赤道處其次溫暖界凡九重天之中最下爲月天月天與地之間有溫冷熱之三際地水土之濕太陽蒸之爲溫其上爲冷又其上近於天爲熱際 (중략) 晝夜平線爲中天勢分山海自北而南爲五帶一在晝夜長短二圈之間其地甚熱帶近日輪故也二在北極圜之內三在南極圜之內此二處地俱冷帶遠日輪故也四在北極晝長二圈之間五在南極晝短二圈之間皆謂之正帶不甚冷熱卽溫帶日輪不遠不近故也.

③ 今居堪輿之間不知頂上戴幾重天下蹯幾界則是若處實而不知何室外之如何故畧辭其界限大地五者分地區爲五界其暖帶界爲一段四十七度也溫帶界爲二段四十三度也冷帶界爲二段四十七度也合爲五帶晝夜平線爲中天勢分山海自北而南爲五帶一在晝夜長短二圈之間其地甚熱帶近日輪故也二在北極圜之內三在南極圜之內此二處地俱冷帶遠日輪故也四在北極晝長二圈之間五在南極晝短二圈之間此二地皆謂之正帶不甚冷熱卽溫帶日輪不遠不近故也.

제 4 장  중국 기원 신생한자어의 유입과 정착

이규경은 "三際辨證說"에서 전통 유교적 이론으로 서양의 새 지식을 해석하기도 하였다. 이 글에 등장한 '熱帶, 溫帶(正帶), 冷帶'라는 용어는 "大地五帶距九重天辨證說"에 등장한 용어와 달리 이미 명사형으로 굳어진 용어들이다.

최한기는 『地毬典要』 중의 "推地度測天度"라는 글에서는 '熱帶, 正帶, 冷帶'라는 용어를 사용하였다. 그는 『地毬典要』의 서문에서 『瀛環志略』과 『海國圖志』를 참고하여 이 책을 편찬하였다는 경위를 밝히고 있지만 오대 용어를 사용하는 양상을 보면 자신의 오대에 대한 이해 방식에 따라 용어를 선정하였다는 사실을 확인할 수 있다[①]. 『海國圖志』에서 오대에 관하여 "熱帶, 溫帶(正帶), 冷帶 : 熱道, 溫道, 寒道"라는 용어들을 사용하였기 때문이다.

조사된 자료들 중에서 오대 용어를 처음으로 현대어와 일치되게 사용한 자료는 『漢城旬報』를 들 수 있다. 필자는 지리학 관련 용어를 상대적으로 많이 기재한 지리학 집록 기사[②]를 대상으로 조선 후기에 한국 국민에게 개화사상을 주지시키는 데 크나큰 역할을 하였던 『漢城旬報』와 『漢城周報』에 사용된 지리학 관련 용어를 살펴보았다. 조사 결과 이 자료에 등재된 용어들이 다른 자료에 비해서 상당히 많다는 것이다[③]. 『漢城旬報』에는 '熱帶(中帶), 溫帶, 寒帶' 등의 용어들이[④] 등장하는데, '中帶'가 여전히 남았기는 하지만 '溫帶'를 지칭하는 '正帶'라는 용어가 사라지고 '冷帶' 대신 '寒帶'라는 용어가 사용되었다. 한국어 중에서 '冷帶'가 '寒帶'로 바뀌게 되는 계기가 무엇인지에 대해서 더 깊은 연구를

---

① 地球中腰爲赤道其地甚熱是爲熱帶近日輪故也赤道南北各二十三度半其地不甚冷熱是爲正帶日輪不遠不近故也南北極二十三度半周圍其地甚冷是爲冷帶遠日輪故也.

② 漢城旬報 : 地球圖解(창간호), 地球論(창간호), 論洲洋(창간호), 論地球運轉(2호), 歐羅巴州(2호), 地球圜日圖解(10호), 歐羅巴史記(10호), 地球圜日成歲序圖說(12호). 漢城周報 : 地球全圖(2호), 第二章 天文地理學(25호), 太平洋群島考略(29호).

③ "自轉, 公轉, 寒暑表, 寒暑鐵, 風雨表, 北寒帶, 南寒帶, 綠林, 南黃道限(冬至線), 北黃道限(夏至線), 赤道(中分線), 熱帶(中帶), 南黑道限(南極線), 北黑道限(北極線), 千里鏡" 등의 용어 외에 또 다른 다수의 용어들이 기재되었다.

④ 又南北兩黃道限之間名熱帶又稱中帶自南黃道限至南黑道限之間名南溫帶自北黃道限至北黑道限之間名北溫帶自南黑道線至南極之間名南寒帶自北黑道線至北極之間名北寒帶是所謂地球之五帶也.

요하지만 한국 국민에게 개화사상을 주지시키는 데 큰 역할을 했던 『漢城周報』가 이러한 용어를 사용했다는 것은 중대한 의미를 가진다. 필자가 조사한 자료 가운데 1893년 오횡묵의 『輿載撮要』가 『漢城旬報』의 내용을 두 곳 인용하였다는 사실을 발견했다. 하나는 『漢城旬報』(10호, 1884. 1. 30.) 중의 "地球圜日圖解"와 『輿載撮要』 15쪽 "地球圜日圖解"이고, 다른 하나는 『漢城旬報』(12호, 1884.2.17.) 중의 "地球圜日成歲序圖說"와 『輿載撮要』 16쪽 "地球圜日成歲序圖說"이다. 이 두 편의 글에 단 한 글자의 차이가 있지만[1] 문장의 의미 측면에서 보면 『輿載撮要』가 『漢城旬報』의 내용을 인용할 때 글자를 잘못 썼다고 추정된다. 바로 이러한 서양 지리학 지식의 확산, 문화의 유입 과정에서 용어가 점점 정착되었다고 볼 수 있다.

『ᄉᆞ민필지』 한글본과 『士民必知』 한문본에서는 五帶 용어를 다양하게 사용하고 있다. 1889년 한글본의 『ᄉᆞ민필지』[2]는 설명하는 글에 '열ᄃᆡ(熱帶), 온ᄃᆡ(溫帶), 링ᄃᆡ(冷帶)'로, 실려 있는 지도에 '寒帶, 溫帶'로, 용어를 각각 다르게 사용하고 있다. 물론 이러한 용어 사용상의 차이는 저자와 공동저자의 학식과 관련되어 있는지 더 연구할 필요가 있지만, 당시 조선 사회에 '冷帶'와 '寒帶'라는 두 용어가 동시에 사용되고 있었다는 중요한 사실을 알려준다. 1895년 한문본의 『士民必知』

---

[1] 『輿載撮要』: 一曰遠近二曰直斜如遠近之理與溫道相異者誠世人之所共之所爲近熱遠寒之理是也至如物體之或直受熱氣或斜受熱氣則亦與溫道大有不同若斜至於九十度則更無溫道之可計所謂直熱斜寒之理是也. 『漢城旬報』: 一曰遠近二曰直斜如遠近之理與溫度相異者誠世人之所共之所爲近熱遠寒之理是也至如物體之或直受熱氣或斜受熱氣則亦與溫度大有不同若斜至於九十度則更無溫度之可計所謂直熱斜寒之理是也. 번역문: 첫째는 遠近이고, 둘째는 直射와 斜射이다. 遠近의 溫度차이의 이치는 진실로 세상 사람이 모두 아는 것이니 가까우면 뜨겁고 멀면 춥다는 이치가 바로 이것이다. 물체가 직사되는 熱氣를 받고 斜射되는 熱氣를 받는 것도 온도 차가 크게 다르다는 것이다. 만일 90도까지 기울어지면 溫度를 다시 계산할 것도 없으니 直射는 뜨겁고 斜射는 춥다는 이치가 바로 이것이다. 이상의 글에서 볼 수 있듯이 『輿載撮要』에 '溫道'라는 용어를 사용하는 반면 『漢城旬報』에 '溫度'라는 용어를 사용하였다. 그러나 문장의 의미를 보면 이것은 글을 인용할 때 글자를 잘못 쓴 것으로 추정된다.

[2] 흥샹 히빗을 바로 밧아 ᄉᆞ시 분별이 적고 흥샹 쓰거운 고로 열ᄃᆡ라 닐으고 남황도 밧 팔쳔구ᄇᆡᆨ리와 북황도 밧 팔쳔구ᄇᆡᆨ리는 일년에 흔번식 히빗을 바로 밧는고로 여름과 겨을의 분별이 잇스니 온ᄃᆡ라 닐으고 남흑도 밧 ᄉᆞ쳔팔ᄇᆡᆨ오십리와 북흑도 밧 ᄉᆞ쳔팔ᄇᆡᆨ오십리 남북극ᄭᆞ지는 흥샹 히빗을 보지 못 ᄒᆞ여 치운고로 링ᄃᆡ라 닐으며 ...

에는 '熱帶, 溫帶, 氷帶'라는 용어를 사용하였다. 한정된 범위에서 실시한 결과에 따르면 '氷帶'라는 용어는 옛날 문헌에서는 계승되었다기보다는 번역자가 창의적으로 만들어 낸 용어라고 추정된다. 용어의 정립이 덜 된 시기에 용어를 스스로 창조하여 쓰는 상황은 쉽게 추정되기 때문이다.

1893년 개화기 지리 교과서의 효시라고 할 수 있는 『輿載撮要』에서는 『漢城旬報』의 용어를 사용하였다. 용어의 정립이 덜 된 시기에 교과서의 성질을 가진 『輿載撮要』가 인용한 글이나 용어의 사용 등의 측면에서 신중을 기하였으리라 생각된다. 1895년 유길준의 『西遊見聞』을 보면 오대 용어, 즉 '熱帶, 溫帶, 寒帶'가 이미 한국어 어휘 체계에 정착되었다는 것을 알 수 있다. 『西遊見聞』 제1편에서 지구를 소개할 때 오대 용어를 소개하는 글이 사라지고 오대 용어를 가지고 다른 자연 지리적 상황을 설명했다는 면에서 이를 확인할 수 있다[1].

## 1.3 마무리

위에서 16세기 말~18세기 초와 19세기 두 시기로 나누어 지리학 지식이 수용되는 양상을 고찰한 것은 중국과 한국은 모두 금교되는 시기가 있었기 때문이다. 중국 기원 지리용어가 한국어로 유입되고 어휘 체계에 정착되는 과정을 살펴보기 위해 영한류 사전뿐만 아니라 조선후기 지식인들이 저술한 문헌도 살펴보았다. 조선 후기 실학자들이 저술한 문헌을 연구대상으로 삼은 것은 이들 문헌들은 조선 지식인들이 저술한 것으로, 신어의 사용 양상은 곧 한국어에서 신어의 수용과정을 밝히는 연구가 될 수 있기 때문이다. 이상의 연구를 통해서 중국기원 지리용어의 한국어 유입은 利瑪竇의 『坤輿萬國全圖』, 艾儒略의 『職方外記』 등 야소회사들이 편찬한 세계지도와 세계지리서, 『海國圖志』와

---

[1] 北赤道北二十四度二分度의 一과 南赤道南二十四度二分度의 一을 合ㅎ야 四十七度의 熱帶를 정ㅎ니 熱帶는 四時의 氣候가 長熱홈을 謂홈이오 北極의 二十四度二分度의 一은 卽 北赤道北의 六十七度二分度의 一이라 北黑道의 寒帶며 南極의 二十四度二分度의 一은 卽 南赤道南의 六十七度二分度의 一이라 南黑道의 寒帶니 南北寒帶가 合ㅎ야 四十七度라...

『瀛環志略』 등 양무서들이 중요한 통로였을 가능성이 크다는 것을 알 수 있다. 이 서적들을 통해 한국어로 유입된 지리용어는 이수광의 『芝峯類說』, 신후담의 『西學辯』, 홍대용의 『湛軒書』, 이규경의 『五洲衍文長箋散稿』, 최한기의 『地毬典要』, 개화기의 신문 『漢城旬報』, 『스민필지』 한글본과 한문본, 오횡묵의 『輿載撮要』 등 조선 문헌 자료에서 그 자취들을 확인할 수 있다. 또한 본 장에서는 로브샤이트 (1866~1869)에 등재된 지리학 관련 용어 45개를 선정하여 이들 용어의 영어 원어를 기준으로 한국 근대 영한류 이중어사전에서 그들의 자취를 확인함으로써 이들 용어가 한국어 어휘체계에 정착되거나 등장했다가 소멸되는 과정을 살펴보았다.

조사의 결과로는 로브샤이트(1866~1869)에 출현한 지리학 신생한자어 중에 16세기 말~18세기 초에 이미 조선지식인들의 문헌에 등장하는 용어로는 "地球, 黃道, 赤道, 地平線, 經度, 緯度, 北極, 南極, 溫帶, 大西洋, 地震, 潮汐, 地圖, 航海, 地中海" 등 15개가 있고, 19세기에 등장하는 용어로는 "半球, 東半球, 大洋, 軌道, 熱帶, 火山, 寒帶, 海峽" 등 8개이다. 위 도표를 통해서 16세기 말~18세기 초에 나타난 용어들이 19세기에 들어오면서 더 빈번하게 출현하였다는 사실을 확인할 수 있다. 이처럼 로브샤이트(1866~1869)에 등장한 지리학 신어들 중에 한국어 어휘체계에 정착된 용어로는 "地球, 黃道, 赤道, 地平線, 經度, 緯度, 北極, 南極, 溫帶, 大西洋, 地震, 潮汐, 地圖, 航海, 地中海, 半球, 東半球, 大洋, 軌道, 熱帶, 火山, 寒帶, 海峽, 晝夜平分線, 子午圈, 渾天儀, 氣候, 經線, 緯線" 등 29개이다. 일부 용어가 영한류 사전이나 조선지식인들의 문헌에 나타났지만 근대 후기에 들어오면서 다른 용어로 대체된 경우도 있다. 이러한 경우에 해당되는 용어들은 "中帶→赤道, 寒暑表→온도 표시기, 온도 측정기, 千里鏡→望遠鏡, 寒暑針→온도계, 체온계" 등이다. 또한 조사된 영한류 이중어사전에 나타나지 않은 용어들로 "天氣, 指南針, 地球中線, 赤帶, 正午線, 正午度, 午線, 大平洋, 熱帶北限, 夏至道, 熱帶南限, 冬至道" 등이 있다. 이상의 내용을 종합해 보면 중국 기원 지리용어는 (24)와 같은 세 가지 유형으로 분류할 수 있다.

제 4 장  중국 기원 신생한자어의 유입과 정착

(24)
가. 한국어 어휘 체계에 정착된 어휘(29 개)
　　地球 黃道 赤道 地平線 經度 緯度 北極 南極 溫帶 大西洋 地震 潮汐 地圖 航海 地中海 半球 東半球 大洋 軌道 熱帶 火山 寒帶 海峽 晝夜平分線 子午圈 渾天儀 氣候 經線 緯線[①]

나. 근대 영한류 사전이나 조선 문헌에 나타났다가 다른 용어로 대체된 어휘(4 개)
　　中帶 寒暑表 千里鏡 寒暑針

다. 근대 영한류 사전에 나타나지 않는 어휘(12 개)
　　天氣 指南針 地球中線 赤帶 正午線·正午度 午線 大平洋 熱帶北限 夏至道 熱帶南限 冬至道

　　근대 후기에 와서 (24) 에 든 로브샤이트(1866~1869) 의 신어가 다른 용어로 대체된 일은 한국어에서뿐만 아니라 중국어에서도 발견할 수 있다. 19 세기 중반까지는 중국어에서 지리용어의 정립이 덜 된 시기였기 때문에, 로브샤이트(1866~1869) 에 수록된 지리학 신어들은 당시 그 사회에서 널리 사용되는 용어라기보다는 그때까지 창안된 용어를 망라하는 성격을 띤다. 이런 점은 하나의 영어 원어에 몇 개의 중국어 대역어가 쓰였다는 점에서 알 수 있다. 한국어 어휘체계에 유입되지 못했던 어휘들(24 다) 중에서 '指南針'을 제외한 다른 용어들은 모두 중국어 어휘체계에 정착되지 못하고 근대 후기에 다른 용어로 대체되었다[②].

---

[①] '經線'과 '緯線' 두 단어가 근대 영한류 사전과 조선 지식인들의 문헌에 출현했고 현대 한국어 어휘 체계에 정착되었던 용어다. 이 단어가 『프라임 영한/한영사전』에 나와 있지만 해당 영어 번역어가 로브샤이트(1866~1869) 에 등재된 영어랑 형태상의 차이가 있다.

[②] '熱帶北限, 夏至道'가 '北回歸線'으로, '熱帶南限, 冬至道'가 '南回歸線', '正午線, 正午度, 午線'이 '子午線'으로, '天氣'는 '大氣'로, '地球中線, 赤帶'는 '赤道'로 대체되었다.

이상의 연구를 통해서 조선 지식인들이 지리학 신어를 매체로 서양 과학 지식을 수용하는 데 기울인 노력도 엿볼 수 있다. 이러한 사실은 오대에 관한 용어를 다양하게 사용하는 양상에서 확인할 수 있다. 물론 이러한 혼란스러운 양상이 나타난 것은 당시 사회에서 용어의 정립이 덜 되었기 때문이라는 점도 있지만 조선 지식인들이 서양 지리학 지식을 소화하는 과정에서 다양한 노력을 기울였기 때문이라고도 볼 수 있다.

서양 지리학 지식이 확산됨에 따라 동아시아 각 나라들에서 전통적인 지리학의 시야에서 근대적인 것으로 급속하게 전환되었다. 또한 지리학 발전의 가속화 현상과 지리학 체계의 구축은 다량의 지리학 신어가 등장하는 상황과 밀접한 관련을 맺고 있다. 지리학 관련 신어의 변천이라는 관점에서 서양 지리학 지식이 중국에 확산되는 과정을 연구하는 것은 서양 지리학이 동아시아에 어떤 영향을 미쳤는지를 연구하는 데 있어 그 심도를 더해줄 것이라 생각된다.

## 제 2 절  종교용어의 유입과 정착

본 절은 근대기에 중국 기원 종교용어가 한국어로 유입되는 경로와 한국어에 정착되는 과정을 밝히는 데 목적을 둔다. 沈國威(2012:195, 이한섭 외역)에서는 18세기 초 예의지쟁(禮儀之爭)의 발단으로 강희제가 금교령을 내리고 선교사들을 추방하기까지 백년간 서양 선교사들은 정력적으로 전도 활동을 하였고 이때 많은 종교 관련 서적이 번역되고 저술되었으며 종교용어는 그 과정에서 상당 부분 정비되었다고 지적하였다. 이에 근거하면 근대기 중국 종교용어의 성립은 17세기~18세기에 중국에 선교하러 온 야소회사들이 번역한 종교 관련 한역서학서들에 크게 의존하였다고 볼 수 있다. 따라서 이 책에서는 논의를 더 깊이 전개하기 위해 종교용어의 생성과 깊은 관련이 있는 야소회사의 종교류 서학서들의 한국 유입과 영향을 살펴봄과 동시에 종교용어의 수용 상황을 연구할 것이다.

## 2.1 종교류 한역서학서의 한국 유입

주지하다시피 예수회 선교사인 마테오 리치가 1582년에 마카오에 거주하게 되면서부터 1919년 五四 신문화운동이 일어날 때까지 300여 년 동안 利瑪竇를 비롯한 외국 선교사들은 중국에서 선교 활동뿐만 아니라 의사소통과 서양문물의 도입을 위해 이중어사전이나 한역서학서들을 저술하였는데, 이것들이 중국 및 주변 나라의 언어에 큰 영향을 미쳤다.

최초로 중국에서 한역 서학서를 펴낸 서양 선교사는 루기에리(M. Ruggieri, 1543~1607, 중국명: 羅明堅)이다. 역사적으로 보면 중국 최초의 종교 관련 서학서의 출현은 16세기 말까지 거슬러 올라갈 수 있다. 그는 1582년 중국에 선교하러 왔으며 1584년 한문으로 된 천주교 교리서 『天主實錄』을 저술하였다. 이어서 명나라의 수도인 연경(燕京)에서 만력제(萬曆帝)를 면회하여 황제의 묵인하에 천주교를 선교한 利瑪竇는 1603년 한문으로 작성한 『天主實義』를 燕京에서 출간하였다. 청나라 건륭제(乾隆帝)는 『天主實義』가 비록 이질문화인의 저술이나 중국인에게 큰 영향을 준 양서로 보고, 이를 『四庫全書』에 수록하게 하였다. 중국 학자[中士]와 서양 학자[西士]의 대화 형식으로 서술된 『天主實義』는 천주 신앙의 근본 문제를 다양하게 다룬 저서로 중국뿐만 아니라 조선과 일본 및 한자 문화권에 속하는 여러 나라에 급속하게 유포되어 큰 영향을 미치게 된 최초의 본격적인 한역서학서였다. 유몽인(柳夢寅)의 『於于野談』에 『천주실의』 상·하 8편의 편목이 소개되어 있다는 사실과, 이수광(李睟光)의 『芝峯類說』에서 편목을 대략 열거하고 있다는 사실을 보면 『天主實義』는 출간 20년 내 중국을 출입하는 연행사신들에 의해 조선으로 유입된 것으로 추정된다. 『天主實義』를 학문적으로 연구하였던 대표적인 학자는 星湖 이익이며 그는 "天主實義跋"을 저술하여 천주교에 대해 큰 관심을 보여 주었다. 그의 학문을 따르던 신후담, 안정복, 이헌경 등이 『天主實義』와 그 밖의 서교서(西敎書)를 읽고 각기 『西學辨』, 『天學考』, 『天學問答』 등을 저술하여 유학적 관점에서 논평하였다[①].

그 후 1614년 예수회 신부 판토하(D. Pantoja, 1571~1618, 중국명: 龐迪我)가 지은 천주교 수덕서(修德書)인 『七克』[②], 삼비아시(F. Sambiasi, 1582~1649, 중국명: 畢方濟)가 구술하여 서광계(徐光啓)가 기록한 『靈言蠡勺』 등의 종교 서적이 중국에서 출간되었고 조선으로 전래된 후에 학자들에 의하여 연구·검토되었다. 배현숙(1984:4~31)에서는 선조시기부터 1910년까지 한국으로 유입된 천주교 서적들의 종류와 수량을 정리하였다. 조선의 천주교 서적은 학문적으로 연구하던 시기[③]에 37종, 가성사시기(假聖事時期)[④]에 13종, 중국인신부(中國人神父) 활동기에 14종(著者未祥分 68종), 서양인선교사 도래(到來) 초기에 17종, 병인사옥(丙寅邪獄) 이후에 26종, 한불조약 체결 이후에 9종, 서양인 선교사가 조선에 와 있던 시기에 중국에서 발간된 서학서 83종의 도입 등 모두 199종(著者未祥分 267종)이 도입되어 신자들에게 읽혀졌다고 하였다. 조광(2006:200~235)에서는 조선후기 한글서학서의 유통과 보급에 관한 일련의 사실들을 정리하였다. 이 연구에서는 18세기 말에 책자의 유통이 제한되어 있었던 상황에서 책자를 소유할 수 있었던 가장 손쉬운 방법은 바로 이를 필사하는 것이라고 지적하였으며 필사된 책자는 필사자 자신이 직접 소유하는 데 그치지 않고 매매되기도 했다고 하였다. 이규경의 『五洲衍文長箋散稿』 下 중의 "斥邪敎辨證說"에서는 필사된 서적들은 조선 지식인들에게뿐만 아니라 일반 민중들에게도 전파되었다는 사

---

[①] 이원순(1972)을 참조.
[②] 『七克大全』의 약칭.
[③] 배현숙(1984:4)에서는 '학문적 연구 시기'란 이승훈이 부친을 따라 연행사행에 동참하여 서양인 신부에게서 세례를 받고 와서 불완전한 교회인 신앙공동체를 結成하기 전까지 남인 학자들이 종교 관련 한역서학서들을 대상으로 학문적으로 연구하였던 시기라고 정의하였다.
[④] '가성사시기(假聖事時期)'란 이승훈이 세례를 받고 난 후부터 중국인 神父인 周文謨가 한국 오기 전에 假聖事가 집행되었던 시기를 지칭한다고 배현숙(1984:4)에서 밝혔다.

실을 확인할 수 있다①. 또한 김형철(2011:65)에서는 한국천주교회에서는 초창기부터 교리서, 묵상서, 고해지도서 등 개인의 신앙생활에 필요한 각종 서적들을 주로 한역서학서, 불문, 또는 라틴어로 된 책에서 번역하거나 저술하여 한글 필사본, 목판본, 활판본으로 간행하여 신자들에게 읽혔다고 밝히고 있다. 바로 이러한 과정 속에서 종교 관련 서적들에 담겨진 종교용어가 조선 지식인뿐만 아니라 일반 민중들에게도 수용되게 되었다.

## 2.2 중국 기원 종교용어의 한국어 유입과 정착

### 2.2.1 근대 영한류 사전을 통해 본 중국기원 종교용어의 한국어 유입

본 절의 내용은 이처럼 많은 종교 관련 한역서학서가 한국으로 유입되었다는 사실을 감안하여 거기에 기재되어 있는 신생한자어가 한국 근대 어휘체계에 어떤 영향을 미쳤을까 하는 의문에서 출발한다. 본 절에서는 우선 제3장에서 제시한 선생한자어의 판별기준에 따라 로브샤이트(1866~1869)에 등재된 종교 관련 용어들을 선정한 다음에 영어를 원어로 하고 한국 근대 영한류 사전에서 그들의 자취를 확인함으로써 이들 용어들이 근대 한국 어휘체계에 정착된 과정을 연구할 것이다. 그러한 다음에 『프라임 영한/한영사전』과 『표준국어대사전』을 동원하여 이들 용어가 현대 한국어 어휘체계에 존재하는 양상을 살펴볼 것이다. 로브샤이트(1866~1869)에서 (25)와 같은 종교관련 신생한자어를 선정

---

① 이러한 사실은 다음 문장에서 근거를 찾을 수 있다. "正廟戊申 春塘臺到記時 進士洪樂安 對策闢邪學甚切. 洪樂安對策略曰 今日最可憂者 西洋一種邪說 將有漸熾之勢 甚至於乙巳之春 昨年之夏 湖右一帶 幾至家誦戶傳 眞諺翻謄下及婦孺 自附孔氏引經證聖 竟毁程朱."
번역문: 정조 12년 무신년(1788) 春塘臺 到記試에서 진사 洪樂安이 대책문을 지어 邪學을 배척함이 매우 절실했다. 그 대책문의 대략은 다음과 같다. 오늘날 가장 우려되는 바는 서양에서 유래한 일종의 사설이 점차 치성해질 형세인 것이다. 작년(1787) 봄과 올(1788) 여름에 충청도 일대에서는 거의 집집마다 외우고 전하기에 이르러서 한문을 한글로 번역하여 謄抄해서 아래로는 부녀자나 아이들에까지 이르렀다. 스스로 공자의 설에 붙여서 경전을 인용하면서 마침내 程朱를 헐뜯는다.

하였다[①].

(25) 天使 背敎 使徒 洗禮 聖書 聖經 主敎 祝福 聖燭節 天主敎 聖歌 聖油 基督 耶蘇敎 禮拜堂 敎會 聖餐禮 十字架 門徒 神學 信條 入敎 福音 聖地 聖職 聖所 聖水 耶蘇 審判 主 黙想 回回敎 修道院 聖樂 (大)風琴 原罪 樂園 受難 牧師 祈禱 長老 原理 宣傳 黙示 安息日 聖禮 救世主 三位一體 眞理 祝聖 群(羣)牧師 禮拜一 禮拜二 禮拜三 禮拜四 禮拜五 禮拜六 首牧師 總領牧師 京監 牧師 總監牧師 聖貞女 基利士督 敎爺 修道堂 極樂園 敎王 聖詩 聖灰日 聖洗 聖石 羅瑪敎 聖膏 上帝 敎條 會長 奉敎 瞻禮 敎父 敎母 天主 本罪 宣傳 敎規 敎宗 祭司 禮拜日 浸禮

『重編國語辭典修訂本』과 『漢籍電子文獻資料庫』에서 위 단어들의 자취를 검색한 결과 두 종류로 분류할 수 있다. 하나는 해당단어의 형태가 중국 고전문헌에 존재했지만 전통적인 의미를 유지한 유형이고, 다른 하나는 근대기에 와서야 새롭게 창안된 유형이다. 앞에서도 언급했듯이 전통적 의미에 새로운 의미를 부여한 한자어는 이 책에서 신생한자어로 간주한다. 위 단어들을 조사한 결과 (26)과 같은 단어들을 전통적인 의미에 새로운 의미가 부여된 신생한자어라고 볼 수 있다.

(26) 天使 受難 上帝 敎條 信條 長老 入敎 聖水 審判 主 天主 黙想 黙思 黙示 牧師 祈禱 宣傳 敎門 聖經 眞理 門徒 祭司

예를 들어 '天使'는 중국 고대 문헌에서 "天帝의 使者"라는 의미로 사용되었다[②]. 천주교가 중국에 퍼지면서 한역서학자들이 이 용어를 'Angel'의 대역어로 번역하여 "구품천사 가운데 가장 아래 계급에 속하

---

[①] 제3장에서 제출한 판별 기준에 따라 "基督之敎, 造化之主, 創造之主, 周割之禮, 主之日" 등 '之'자가 들어간 합성어들은 연구대상에서 제외시켰다.
[②] 다음과 같은 예문에서 '天使'는 "天帝의 使者"라는 의미를 나타내고 있다. 余霍泰山山陽侯天使也. 『史記·卷四十三·趙世家』. 我乃天差天使, 有聖旨在, 此請你大王上界, 快快報知! 『西遊記·第三回』.

는 천사, 사명을 전달하고 개인을 지켜 주는 일을 맡는다"고 하는 새로운 의미를 부여하게 되었다. 또한 "天下匈匈不安, 光當受難"① 이라는 구절과 "今日天使李俊在家, 坐立不安, 棹船出來, 江裡趕些私鹽, 不想又遇著哥哥在此受難!"② 이라는 구절에서 '受難'이란 말은 "고난을 당하다"는 뜻인데 기독교가 중국에 퍼짐에 따라 이 용어에 새로운 의미가 부여되어 "예수가 십자가에 못 박힐 때 당한 고난"이라는 의미를 뜻하게 되었다. 여기서 특별히 유의할 단어는 '主'인데 이 단어는 『漢語外來詞詞典』에서 라틴어의 'Deus'의 음역어로서 일본어에서 차용된 것이라고 주장되고 있다. 그러나 'Deity'라는 단어의 대역어로서 1822년 馬禮遜의 『An English and Chinese Dictionary』와 1844년 衛三畏의 『英華韻府歷階』, 1847년~1848년 麥都思의 『英華字典』, 1866년~1869년 로브샤이트의 『英華字典』 등 중국 근대 영한류 사전에 줄곧 '天主'라는 번역어로 등재되어 있다는 것을 알 수 있다. 이 용어가 중국 고전에 이미 존재하였던 단어이고③ 한역서학자들이 이 용어에 새로운 의미를 부여하여 "가톨릭교의 하느님"을 지칭하게 되었다. 이러한 사실은 羅明堅의 『天主實錄』(1582), 利瑪竇의 『天主實義』(1603), 艾儒略의 『天主降生言行紀略』(1635), 마뉴에로 디아즈(Manoel Diaz, 1574~1659, 중국명: 陽瑪諾)의 『天主聖敎十戒直詮』(1642) 등 초기의 천주교 교리서 책명에서도 확인할 수 있다. 제 3장에서 제시한 신생한자어의 판별 기준에 따라 로브샤이트(1866~1869)에서 <표 10>과 같은 종교용어를 선정하였다.

---

① 『漢書・卷六十八・霍光傳』에서 인용.
② 『水滸傳・第三十七回』에서 인용.
③ "揚州城無憂天主, 憖念群生, 安樂民人"이라는 구절에서 남조시기 가라단국왕(呵羅單國王)이 '宋帝'[송나라 황제]를 '天主'라고 불렀다. 『宋書・卷九七・夷蠻傳・呵羅單國傳』.

근대기 중국 기원 신생한자어의 한국어 유입과 정착

<표 10> 근대 영한류 사전에서의 종교용어 조사표

| 영어 원어 | 로브사이트 (1866~1869) | 언더우드 (1890) | 스콧 (1891) | 존스 (1914) | 게일 (1924) | 元漢慶 (1925) | 현대 한국어 대역어 |
|---|---|---|---|---|---|---|---|
| Angel | 天使 | n. 텬신, 텬스 | 텬신 신령 | n. 텬스 (天使) | - | n. 텬신 天神, 텬스 天使 | 천사 |
| Anthem | 聖詩 | - | - | n. 성가 (聖歌) | - | n. 찬미가 讚美歌 | 성가 [찬송가] |
| Apostasy | 背教 | - | - | n. 비교 (背教) | - | - | 배교 (背敎) |
| Apostle | 使徒 | n. 죵도, 스도 | - | n. 스도 (使徒), 죵도 (家徒) | - | n. 스도 使徒 | 사도 |
| Archbishop | 總領牧師 | - | - | - | 대쥬교 大主敎 | n. 츙쥬교 總主敎, 츙감독 總監督, 대쥬교 大主敎 | 대주교 |
| Ash-Wednesday | 聖灰日 | - | - | n. 슈요회일 (水曜灰日) | - | - | 재의 수요일 사순절의 첫날 |
| Baptism | 洗禮 聖洗 浸禮 | n. 셰례 | - | n. 셰례 (洗禮), 령세 (領洗), 관슈셰례 (灌水洗禮), 침슈셰례 (浸水洗禮), 쥬슈셰례 (注水洗禮) | - | n. 셰례 洗禮, 령셰 (靈洗) | 세례 (식) |
| Bible | 聖書 聖經 | n. 셩경 | - | n. 성경 (聖經), 성셔 (聖書) | - | n. 신구약젼셔 新舊約全書, 신구약셩경, 셩경 聖經 | 성서, 성경 |

제4장 중국 기원 신생한자어의 유입과 정착

이은 도표

| 영어 원어 | 로브샤이트 (1866~1869) | 언더우드 (1890) | 스콧 (1891) | 존스 (1914) | 게일 (1924) | 元漢慶 (1925) | 현대 한국어 대역어 |
|---|---|---|---|---|---|---|---|
| Bishop | 主教 | n. 목ᄉ, 쥬교 | - | n. 감독(監督), 쥬교(主教) | 감독 監督 쥬교 主教 | n. 목ᄉ 牧師, 교쥬 敎主, 승정 僧正, 감독 監督 | 주교 |
| Bless | 祝福 | v. 복쥬오, 복비오, 축성하오, 찬양하오 | 감사하다 / 하례하다 | n. 복엿게하다(使之得福), 축복하다(祝福), 복비다(祈福), 찬송하다(讚頌) | - | v. 복쥬다 福, 은혜쥬다, 복비다, 축성하다 祝誠, 축복하다 祝福, 찬양하다 讚揚, 찬미하다 讚美 | (신의) 가호 [축복]를 빌다 |
| Blessed Virgin | 聖貞女 | - | - | - | - | - | 성모 마리아 |
| Caaba | 聖石 | - | - | - | - | - | 카바신전 (이슬람교회고의 성지인 메카(Mecca)에 있는 중앙 신전) |
| Candlemas | 聖燭節 | - | - | - | - | - | 성촉절 (聖燭節) |
| Cardinal | 君牧師 拳牧師 | - | - | n. 취긴훈(最緊), 쥬장훈(主張) | - | n. 군목사 群牧師 (로마교의)[1] | 추기경 |
| Catholicism | 天主教 羅馬教 | - | - | n. 텬쥬교(天主教), 로마교쥬의(羅馬教主義) | - | n. 텬쥬교 天主教, 로마교 羅馬教 | 가톨릭교, 천주교 |

| 영어 원어 | 로브샤이트 (1866~1869) | 언더우드 (1890) | 스콧 (1891) | 존스 (1914) | 게일 (1924) | 元漢慶 (1925) | 이은 도표 현대 한국어 대역어 |
|---|---|---|---|---|---|---|---|
| Chant | 聖歌 | n. 창, 노래 | 넘불 전인 | n. 셩가(聖歌) | 영가 詠歌 | - | 성가(聖歌) |
| Chrism | 聖油 聖膏 | - | - | n. 셩유(聖油) | - | n. 셩유 聖油 | 성유(聖油) |
| Christ | 基督 基利士督 | 그리스도, 셩것 | - | n. 그리스도, 크리슫(基督) | - | n.(그리스도, 基督, 구셰주 救世主 | 그리스도 기독 |
| Christianity | 耶蘇教 天主教 | n. 예수학, 그리스도교, (Roman) 텬쥬학, 텬쥬교 | - | n. 그리스도교(基督教) | - | n. 그리스도교, 크리슫교 基督教 | 기독교 예수교[2] |
| Church | 禮拜堂 (耶蘇)教會 | n. 성회, 례비당 | - | n. 교회(教會), 셩당, 례비당(禮拜堂), 회당(會堂) | - | n, 회당 會堂, 례비당 禮拜堂, 교당 教堂, 셩당 聖堂, 스원 寺院, 교회 教會, 교문 教門, 교파 教派 | 교회 예배당[3] (禮拜堂) |
| Holy Communion | 聖餐禮 | n. 성찬, 성례 | - | - | - | 셩찬, 셩찬식, 셩찬비 쥬즌긋 聖餐禮受 | 성찬식 |
| Consecrate | 祝聖 | v.t. 시쥬 우, 봉헌 우, 신의 게 드리오. | 하 님 드리다 | 감독안슈례 힝 다 (行監督按手禮) | - | v.t. 시쥬 다 施主, 봉헌 다 奉獻, 신 의 게 드리다 | 축성하다 |

제 4 장  중국 기원 신생한자어의 유입과 정착

이은 도표

| 영어 원어 | 로브샤이트<br>(1866~1869) | 언더우드<br>(1890) | 스콧<br>(1891) | 존스<br>(1914) | 게일 (1924) | 元漢慶<br>(1925) | 현대 한국어<br>대역어 |
|---|---|---|---|---|---|---|---|
| Cross | 十字架 | n. 십즈가 | - | n. 십즈가 (十字架), 성가 (聖架) | - | n. 십즛형 十字形, 십즛, 십즛가 十字街, 그리스도교, 기독교 基督教 | 십자가 |
| Deity | 上帝 | n. 신, 위등는 신, 위등는 쥬, 샹뎨, 텬쥬, 하느님 | 하느님 | n. 하느님 (天主), 텬쥬 (天主), 샹뎨 (上帝), 신성 (神聖) | - | n. 신 神, 위즁는 신, 샹뎨 上帝, 텬쥬 天主, 하느님 | 하느님 |
| Disciple | 門徒 | n. 뎨즛, 문뎨, 문인 | 뎨즛 성도 학도 | n. 뎨즛 (弟子), 문인 (文人), 문도 (門徒), 성도 (生徒) | 뎨자 弟子, 문인 門人 | n. 뎨즛 弟子, 문인 門人, 문도 門徒, 셔싱 書生 | 門徒, (종교적·정치적 가르침을 따르는) 제자 [신봉자], |
| Divinity;Theology | 神學 | - | - | n. 신성 (神性), 텀믐 (天禀), 신학 (神學) | 신학 神學 | n. 신학 神學 | 신학 |
| Dogma | 教條<br>信條 | n. 도의규모, 도 그믄쳐준것 | 법, 도리, 규모, 규식 | n. 교리 (敎理), 도리 (道理), 쥬의 (主義) | 교리 敎理 | n. 교의 敎義, 교리 敎理, 도리 道理 | 신조 도그마 |
| Easter | 耶穌復活節 | - | - | n. 부활졀 (復活節) | - | n. 부활쥬일 復活主日 | 부활절 |
| Elder | 會長 | n. 장로 | 여른늙다 | (Ch. Hist.) 쟝로 | 쟝로 長老, 부로 父老 | n. 쟝로 長老 (교회의) | (기독교의) 장로 |

109

| 영어 원어 | 로브사이트 (1866~1869) | 언더우드 (1890) | 스콧 (1891) | 존스 (1914) | 게일 (1924) | 元漢淸 (1925) | 이은 도표 현대 한국어 대역어 |
|---|---|---|---|---|---|---|---|
| Embrace a faith / Enter a religion | 入敎 / 奉敎 | - | - | - | - | - | 입교하다 |
| Festival | 瞻禮 | - | 명일 절일 | n. 절긔(節期), 명졀(名節), 쳠례날(瞻禮日) | - | n. 명일 名日, 졔일 祭日, 쥭일 祝日 | (특히 중교적) 축제 |
| Friday | 禮拜五 | - | - | - | 금요일 金曜日 | n. 금요일 金曜日, 례비오일 禮拜五日 | 금요일 |
| Godfather | 敎父 / 敎爺 | - | - | n. 디부(代父) | - | n. 슈양부 收養父, 교부 敎父 | 대부 |
| Godmather | 敎母 | - | - | n. 디모(代母) | - | n. 슈양모 收養母, 교모 敎母 | 대모 |
| Gospel | 福音 | n. 복음, 복된소식 | - | n. 복음(福音) | 복음 福音 | n. 복음 福音, 복음쵝 福音冊 | 복음, 복음(서) |
| Holy Land | 聖地 | - | - | 셩디(聖地) | 셩디 聖地, 유대국 猶太國 | n. 셩디 聖地 | 성지 |
| Holy Orders | 聖職 | - | - | - | - | - | (셩직의) 셩품 (聖品) ; 셩직 |
| Holy Place / Sacred Place | 聖所 | - | - | 셩소 聖所 | - | - | 셩소(聖所) |

제 4 장  중국 기원 신생한자어의 유입과 정착

이은 도표

| 영어 원어 | 로브사이트<br>(1866~1869) | 언더우드<br>(1890) | 스콧<br>(1891) | 존스<br>(1914) | 게일(1924) | 元漢慶<br>(1925) | 현대 한국어<br>대역어 |
|---|---|---|---|---|---|---|---|
| Holy Water | 聖水 | - | - | 성수(聖水) | - | - | 성수 |
| Jesus | 耶穌 | - | - | n. 예수(耶穌) | - | n. 예수, 야소 耶穌 | 예수, 예수 그리스도 |
| Judge | 審判 | v.t. 판단호오, 결단호오 | 결단호다, 문죄호다, 결말호다, 죄과호다 | n. 판스(判事), 심사관(審査官) | 판스 判事 | v.t. 판단호다 判斷, 결단호다 決斷, 즛판호다 裁判, 심판호다 審判, 감뎡호다 勘定 | 심판을 보다, 재판[심리/판결]하다 |
| Lord | 主<br>天主 | - | 쥬지, 쥬인 | n. 쥬(主), 쥬인(主人) | - | 샹뎨 上帝, 긔독 基督, 쥬 主 | 주님, 하느님; 예수님; 예수 그리스도, 구세주 |
| Meditate | 默想 | v. 성각호오, 헤아리오, 즛량호오 | 성각호다, 도모호다 | iv. 묵상호다(默想) | - | v.i. 묵상호다 黙想, 깁히 성각호다, 반성호다 反省 | 명상[묵상]하다 |
| Metropolitan | 京監牧師<br>總監牧師<br>首牧師 | - | - | - | - | n. 대감독 大監督 | 관구장 주교, 수도 대주교[대감독]; (동방교회의) 수석 대주교 |

111

| 영어 원어 | 로브사이트 (1866~1869) | 언더우드 (1890) | 스콧 (1891) | 존스 (1914) | 게일 (1924) | 元漢慶 (1925) | 이은 도표 현대 한국어 대역어 |
|---|---|---|---|---|---|---|---|
| Mohammedan: Mohammedan Religion | 回回教 | - | - | n.Mohammedanism 회회교(回回敎) | Mohammedanism: 회회교 回回敎, 회교 回敎 | n.Mohammedanism: 회회교回回敎 | 회교, 회회교 |
| Monday | 禮拜一 | - | - | n.월요일 (月曜日) | 월요일 月曜日 | n.월요일 月曜日, 례비일일 禮拜一日 | 월요일 |
| Monastery | 修道院 修道堂 | n.졀. | 졀, 암주 | n.스원(寺院), 슈도원(修道院) | 스원 寺院, 졀 | n.스원 寺院, 슈도원 修道院 | 수도원 |
| Oratorio | 聖樂 | - | - | - | - | - | Church music: 聖樂 |
| Organ | 大風琴 | - | - | n.풍금 (風琴) | 양금 洋琴, 풍금 風琴 | n.풍금 風琴 | 풍금 |
| Original Sin | 原罪 本罪 | - | 하늘 | - | - | - | 원죄 (原罪) |
| Paradise | 樂園 極樂園 | n.텬당 | - | n.락원(樂園), 극락세계(極樂世界) | 극락세계 極樂世界 | n.텬당 天堂, 텬조락원 天助樂園, 극락세계 極樂世界 | 천국 [천당]; 낙원; 에덴동산 |
| Passion:Suffering | 受難 | n.성품, 결삭이, 분, 노, 원, 욕심 | 분, 셩, 노 | n.분노(忿怒), 분심(忿心), 노여워(怒), 졍(情), 심(心) | - | n.고난 苦難 | (기독교에서) 예수의 수난 |

112

제 4 장  중국 기원 신생한자어의 유입과 정착

이은 도표

| 영어 원어 | 로브사이트<br>(1866~1869) | 언더우드<br>(1890) | 스콧<br>(1891) | 존스<br>(1914) | 게일 (1924) | 元漢慶<br>(1925) | 현대 한국어<br>대역어 |
|---|---|---|---|---|---|---|---|
| Pastor | 牧師 | - | - | n. 목ᄉ(牧師) | - | n. 목ᄉ 牧師 | 목사 |
| Pontiff | 教王 | - | - | - | - | n. 대제ᄉ쟝 大祭司<br>長, 법왕 法王, 감독<br>監督 | (가톨릭교의)<br>교황 |
| Pray | 祈禱 | v. 비오, 긔도ᄒ<br>오, 발원ᄒ오 | 빌다, 구ᄒ<br>다, 긔도<br>ᄒ다 | iv. 긔도ᄒ다(祈禱),<br>빌다(祈), 구ᄒ다<br>(求), 간구ᄒ다<br>(懇求) | - | v. 비다 祈, 긔도ᄒ다<br>祈禱, 발원ᄒ다 發願 | (하느님께)<br>기도하다 [빌<br>다], 기원하다 |
| Precept | 教規 | n. 명, 령, 명<br>령, 법 | - | n. 훈어(訓語), 훈계<br>(訓戒), 법도(法度),<br>계명(誡命) | - | n. ᄀᆞ르치는 것, 교훈<br>敎訓, 훈계 訓戒, 계<br>명 誡命, 금언 箴言 | (행동) 수칙,<br>계율 |
| Prelate | 主教<br>教宗 | - | - | - | - | n. 쥬교 主敎 감독<br>監督 | (주교·주기경<br>등의) 고위 성<br>직자 |
| Presbyter | (聖會) 長老 | - | - | n. 쟝로(長老) | - | n. 쟝로 長老, 회쟝<br>會長 | 장로 |
| Priest | 祭司 | n. 즁, 션ᄉ | 즁, 남즁 | n. 회사(會師), 제ᄉ<br>(祭司), 신부(神父),<br>즁(僧), 대ᄉ(大<br>師), 남즁(男僧) | - | n. 승僧, 제ᄉ 祭司,<br>목ᄉ 牧師, 신부 神父 | 사제 [신부] |

113

| 영어 원어 | 로브사이트 (1866~1869) | 언더우드 (1890) | 스콧 (1891) | 존스 (1914) | 게일 (1924) | 元瀼慶 (1925) | 현대 한국어 대역어 |
|---|---|---|---|---|---|---|---|
| Principia → Principle | 原理 | - | - | Principle: n. 원리 (原理), 도리 (道理), 원소 (元素), 쥬의 (主義) | Principles: 원리 原理 | n.Principle: 원리 原理, 원측 原則 | 원리, 원칙, 초보 |
| Propagate | 宣傳 | v. 치오, 기둔오, 퍼지게ᄒ오 | 젼ᄒ다, 젼과ᄒ다 | - | 젼도ᄒ다 傳道, 교ᄒ다 布敎 | v.t. 젼교ᄒ다 布敎, 젼도ᄒ다 傳道, 젼과ᄒ다 傳播, 보금케ᄒ다 普及 波及 | 션젼 宣傳; 퍼뜨리다; 보급, 번식 |
| Revelation | 黙示 | n. 즘음이비는것, 묵시ᄒ논것, | - | n. 나타남 (著), 묵시 (黙示) | - | n. 묵시 黙示, 텬계 天啓 | 묵시 (黙示), 계시 (啓示), 천계 天啓 |
| Sabbath | 安息日 禮拜日 | n. 례비일, 공일, 쥬일 | - | n. 안식일 (安息日), 쥬일 (主日) | - | n. 안식일 安息日, 셩일 聖日 | 안식일 |
| Sacrament | 聖禮 聖餐禮 | n. 셩수, 셩찬, 셩례 | - | n. 셩례 (聖禮) | - | n. 셩수 聖事, 셩례 聖禮 | 성례 (결혼식・세례식・성찬식 등의 의식); 성체 (성찬식의 빵과 포도주) |
| Saturday | 禮拜六 | n. 예비륙, 적은공일, 쇼공일 | - | n. 토요일 (土曜日) | 토요일 土曜日 | n. 예비륙 禮拜六, 토요일 土曜日, 반공일 半空日 | 토요일 |

제 4 장  중국 기원 신생한자어의 유입과 정착

| 영어 원어 | 로브샤이트 (1866~1869) | 언더우드 (1890) | 스콧 (1891) | 존스 (1914) | 게일 (1924) | 元漢慶 (1925) | 현대 한국어 대역어 |
|---|---|---|---|---|---|---|---|
| Savior, Saviour | 救世主 | n. 구원ᄒᆞᆫ이, 활인ᄒᆞᆫ이, 예수크리스도 | 광제창성 | n. 구쥬(教主), 구세쥬(救世主) | - | n. 구세쥬 救世主, 예수그리스도 耶穌基督 (의미 일반화) | 구원자, 구세주 |
| Sunday | 禮拜日 | n. 쥬일, 례비일, 됴일, 공일 | - | n. 쥬일(主日), 일요일(日曜日) | 일요일 日曜日 | n. 쥬일 週日, 례비일 禮拜日, 일요일 日曜日, 공일. | 일요일 |
| Thursday | 禮拜四 | - | - | n. 목요일(木曜日) | 목요일 木曜日 | n. 례비스일 禮拜四일 목요일 木曜日 | 목요일 |
| Trinity | 三位一體 | n. 삼위일톄 | - | n. 삼위일톄(三位一體) | - | n. 삼위일톄 三位一體 | 삼위일체 |
| Truth | 眞理 | n. 춤, 춤것, 진실흔것 | 신 | n. 진리(眞理), 덕실(的實), 신실(信實), 춤말(眞實) | - | n. 진리 眞理 | 진리, 진실 |
| Tuesday | 禮拜二 | - | - | - | 화요일 火曜日 | n. 화요일 火曜日 례비이일 禮拜二日 | 화요일 |
| Wednesday | 禮拜三 | - | - | n. 슈요일(水曜日) | 수요일 水曜日 | n. 슈요일 水曜日, 례비삼일 禮拜三日 | 수요일 |

1. 『羣牧師』 중의 '羣'자가 '群牧師' 중의 '群'자와 같은 글자로 간주한다.
2. 『포다임 영한/한영사전』에서 'Christianity'의 대역어가 '기독교'로 되어 있지만 '예수교'라는 용어의 대역어가 'Christianity'로 되어 있다.
3. 『포다임 영한/한영사전』에서 'Church'의 대역어가 '교회'로 되어 있지만 '禮拜堂(전물)'로 되어 있는 용어의 대역어가 'chapel, church'로 되어 있다.

이상에서 한국 근대 영한류 사전을 통해서 로브샤이트(1866~1869)에서 선정된 88개 종교용어가 근대 한국어 어휘체계에 수용된 양상을 살펴보았다. 88개 종교 신어 중의 50개 용어가 『프라임 영한/한영사전』에 등재된 현대 번역어와 일치한다는 점은 주목할 만한 것이다. 이는 현대 한국어 중의 종교용어는 상당 부분이 중국어에서 수입된 것임을 말해 준다. 언더우드(1890)에 등재된 "天使, 使徒, 洗禮, 聖經, 主敎, 基利士督, 天主敎, 禮拜堂, 聖餐, 十字架, 上帝, 門徒, 福音, 祈禱, 黙示, 禮拜日, 聖禮, 禮拜六, 三位一體" 등 19개 용어가 로브샤이트(1866~1869)에 등재된 해당 용어의 형태와 일치한다. 언더우드(1890)에는 일상어가 주를 이루면서도 꼭 필요한 영어 개념어들을 비교적 수렴하려 한 점이 특징적이다. 이 사전의 서문에서 "語彙說明에 就하야는 多大한 注意를 拂하야 支那의 起源語는 윌리암 氏의 支那語辭典에 準據하야 說明하고 朝鮮固有語 에 對하야는 朝鮮人 敎授에게 學하야 가쟝 簡潔하게 說明한 事"라고 한다. 황호덕·이상현(영인편Ⅱ, 2012:13)에서는 여기에 언급한 "윌리암 씨"는 사무엘 윌리엄스(중국명 : 衛三畏)이며 支那語辭典이란 윌리엄스가 편찬한 『中英辭典』(1874)을 지칭한 것이라고 밝혀졌다. 이는 한국어 관련 사전의 편찬 초기부터 한자를 매개로 한 근대 중국어의 간섭이 있음을 보여주는 예라 할 수 있다. 이에 비하여 스콧(1891)에 로브샤이트(1866~1869)에 등재된 용어의 형태와 일치한 단어는 '祈禱'밖에 없다. 이는 스콧(1891)에 일상회화의 어휘들이 주로 수록되었다는 사전의 성격과 관련되어 있다고 추정된다.

시기적으로 볼 때, 종교용어가 대량으로 등장한 것은 존스(1914)와 元漢慶(1925)이다. 나아가 놀라운 것은 72개의 영어 표제어 중에 존스(1914)에 등재된 50개의 용어가 현대 한국어에서 사용되고 있는 용어와 일치한다는 점이다. 현대 한국어 대역어와의 일치율이 이 정도까지 높은 것은 20세기 중반으로부터 영한 대역관계에 대한 안정성이 점점 확보되었기 때문일 것이다. 이 사전의 편찬자인 존스는 1887년 한국에 입국한 미국 감리교 선교사인데 그는 한국의 종교를 학술적인 관점에서 접근한 사람으로 알려져 있다. 황호덕·이상현(영인편Ⅱ, 2012:14)에서는 존스(1914)가 당대까지 나온 사전 중 번역어, 신어의 문제에 가

제4장 중국 기원 신생한자어의 유입과 정착

장 많은 관심을 경주한 사전이라고 평가한다.

1910년대부터 신어의 문제가 이미 잠재되어 있었다고 하면 1920년대는 사전 편찬자들에게 본격화된 새로운 언어 현실을 직면해야 할 시기라고 할 수 있다. 게일(1924)과 元漢慶(1925)이 바로 이런 흐름의 연장선상에서 편찬된 사전이었다. 위 도표에서 확인되듯이 게일(1924)에 현대 한국어 번역어와 일치하는 용어의 수는 16개[1]인 반면 元漢慶(1925)에서는 현대 한국어 번역어와 일치하는 용어의 수는 41개[2]이다. 동시대에 편찬된 사전으로서 수록된 종교용어의 수가 이렇게 큰 차이가 나는 것은 사전의 규모와 관련이 있다고 본다[3]. 또한 元漢慶(1925)의 서문에서 어휘 수집 경로에 대해서도 일본의 『산세도이 사전』과 『중국상업사전』을 참조했다고 언급하고 있다. 중국어 사전을 참조했다는 증거 중의 하나로는 '曜日'을 지칭하는 대역어다. 당시 '曜日'을 지칭하는 말로 '일, 월, 화, 수, 목, 금, 토' 등의 용어가 거의 조선 사회에 정착되었지만 중국식 표현으로 '禮拜' 계열의 용어와 함께 대역어에 포함되었다. 이렇게 통국가적 번역어로 충만해 있는 이 사전은 3.1운동 이후, 1920년대에 급격하게 변동하는 한국 사회의 전체상과 중국, 일본에서 온 신조어를 선정하는 데 만났던 곤경 등을 잘 보여 주었다.

### 2.2.2 중국기원 종교용어의 정착과 소멸

로브샤이트(1866~1869)에 등재된 종교용어를 현대 한국어 종교용어와 비교해 보면 중국 기원 종교용어가 현대 한국어 종교용어의 성립에 상당한 영향을 미쳤다고 할 수 있다. 위 도표에서 72개의 영어 표

---

[1] 大主教, 主教, 長老, 金曜日, 福音, 聖地, 回回教, 月曜日, 風琴, 原理, 土曜日, 日曜日, 木曜日, 火曜日, 水曜日.

[2] 天使, 使徒, 大主教, 洗禮, 祝福, 天主教, 聖油, 基利士督, 基督教, 禮拜堂, 聖餐式, 修道院, 安息日, 十字架, 回回教, 하느님, 門徒, 黙示, 復活主日, 長老, 大監督, 金曜日, 黙想, 福音, 聖地, 祈禱, 耶蘇, 審判, 牧師, 原理, 月曜日, 主教, 風琴, 救世主, 火曜日, 土曜日, 日曜日, 木曜日, 眞理, 三位一體, 聖禮.

[3] 게일(1924)에는 약 3226개의 영어표제어가 수록되었고, 元漢慶(1925)에는 약 13820개의 영어 표제어가 수록되었다.

117

제어[1]를 기준으로 로브샤이트(1866~1869)와 『프라임 영한/한영사전』에 등재된 번역어를 비교한 결과 50개 용어의 번역어가 일치하다. 이는 현대 한국어에서 사용되고 있는 종교용어 중 상당 부분이 중국어에서 유입되었음을 보여주는 것이다. 더 놀라운 사실은 연구대상으로 삼은 로브샤이트(1866~1869)에 선정된 88개 용어중의 71개가 『표준국어대사전』에서 형태 확인이 가능하다. 앞에서도 살펴보듯이 『표준국어대사전』은 확장형 언어사전의 특징을 지니면서 백과사전이나 전문어사전의 구실을 겸한 사전이므로 거기에 등재된 단어 항목은 현대 한국 사회에서 널리 사용되지 않는 말, 심지어 사라진 말도 포함되어 있다. 그러나 이러한 단어들의 존재가 옛날 한국 사회의 언어 사용 상황과 전체 사회상을 보여주는 의미 있는 자료라고 생각된다.

<표 10>의 분석을 통하여 연구 대상으로 삼은 88개 로브샤이트(1866~1869)의 번역어를 현대 한국어에 사용되고 있는 용어와 비교하면 (27)과 같은 3가지 유형으로 분류할 수 있다. 그 중에서 첫 유형은 『프라임 영한/한영사전』과 『표준국어대사전』에 등재된 번역어와 비교한 결과를 기준으로 현대 한국어 어휘체계에 정착된 어휘들이다. 두 번째 유형은 한국어 근대 이중어사전에 존재하였다가 나중에 다른 용어로 대체된 어휘들이다. 세 번째 유형은 근대 한국 이중어사전에 전혀 출현하지 않고 『프라임 영한/한영사전』이나 『표준국어대사전』에도 자취가 없는 어휘들이다.

(27) 가. 현대 한국어 어휘 체계에 정착된 어휘 (50개)
『프라임 영한/한영사전』
天使 背敎 使徒 洗禮 聖書 聖經 主敎 祝福 聖燭節 天主敎 聖歌 聖油 基督 耶蘇敎 禮拜堂 敎會 聖餐禮 十字架 門徒 神學 信條 入敎 福音 聖地 聖職 聖所 聖水 耶蘇 審判 主 黙想 回回敎 修道院 聖樂 (大)風琴 原罪 樂園 受難 牧師 祈禱 長老 原理 宣傳 黙示 安息日 聖禮 救世主 三位一體 眞理 祝聖

---

[1] 영어 표제어의 수는 72개지만 표제어와 대역어의 수가 항상 1대 1로 되는 것이 아니라서 실제로 조사의 대상으로 삼은 신생한자어의 수는 88개다.

『표준국어대사전』(21개)
聖詩 聖灰日 聖洗 聖石 羅瑪敎 聖膏 上帝 敎條 會長 奉敎 瞻禮 敎父 敎母 天主 本罪 宣傳 敎規 敎宗 祭司 禮拜日 浸禮

나. 근대 한국어 이중어사전에 존재하다가 다른 용어로 대체된 어휘 (7개) 群(羣) 牧師 禮拜一 禮拜二 禮拜三 禮拜四 禮拜五 禮拜六

다. 근대 한국어 이중어사전에 출현하지 않고 현대한국어 어휘체계에도 자취가 없는 어휘(10개) 首牧師 總領牧師 京監牧師 總監牧師 聖貞女 基利士督 敎爺 修道堂 極樂園 敎王

## 2.3 마무리

중국 기원 종교용어의 한국어 유입은 利瑪竇의 『天主實義』, 龐迪我의 『七克大全』, 畢方濟의 『靈言蠡勺』 등 종교 관련 서적을 통해서였다고 할 수 있다. 배현숙(1984:12)에서는 서양의 선교사가 조선에 입국하기 이전에는 총 132종의 천주교 서적들이 중국에서 전래되고 지식층뿐만 아니라 중인계급(中人階級)에게까지 전파되어 읽혀졌다고 조사되었다. 조선 실학자 이익이 "天主實義跋", 이규경이 "斥邪敎辨證說"을 저술하여 천주교에 대한 큰 관심을 보여 주었다. 그 후에 신후담, 안정복, 이헌경 등이 『天主實義』와 그 밖의 서교서를 읽고 각기 『西學辨』, 『天學考』, 『天學問答』 등을 저술하여 유학적 관점에서 논평하였다. 김형철(2011:65)에 의하면 한국천주교회에서는 초창기부터 교리서, 묵상서, 고해지도서 등 개인의 신앙생활에 필요한 각종 서적들을 주로 한역서학서, 불문, 또는 라틴어로 된 책에서 번역하거나 저술하여 한글 필사본, 목판본, 활판본으로 간행하여 신자들에게 읽혔다. 바로 이러한 과정을 거쳐 종교 관련 서적들에 담겨진 종교용어가 조선 지식인뿐만 아니라 일반 민중들에게도 수용되게 되었다.

이상에서 중국 기원 종교용어 88개가 한국으로 유입된 과정과 정착되거나 다른 용어로 대체되는 상황을 살펴보았다. 종합해 보면 현대 한국어에서 사용되고 있는 중국 기원 종교 관련 신생한자어의 수가 50 개이고 『표준국어대사전』에 등재된 어휘 21 개를 포함하면 총 71 개에 달한다. 한국어휘체계에 정착된 어휘수가 이렇게 큰 비중을 차지하는 이유는 근대기 한국으로 유입된 종교 관련 한역서학서와 한글로 언해된 한글서학서[1]와의 밀접한 관계를 뗄 수 없다. 즉, 종교 관련 한역서학서나 한글서학서가 일반 민중들에게 보급되고, 민중들이 거기에 등재되어 있는 종교 관련 신생한자어들을 접하게 됨에 따라 이러한 어휘들이 한국어 어휘체계에 자연스럽게 수용된 것이다.

근대 한국어 이중어사전에 잠깐 출현하다가 다른 용어로 대체된 중국 기원 신생한자어는 총 7 개인데 이러한 용어들은 모두 元漢慶(1925)에 등재되었던 것들이다. 元漢慶(1925)의 서문에서 살펴보았듯이 이 사전의 한자 뜻풀이 부분은 주로 근대기 『중국상업사전』을 참조하였다. 따라서 이러한 상황이 나타난 것은 우연이 아니고 1919 년 3.1 운동 이후의 급격한 변동으로 인한 한국 사회의 혼란, 서양선교사들이 영어표제어의 선정을 하거나 신생한자어의 뜻풀이를 하는 과정에서 겪은 배회(徘徊)와 밀접한 관계를 가진다. 沈國威(2012:197, 이한섭 외역)에서 중국의 종교용어가 한국뿐만 아니라 일본에도 유입되었다는 것은 여러 선행 연구에서 이미 밝혀진 바가 있다고 서술하고 있다. 예로 든 것은 모리오카 켄지(1969:107, 156~157)의 (28)과 같은 말이다.

(28) 언어는 보통 고도로 발달된 문화로부터 발달이 덜 된 문화로 전해진다. 수학과 기독교, 정치, 법률 등 전문용어가 잘 구비되지 않았던 분야에서는 일본보다 더 일찍 정비된 중국어 번역어에서 차용할 필요가 있었다. (이 때문에 일본어의) 기독교 용어는 거의가 중국어 번역어를 받아들이게 되었다[2].

---

[1] 김형철(2011:61~108)에서는 한글로 언해된 한문서학서에 대한 연구를 자세하게 하고 있다.
[2] 이 부분은 沈國威(2012:197, 이한섭 외역)에서 재인용한 것이다.

어휘사 연구의 측면으로 보면 서양선교사가 한역한 서학서들은 중국어뿐만 아니라 한국어, 일본어의 어휘체계에도 큰 영향을 미쳤다고 할 수 있다. 각 나라 어휘체계에 정착된 종교 관련 용어를 연구하는 데 있어 정착된 종교용어의 의미 변천 유무, 탈종교적 의미의 발생 시기, 탈종교적 의미로 변천되는 과정에 중국어 영향의 유무 등의 문제가 남아 있다. 이는 앞으로의 과제로 삼고자 한다.

## 제 3 절  외국지명의 유입과 정착

본 절에서는 중국 기원의 국명 표기가 한국어로 유입되는 경로를 살펴보고 근현대 한국어에 얼마정도의 영향을 미쳤는지 밝히는 데 목적을 둔다. 중국 기원 국명의 한국어 유입 경로에 대한 연구는 중국 쪽의 자료는 조선 지식인들이 중시했던 艾儒略의 『職方外記』와 徐繼畬의 『瀛環志略』, 한국 쪽의 자료는 최한기의 『地毬典要』(1857), 『漢城旬報』(1883~84), 『興載撮要』(1893), 『ᄉ민필지』(1889 한글본, 1895 한문본) 등이다. 또한 중국 기원 외국지명이 개화기 자료에 나타나는 양상과 소멸·정착되는 과정에 대한 연구는 로브샤이트(1866~1869)에 등재된 유럽·미주 등의 외국지명을 검토 대상으로 삼을 것이다. 로브샤이트(1866~1869)에 등재된 외국지명들은 그 시대 외국지명의 전체 양상을 연구하는 데 한계가 있지만 다른 장절과 체제를 맞추기 위해 이를 원용할 것이다.

### 3.1  중국기원 외국지명 표기의 한국어 유입

지리적으로나 문화적으로나 중국과 밀접한 관계를 유지해 왔던 한국은 19세기 중반까지만 해도 중국으로부터 일방적으로 신문물을 받아들였다. 신지식과 신문물의 수입은 연행사자(燕行使者)의 중국 왕래 등 인적 교류와 서적 구입 등 물적 교류를 통하여 수용되었다고 할 수 있다. 외국지명의 한자식 표기도 역시 이러한 경로로 한국에 소개되었을 가능성이 크다. 이수광의 『지봉유설』(1614)에서 '歐羅巴國(大西國), 永結利國, 佛浪機國' 등 외국지명을 소개한 바 있다는 사실에서 중국에서 수용된 신문명은 조선 지식인들의 언어생활뿐만 아니라 조선 사회가 세계를 인식하는 데 커다란 역할을 하였을 것이다. 중국어에서 외국지명이 대폭적으로 증가하고 주변 나라의 근대 외국지명 표기에 영향을 준 것은 명나라 중기, 즉 16세기 말기부터였다. 그때 야소회사들은 중국에서 선교활동뿐만 아니라 적극적인 학술 활동으로 서양 세계를 소개하는 세계지도와 한역서학서들을 다수 편찬하였다. 이들 서적들이 조선에 유입됨에 따라 거기에 담겨진 지리학 신어, 외국지명들도 당시 한국어의 어휘 체계에 영향을 일정하게 미쳤다. 鄒振環(2000:25)에서 지적하였듯이 일본학자 荒川淸秀가 지금 학계에서 사용하고 있는 47개 지리용어를 대상으로 조사했는데 그 중에서 18개의 용어가 『坤輿萬國全圖』에, 23개의 용어가 『職方外記』에 출현했던 것으로 연구되었다. 이는 야소회사들이 창안된 지리용어가 한중일 삼국 지리학 전문 용어의 사용에 크게 공헌을 하였음을 보여주는 것이다. 그러나 외국지명에 대한 표기는 그렇지 않았다. 조선 지식인들이 중시했던 『職方外記』에 등재된 외국지명을 예로 들면 <표 11>과 같다.

<표 11> 『職方外紀』에 등재된 대륙명과 외국지명

| 『職方外記』 | 대륙명과 외국지명 | 영어 원어 | 현대 중국어 표기 | 현대 한국어 표기 |
|---|---|---|---|---|
| 대륙명 | 亞細亞 | Asia | 亞洲 | 아시아 |
| | 歐羅巴 | Europe | 歐洲 | 유럽 |
| | 利未亞 | Africa | 非洲 | 아프리카 |
| | 亞墨利加 | America | 美洲 | 아메리카 |
| | 墨瓦蠟尼加 | 地名未詳 | - | - |
| 국명 | 西把尼亞 | Spain | 西班牙 | 스페인 |
| | 佛郎察 | France | 法國 | 프랑스 |
| | 意大里亞 | Italy | 意大利 | 이탈리아 |
| | 亞勒馬尼亞 | Germany | 德國 | 독일 |
| | 波羅尼亞 | Poland | 波蘭 | 폴란드 |

제 4 장  중국 기원 신생한자어의 유입과 정착

이은 도표

| 『職方外記』 대륙명과 외국지명 | | 영어 원어 | 현대 중국어 표기 | 현대 한국어 표기 |
|---|---|---|---|---|
| 국명 | 翁加里亞 | Ukraine | 烏克蘭 | 우크라이나 |
| | 大尼亞 | Denmark | 丹麥 | 덴마크 |
| | 雪際亞 | Sweden | 瑞典 | 스웨덴 |
| | 諾而勿惹亞 | Norway | 諾威 | 노르웨이 |
| | 厄勒祭亞 | Greece | 希臘 | 그리스 |
| | 諳厄利亞 | England | 英格蘭, 英國 | 잉글랜드, 영국 |
| | 意而蘭大 | Ireland | 愛爾蘭 | 아일랜드 |

　　<표 11>에서 확인되듯이 야소회사들은 외국지명을 표기할 때는 영어 원어를 사음(寫音)하는 방식을 취하였다. 한자는 표의문자이기 때문에 寫音하는 방식으로 표기된 외국국명은 그때 지식인들이 수용하는 데 어려움을 겪었을지도 모른다. 후술하겠지만 『職方外記』에 등재된 대륙명과 외국지명의 표기들이 19세기에 들어오면서 '亞細亞, 歐羅巴, 亞墨利加' 등 몇 語를 제외하고는 개신교 선교사들이 창안한 번역어로 다수 대체되었다. 중국어뿐만 아니라 개화기 한국어 자료에 나타났던 한자 외국지명의 표기가 위에 든 語를 제외하면 야소회사들이 창안한 외국국명 번역어가 거의 없었다. 그러면 한국 개화기 자료에 등장했던 외국 국명 표기는 어떻게 생성되었을까? 이 질문을 풀기 위해서는 19세기에 중국에 선교하러 온 선교사들의 한역서학서와 중국 지식인들이 편찬한 양무서에서 답을 찾아야 한다. 19세기에 들어오면서 개신교 선교사들이 중국에 온 후에 선교 활동 이외에 전 세대[①]에 비해 질적으로나 양적으로 많은 한역서학서들을 편찬하였다. 정치, 경제, 법률 등 다방면에 걸쳐 편찬된 한역서학서들이 특히 아편전쟁 이후 중국 지식인들의 안목을 자극하였다. 민족 위기를 극복하기 위해 중국 지식인들이 직접 저술한 양무서들도 출판되었다. 그 중에서 대표적인 것은 위원의 『海國圖志』와 徐繼畬의 『瀛環志略』이다. 지리학 관련 용어를 다루는 절에서 살펴보았듯이 『海國圖志』와 『瀛環志略』은 출간된 지 얼마 되지 않아 바로

---

[①] 16세기~18세기 야소회사들이 한역서학서를 편찬한 시대를 가리킴.

조선으로 수입되었고 조선 지식인들에게 열독되었다. 이 서적들이 조선 사회에 미친 영향은 당시 조선 지식인들이 저술한 문헌자료에서도 확인할 수 있다(자세한 내용은 '지리용어' 부분을 참고 바란다). 서적의 유입과 함께 한국어로 유입된 것은 거기에 담겨진 서양 신지식과 신지식을 표현하는 데 사용된 용어들이다. 이에 이 책에서는 서양 지리 지식을 소개하는 『瀛環志略』에 등재된 국명들을 조선 지식인이 저술한 문헌 자료들과 대비시킴으로써 개화기 한국어 자료에 다양하게 등장하는 국명들이 양무서에 등재된 국명들과 어떤 관계를 갖는지 검토할 것이다. 여기서 동원될 개화기 자료로는 『地毬典要』(1857), 『漢城旬報』(1883~84), 『輿載撮要』(1893), 『ᄉᆞ민필지』(1889 한글본, 1895 한문본) 등이다.

<표 12> 『瀛環志略』과 개화기 한국어 자료에 등재된 국명 표기 대조

| 영어 원어 | 瀛環志略 (1850) | 地毬典要 (1857) | 漢城旬報 (1883~1884) | ᄉᆞ민필지 (한글본) (1889) | 여재촬요 (1893) | 士民必知 (한문본) (1895) |
|---|---|---|---|---|---|---|
| Africa | 阿非利加<br>亞非利加<br>亞非里加<br>利未亞 | 阿非利加<br>亞非里加 | 阿弗利加<br>亞弗利加<br>阿佛利加<br>亞非利加<br>亞非利駕<br>阿非利加 | 亞弗利加(쥬)<br>아프리가 | 亞非利<br>加洲 | 亞非利加 |
| America | 亞墨利加<br>亞墨理駕 | 亞墨利加<br>亞墨理駕 | 米洲<br>亞美利駕<br>亞米利加<br>亞美利加<br>亞米利駕 | 아메리가<br>亞米利加<br>亞美利加洲 | 亞美利<br>加洲 | 阿美利加<br>亞墨利加<br>亞美利加 |
| Asia | 亞細亞 | 亞細亞 | 亞細亞 | 아시아<br>亞細亞 | 亞細亞洲 | 亞細亞(州)<br>亞洲 |
| Australia | 澳大利亞 | - | 澳大利亞洲<br>奧大利亞洲<br>濠洲<br>澳太利 | 오스드렐랴<br>大洋洲 | 大洋州 | 奧大里亞<br>(洲) |
| Austria | 奧地利亞(國)<br>墺地利亞(國)<br>奧地利 | 墺地利亞<br>(國) | 墺地利<br>澳大利<br>奧國 | 오스드리아<br>墺地利國 | 墺地利 | 奧地里亞 |
| Belgium | 比利時(國) | 比利時<br>(國) | 比利時<br>白耳義<br>比耳時<br>比耳義 | 벨리엄국<br>白耳義國 | 比利時 | 白耳義<br>比利時 |

제 4 장   중국 기원 신생한자어의 유입과 정착

이은 도표

| 영어 원어 | 瀛環志略 (1850) | 地毬典要 (1857) | 漢城旬報 (1883~1884) | 스민필지(한글본) (1889) | 여재촬요 (1893) | 士民必知 (한문본) (1895) |
|---|---|---|---|---|---|---|
| Denmark | 嗹國<br>丁抹<br>嗹馬 | 嗹國<br>丁抹<br>嗹馬 | 嗹國<br>丁抹<br>嗹馬 | 덴막국<br>丁抹國 | 丁抹 | 丁抹<br>嗹國 |
| England | 英吉利(國)<br>英倫<br>英國 | 英吉利(國)<br>英國 | 英吉利<br>英倫<br>英國 | 영국<br>英國<br>英吉利國 | 英吉利 | 英國<br>英吉利 |
| Europe | 歐羅巴 | 歐羅巴 | 歐羅巴<br>歐洲 | 유로바(쥬)<br>歐羅巴洲 | 歐羅巴洲 | 歐羅巴(洲) |
| France | 佛郞西(國)<br>佛朗機<br>佛郞機<br>法蘭西<br>佛蘭西 | 佛郞西(國) | 法國<br>法蘭西<br>佛國<br>佛蘭西 | 푸란스국<br>프란스국<br>佛蘭西國 | 法蘭西 | 法蘭西<br>佛狼西<br>佛蘭西 |
| Germany | 日耳曼<br>日耳曼列國 | 日耳曼列國 | 德國 德逸 獨國<br>獨逸 日耳曼 | 덕국<br>德地 | 日耳曼 | 日耳曼<br>德國 |
| Greece | 希臘(國) | 希臘(國) | 希臘 | 쓰리스국<br>希臘國 | 希臘 | 希臘 |
| Holland | 荷蘭<br>和蘭<br>賀蘭 | 荷蘭(國) | 和蘭 | 네델란쓰국<br>네딜난스국<br>荷蘭國 | 荷蘭 | 荷蘭 |
| Hungary | 匈牙利 | 匈牙利 | 匈牙利 | 헝거리국<br>匈牙利國 | - | 凶牙里 |
| Italy | 意大里亞(列國)<br>意大里<br>伊達利 | 意大里亞列國 | 伊國 伊太里<br>伊大利亞<br>以太利 伊太利 | 이달리아국<br>伊太利國 | 伊太利 | 意大里 |
| Portugal | 葡萄牙(國) | 葡萄牙(國) | 葡萄牙 | 葡萄牙國<br>포츄갈국 | 葡萄牙 | 葡萄牙 |
| Prussia | 普魯士(國) | 普魯士(國) | 普魯士 | - | - | 普魯士 |
| Russia | 峨羅斯(國)<br>俄羅斯(國) | 峨羅斯 | 露西亞<br>魯西亞<br>俄國 俄羅斯 | 아라사국<br>俄羅斯國 | 俄羅斯 | 俄羅斯<br>露國 |

근대기 중국 기원 신생한자어의 한국어 유입과 정착

이은 도표

| 영어 원어 | 瀛環志略<br>(1850) | 地毬典要<br>(1857) | 漢城旬報<br>(1883~1884) | ᄉ민필지(한글본)<br>(1889) | 여재활요<br>(1893) | 士民必知(한문본)<br>(1895) |
|---|---|---|---|---|---|---|
| Spain | 西班牙(國) | 西班牙(國) | 西班牙 | 셔바나국<br>西班牙國 | 西班牙 | 西班牙 |
| Sweden | 瑞國<br>瑞典 | 瑞國<br>瑞典 | 綏甸 瑞典 | 쉬덴국<br>스위덴국<br>瑞典國 | 瑞典 | 瑞典 |
| Swiss | 瑞士(國) | 瑞士(國) | 瑞西 | 쉬쓸란드국<br>瑞西國 | 瑞西 | 瑞西 |
| Turkey | 土耳其(國) | 土耳其(國) | 土耳其 | 土耳其國<br>터키국 | - | 土耳其 |
| United States of America | 米利堅<br>彌利堅<br>米利堅合衆國<br>合衆國 | 米利堅合衆國 | 美國 米國<br>北美合衆國<br>亞美利加合衆國<br>合衆國 | 합중국<br>合衆國<br>美國 | 美利堅 | 合衆國<br>美國 |

　　이상의 도표에서 볼 수 있듯이 근대 한국어로 유입된 중국 기원 외국지명 표기는 徐繼畬의 『瀛環志略』이 중요한 통로였을 가능성이 크다. 이 책에서 『瀛環志略』에 등재된 외국지명을 기준으로 조사하는 것은 『瀛環志略』에 야소회사와 개신교 선교사들이 창안한 외국국명, 그 때 널리 사용된 외국국명이 망라되어 있기 때문이다. 『瀛環志略』의 범례(凡例)에서 외국지명을 표기하는 어려움을 (29)와 같이 설명하고 있다.

　　(29) 外國地名最難辨識, 十人譯之而十異, 一人譯之而前後或異. 盖外國同音者無二字, 而中國則同音者或數十字, 外國有兩字合音 三字合音, 而中國無此種字. 故以漢字書番語, 其不能吻合者本居十之七八, 而泰西人學漢字者皆居粤東, 粤東土語本非漢文正音, 展轉淆訛, 遂至不可辨識. 一波斯也, 而或譯爲白西, 轉而爲包社巴社, 訛而爲高奢, 余甞令泰西人口述之則曰白而社, 又令其筆書之則曰比耳西. 今將譯音異名注於各國之下, 庶閱者易於辨認, 然亦不能遍及也.

제 4 장 중국 기원 신생한자어의 유입과 정착

『瀛環志略』 등 청래양무서가 한국으로 유입된 후에 한국 국명 표기에 미친 영향은 위 도표를 통해서 알 수 있다. 위 도표에서 밑줄 친 용어는 『瀛環志略』에 나타난 용어와 같은 형태를 가졌던 용어들이다. <표 12>에서 보듯이 개항 이전 중국을 통해 서양 신지식을 거의 전적으로 받아들였던 한국은 외국지명의 표기 역시 거의 일방적으로 중국어의 영향을 받았다고 할 수 있다. 이는 최한기의 『地毬典要』에서 사용한 국명 용어가 『瀛環志略』의 용어와 거의 일치하다는 데서 근거를 찾을 수 있다. 『漢城旬報』에 출현했던 외국지명은 『瀛環志略』과 일부가 일치하지만 상당 부분 상이하다는 점은 유의할 필요가 있다. 정영숙(2000:23~102)에서는 『漢城旬報』에 등재된 용어 중에 "阿弗利加, 亞弗利加, 阿佛利加; 米國, 亞米利加, 亞米利駕; 德逸, 獨國, 獨逸, 露西亞, 白耳義, 以太利, 以太里, 濠洲, 澳太利"등 용어가 일본식 표기라고 지적하였다. 외국 국명 표기의 기원에 대한 연구가 魚返善雄의 『支那語讀本』(1938)도 있다. 서재극(1970:119)에서는 『支那語讀本』(1938)에 등재된 일본어 계열과 중국어 계열의 외국국명 표기를 알벳순으로 再排列하고, 諸種 辭典을 參互하여 로마字 原名을 倂記하였다. 魚返善雄의 연구에 따르면 위 외국국명 중에 "亞米利加, 亞弗利加, 濠洲, 墺地利, 白耳義, 佛蘭西, 歐羅巴 英吉利, 丁抹, 獨逸, 伊太利, 魯西亞, 露西亞, 西班牙, 瑞西, 和蘭"등 외국지명은 일본어 계열에 속한다고 지적하였다. "佛蘭西, 歐羅巴 英吉利, 丁抹, 西班牙, 和蘭"등 외국지명은 『瀛環志略』에 수록되어 있다는 사실로 말미암아 魚返善雄의 연구는 상당히 의심스럽다. 『海國圖志』와 『瀛環志略』 등 양무서가 출판된 후에 바로 일본으로 유입되었고 일본 지식인들에게 열독되어 여러 판본으로 인쇄되었다는 것은 많은 연구에서 밝혀진 사실이다. 이로 미루어 볼 때 일본 지식인들은 『瀛環志略』의 외국지명을 차용했거나 『瀛環志略』 이전에 일본으로 유입된 한역서학서에서 외국지명을 차용했을 가능성이 크다고 본다.

주지하다시피 개화기에 들어간 조선은 일본과의 관계가 밀접해짐에 따라 일본에서 신지식과 신문물을 한국으로 수입하기 시작하였다. 이와 함께 유입된 일본식 신생한자어가 중국식 표기와 공존하였다가 일부 중국 기원 신생한자어가 일본식 신생한자어로 대체된 경우가 많았다. 외국 국명에 대한 표기가 좋은 예이다. 위 도표에서 보듯이 'Germany'의 대역어로 일본어에서 유입된 '獨逸'이라는 표기가 중국어에서 유입된 '日耳曼, 德國'과 개화기 자료에 공존하였다가 현대 국어에 들어와서 중국식 표기가 밀려나게 되어 '獨逸'이라는 표기만 정착되었다. 위 표에서 일본식 외국지명 표기에 밀려난 중국식 표기에는 '濠洲'라는 용어도 있다. 중국식 지명 표기가 일본식 지명 표기와 한국 개화기 자료에 공존하는 현상은 1890년대에 들어가서도 계속되었다. 그러나 유의할 만한 것은 1889년 미국인 선교사 호머 헐버트(Hulbert, H.B.)가 지은 세계지리서 『ᄉ민필지』에 등재된 외국지명들이다. 1889년의 한글본 『ᄉ민필지』에는 한글로 표기된 외국지명에 한자가 같이 병기된 것은 사실이지만 "쉬쏠란드국, 瑞西國; 덴막국, 丁抹國; 헝거리국, 匈牙利國; 쉬덴국, 스위덴국, 瑞典國; 土耳其國, 터키국; 푸란스국, 프란스국, 佛蘭西國; 의리스국, 希臘國" 등 표기에서 보는 바와 같이 외국지명을 표기할 때 영어 원어를 직접 한글로 표기하기 시작하였다. 현대 한국어에도 외국지명을 표기하는 데 한글로 원음을 가깝게 표기하는 방법을 취하고 있다. 물론 『ᄉ민필지』에 직접 한글로 표기한 외국지명은 현대 한국어와 완전 일치하지 않지만, 개화기라는 특정한 시기에 중국과 일본의 영향을 받지 않고 직접 서양의 지식을 수용했다는 측면에서 보면 이들 표기들이 큰 의미가 있다고 생각한다. 19세기 말에 혼란스럽고 복잡했던 중국식, 일본식 지명들로부터 영어 원어를 직접 한글로 전사하는 것은 서양으로부터 직접 신지식을 수용했음을 보여 주기 때문이다. 이렇듯 개화기 자료에 나타나는 외국지명에 대한 표기 방식은 중국식 한자 표기, 일본식 한자 표기, 한글 표기가 공존하기 때문에 매우 복잡한 양상을 띠고 있다.

    종합해 보면 한국은 개화기 이전에는 중국 기원의 외국국명을 일방적으로 수용하여 사용하였다. 중국식 외국 국명이 한국어로 유입되는 경로는 『瀛環志略』과 『海國圖志』 등 양무서라고 생각된다. 개화기에 들어와 일본식 국명과 중국식 국명이 공존하였는데 개화 후기에 들어서면서 한글로 전사하는 표기법을 사용하기 시작하였다. 이 3가지 표기법은 개화기 외국 국명을 표기하는 데 있어 혼란을 가져오기도 하였다. 이

절에서는 기원 측면에서 개화기 외국지명 표기의 양상을 살펴보았는데 다음 절에서는 언어적 측면에서 개화기 한국어 국명 표기의 양상을 검토하겠다.

## 3.2 개화기 한국어 국명표기의 양상 및 변천 과정

본 절에서는 다른 장절과 체제를 맞추기 위해서 로브샤이트(1866~1869)에 등재된 외국지명을 한국 개화기 자료에 나타난 외국지명과 비교함으로써 중국 기원 외국지명 표기가 근현대 한국어에 사용되는 양상, 소멸되는 과정 등을 살펴볼 것이다. 실은 외국 국명 표기를 연구하는 데 로브샤이트(1866~1869)가 바람직한 연구 자료는 아니다. 로브샤이트(1866~1869)에 수록된 외국국명 중에 상당한 부분이 표제어로 등재된 것이 아니라 다른 용어를 설명하는 글에 출현했던 것들이다. 또한 이 사전에 'Italy, Sweden, Swiss' 등 유럽 나라의 이름을 모두 수록하지도 않았다. 로브샤이트(1866~1869)에 수록된 외국국명은 당시 중국어에 널리 사용되고 있는 용어라기보다는 옛날 사용했던 나라 이름을 수록했다는 정도로 생각하는 것이 더 타당할 것이다. 'Denmark'의 대역어를 '大尼國'으로, 'Austria'의 대역어를 '雙鷹國, 孖鷹國'으로 번역한 것이 그것들이다. 한국 근대 영한류 사전들에 수록된 외국 국명 표기의 수가 제한적이어서 개화기 한국어 외국 국명 표기의 전체상을 살펴보는 데 유용한 자료가 되지 못하므로 본 장에서는 한국 근대 영한류 사전을 사용하지 않고 박영섭(1997b)에서 정리한 개화기 한국어 자료를 이용할 것이다. 박영섭(1997b)[①]이 출간될 때까지 한국어학계에서는 개화

---

① 교과서류는 亞細亞文化社 影印本 『韓國開化期敎科書叢書』를 이용하였다. 『國民小學讀本』(1895), 『小學讀本』(1895), 『新訂尋常小學』(1896), 『幼年必讀』(1906), 『幼年女學讀本』(1908), 『蒙學必讀』(?), 『勞動夜學讀本』(1908), 『幼年必讀釋義』(1907), 『初等小學』(1906), 『樵木必知』(1909), 『高等小學讀本』(1907), 『最新初等小學』(1908), 『國語讀本』(1908), 『新纂初等小學』(1909), 『녀즈독본(상·하)』(1908), 『婦幼獨習』(1908). 『獨立新聞』은 갑을출판사(甲乙出版社)에서 영인한 것이며 『』속의 약어는 『독립신문』의 年度에 따른 분권된 영인본의 數이다. 1권 1895년 4월부터 12월까지. 2권 1897년 1월부터 12월까지. 3권 1898년 1월부터 7월까지. 4권 1898년 8월부

기에 유입된 서구계 외래어에 대한 자료가 체계적으로 정리되지 않았다. 박영섭(1997b)에서는 개화기 문헌에 산재(散在)한 외래어들을 정리하여 크게 동양계 외래어와 서양계 외래어로 구분하고 또다시 국명·지명·일반어·전문어 등을 내용별로 분류하여 자료로 제공하였다. 이러한 기초 자료를 토대로 하여 중국어 기원의 국명이 한국어에 유입 및 소멸되는 과정을 살펴보는 동시에 개화기 한국어에서 국명을 표기하는 양상을 함께 검토하겠다. 로브샤이트(1866~1869)에서는 (30)과 같은 38개 외국지명이 나온다.

(30) 亞非利加 亞美利加 亞細亞州 奧地哩亞國 雙鷹國 孑鷹國 奧地利 澳地利國 新荷蘭之別稱 平洋羣島之稱 比利時(國) 巴西(國) 加拿他 大尼國 埃及(國) 埃及多國 麥西國(大) 英國 英吉利(國) 紅毛國, 歐羅巴(州) 佛蘭西(國) 法國 法蘭西 日耳曼國 希臘(國) 荷蘭(國) 和蘭(國) 以大利 葡萄牙(國) 普魯士(國)(大) 俄國 峨羅斯(國) 西班牙 瑞典 土耳其 花旗合國 花旗國

---

터 12월까지. 5권 1899년 1월부터 6월까지. 6권 1899년 7월부터 12월까지다. 신소설류는 아시아문화사(亞細亞文化社)에서 영인한 것으로, 『혈의 누』, 『귀의성』(상하), 『빈상설』, 『치악산』(상하), 『송뢰금』, 『금수회의록』, 『경세종』, 『은세계』, 『설중매』, 『철세계』, 『홍도화』(상하), 『자유종』, 『성산명경』, 『모란병』, 『목단화』, 『쌍옥적』, 『구마검』, 『화세계』, 『원앙도』, 『동각한매』, 『죽서루』, 『고목하』, 『월하가인』, 『황금탑』, 『산천초』, 『추풍감수록』, 『추월색』, 『행낙도』, 『두견성』(상하), 『花의 혈』, 『현미경』, 『명월정』, 『화중화』, 『구의산』, 『비행선』, 『만인계』, 『재봉춘』, 『옥호기연』, 『완월루』, 『마상루』 등이 있다. 신문류는 국학자료원(國學資料院)에서 영인한 한국근대문학연구자료집(韓國近代文學研究資料集)(開化期 新聞篇)을 이용하였다. 경향신문『경향』, 공립신보『공립』, 대한매일신보『대한』, 대한민보『대민』, 만세보『만세』, 미일신문『매일』, 신한민보『신한』, 데국신문『데국』, 한성주보『한주』, 황성신문『황성』, 그리스도신문『그리』, 대한크리스 도인회보『대크』, 예수교회보『예수』, 죠션크리스도인회보『죠크』, 협성회회보『협성』. 『』속의 명칭은 이들 자료들의 약어다. 잡지류로는 현대사와 태학사에서 영인한 『少年』, 『靑春』 그리고 그 외 자료는 『西遊見聞』, 『萬國事物紀元歷史』를 이용하였다.

제4장 중국 기원 신생한자어의 유입과 정착

<표 13> 로브샤이트(1866~1869)에 등재된 외국국명이 한국어에 사용되었던 용어들 간의 대비

| 영어 원어 | 로브샤이트 (1866~1869) | 한국어에 사용되었던 명칭 | | 현대 한국어 대역어[1] |
|---|---|---|---|---|
| Africa | 亞非利加 | 한글 | 아프리가 이프리가 아풀 리가 아푸리 카 아프리싸 아흐리가 아프리카 압 흐리카 | 아프리카 |
| | | 한문 | 阿非利加州 亞弗利加 亞非利加 阿弗 利加州 亞非利 | |
| America | 亞美利加 | 한글 | 아메리가 아미리가 아메리카 아메리 싸 아미리싸 아미리가 | 아메리카 |
| | | 한문 | 阿美利加 亞米利加 亞美利加 阿美利 加州 | |
| Asia | 亞細亞州 | 한글 | 아세아 아시아 아셰아 에시야 | 아시아 |
| | | 한문 | 亞細亞 亞細亞州 | |
| Austria | 奧地哩亞國 雙鷹國 孖鷹國 *奧地利 *澳地利國 | 한글 | 오스트리 오쓰트리 오쓰트리아 으스 트뤼야 오지리 오슈트리아 오슈튜리 아 오스트리아 오스츌올니아 오스튜 리아 | 오스트리아 |
| | | 한문 | 奧地利 墺太利 奧斯達利亞 墺地利 | |
| Australia | 新荷蘭之別稱 平洋羣島之稱 | 한글 | 어스트뷀늬야 | 오스트레 일리아 호주 |
| | | 한문 | 墺斯亞 濠太利 大洋洲 濠洲 | |
| Belgium | 比利時國 | 한글 | 별지음 벨지암(엄) 벨기움 비리시 | 벨기에 |
| | | 한문 | 比利時 白耳義(Belgie) 白利義 | |
| | | 한중 병기 | 벨기國 | |
| Brazil | 巴西國 | 한글 | 부라실 쑤라씰 쓰라씰 브라질 | 브라질 |
| | | 한문 | 巴西 | |
| Canada | *加拿他 | 한글 | 가나다 카나다 캐나다 | 캐나다 |
| | | 한문 | 佳那多 | |
| Denmark | 大尼國[2] | 한글 | 덴막 덴마륵 던막 졍말 쪤막크 | 덴마크 |
| | | 한문 | 丹麥 丁抹 | |
| Egypt | 埃及國 埃及多國 麥 西國 | 한글 | 익급 에집트 이집트 | 이집트 |
| | | 한문 | 埃及 | |

131

근대기 중국 기원 신생한자어의 한국어 유입과 정착

이은 도표

| 영어 원어 | 로브샤이트<br>(1866~1869) | | 한국어에 사용되었던 명칭 | 현대 한국어<br>대역어 |
|---|---|---|---|---|
| England | (大)英國, 英吉利<br>國, 紅毛國 | 한글 | 영국 영길리 잉글린드 잉글낸드 잉글랜드 | 잉글랜드<br>영국 |
| | | 한문 | 英國 英吉利 英吉利國 大英國 | |
| Europe | 歐羅巴(州) | 한글 | 구라파 유로바 유롭 요롭고 유로부 유롭파 유로파 유롭프 | 유럽 |
| | | 한문 | 歐羅巴 歐羅巴洲 | |
| France | 佛蘭西國<br>*法蘭西<br>*法國 | 한글 | 불란셔 불란셔 흐란스 법란셔 프란쓰 프랑스 법국 불난셔 | 프랑스 |
| | | 한문 | 佛蘭西 法蘭西 法國 佛國 | |
| | | 한중병기 | 프랑쓰國 | |
| Germany | *日耳曼國 | 한글 | 일이만 덕국 져만에 쩌잇취 쩌이취 쩌이취 | 독일 |
| | | 한문 | 德國 日耳曼 獨逸 德意志 | |
| Greece | *希臘國 | 한글 | 희랍 쓰뤼쓰 쓰레시아 그리스 쓰레시아 | 그리스<br>헬라<br>희랍 |
| | | 한문 | 希臘 希臘國 | |
| Holland | *荷蘭國<br>*和蘭國 | 한글 | 할난드 | 네덜란드<br>화란 |
| | | 한문 | 荷蘭 和蘭 和蘭國 | |
| Italy | *以大利 | 한글 | 이탈니 이탈리 이틱리 이태리 이달늬 이탈늬아 이달리 이틸네 이탈이 | 이탈리아 |
| | | 한문 | 伊太利 義大利 | |
| Portugal | 葡萄牙國 | 한글 | 포와 포아 포도아 포도와 포츄갈 포르토갈 포르토쌀 포루튜갈 포르투쌀 포쥬걸 | 포르투칼 |
| | | 한문 | 葡萄牙 | |
| Prussia | 普魯士國 | 한글 | 포로시아 푸루시아 프루시아 | 프로이센 |
| | | 한문 | 普魯士 | |
| Russia | 峨羅斯國<br>(大)俄國 | 한글 | 아라샤 아라사 아라스 로시아국 루시아 러시아 롸시야 | 러시아 |
| | | 한문 | 俄羅斯 俄羅斯國 露西亞 俄國 | |

제4장 중국 기원 신생한자어의 유입과 정착

이은 도표

| 영어 원어 | 로브샤이트<br>(1866~1869) | 한국어에 사용되었던 명칭 | | 현대 한국어<br>대역어 |
|---|---|---|---|---|
| Spain | *西班牙 | 한글 | 스뻬인 셔반아 스페인 | 스페인<br>에스파냐 |
| | | 한문 | 西班牙 | |
| Sweden | *瑞典 | 한글 | 스워덴 스위든 셔전 스윗절난드 | 스웨덴 |
| | | 한문 | 瑞典 | |
| Turkey | *土耳其 | 한글 | 턱키 토이기 터어키 토이긔 터계 | 터키 |
| | | 한문 | 土耳基 土耳其國 | |
| U.S.A[3] | 花旗合國 *花旗國 | 한글 | 유나이텟드 스테스즈 | 미합중국<br>미국 |
| | | 한문 | 合衆國 花旗國 美國 | |

1. 『프라임 영한/한영사전』을 참조.
2. 徐繼畬의 『瀛環志略』에서 정식으로 사용하는 국명 표기가 '嗹國'이고, "大尼, 丁抹, 嗹馬, 領墨, 丹麻爾, 黃旗" 등은 사용했던 표기들로 함께 나열되어 있다.
3. 徐繼畬의 『瀛環志略』에 '米利堅 彌利堅 米利堅合衆國 合衆國' 등 표기로 등재되어 있다.

  이상은 로브샤이트(1866~1869)에 등재된 국명으로 한국 개화기 자료의 번역어와 현대 한국어 표준번역어를 대비하여 정리한 것이다. 도표에서 볼 수 있듯이 현대한국어에서는 외래어 표기를 사음화(寫音化)하여 한글로 표기하고 있다. 개화기에 언어 정책의 하나로 외국 국명·지명·인명을 '國文'으로, 즉 한글로 적기로 한 법령이 공포되었다[①]. 그러나 개화기 문헌에 나타난 외국의 국명·지명은 서구어를 직접 차용하지 않고 일본이나 중국 등 제삼국(第三國)으로부터 간접 차용하여 한국어 발음으로 표기했기 때문에 영어 원어 발음과 달리 표기된 경우가 종종 보인다. 개화기 국명·지명 등 외래어의 표기는 매우 복잡한 양상을 띠고 있는데 <표13>은 대체로 다음과 같이 분류할 수 있다.

---

① "一, 凡國內外公私文字, 遇有外國國名·地名·人名之當用歐文者, 俱以國文繙繹施行事" (번역: 일체 국내외 공적인 문서와 사적인 문서에 외국의 국명, 지명, 인명이 구라파 글로 쓰여 있으면 모두 국문으로 번역해서 시행한다). [고종실록 32권, 고종 31년 7월 8일 임오 4번째기사 1894년 조선 개국(開國) 503년]

### 가. 한자사음어 ( 寫音語 )

한자사음어란 외래어를 직접 한자로 표기하는 경우를 말한다 ( 예. 西班牙는 歐羅巴州 中에 一王國이라 『국민 62,21』). 이 유형의 한자어는 중국이나 일본에서 유입된 경우가 많다. <표 13>에서 24 개 외국국명 중 19 개의 단어가 이 유형에 속한다. 즉, "Africa, America, Asia, Austria, Belgium, Brazil, Europe, Egypt, England, France, Germany, Greece, Holland, New Holland, Portugal, Prussia, Russia, Spain, Turkey, U.S.A" 등 21 개 단어가 개화기 자료에 직접 한자로 표기된 적이 있다. 그리고 위 단어들은 전부 다 로브샤이트 (1866~1869) 에 같은 형태의 한자로 표기되었다 ( 밑줄 친 부분 참조 ). 위의 단어들은 중국에서 서양 선교사나 중국 지식인에 의해 창안된 후에 동양 각국에 확산되었다고 추정된다. 도표에 제시된 현대 한국어 표준번역과의 대비에서 볼 수 있듯이 이 단어들은 한국으로 유입된 후에 한국어 한글사음어 등 다양한 형태의 외래어 표기법과 경쟁한 결과 한글사음어에 의해 대체되었다. 즉, 이러한 단어들은 개화기, 일제강점기에 홍수처럼 밀려온 서양정보를 받아들이는 과정에 잠깐 나타났다가 정착되지도 못하고 사라진 것들이다. 그러나 현대 한국어의 표준번역과 비추어 볼 때 한자사음어는 우담바라처럼 잠깐 나타났다가 바로 사라져 버린 것이 아니라 현대한국어 어휘체계에도 일정 부분 영향을 미쳤다. 이는 해당 단어의 현대한국어 표준번역어 중에서 확인할 수 있다. "미국, 영국, 희랍, 화란" 등 단어가 한국어에 유입된 한자어 발음에 따라 번역된 것들이라는 점에 주목해야 한다[①]. 이 책에서는 이러한 단어들을 '간접 한글 사음어'로 명명하였다. 그러나 위의 단어들의 표기 방식은 매우 복잡한 양상을 띤다. 이상 단어들의 번역어는 한자 이외에 한글로 표기되었거나 간접 한글 사음어로 된 어휘가 상당수이다. 그 다음에 유형별 한글사음어를 살펴보자.

---

① 현대 한국어 표준번역어와 비추어 볼 때 '독일'이라는 단어도 이 유형에 분류시켜야 한다. 그러나 이 단어가 중국 근대 이중어사전에 한 번도 등재된 적이 없다. 일본 학자인 田中梅吉氏의 연구에 따르면 '獨逸'이라는 단어의 초출형은 일본 지리 학자인 箕作省吾의 저서 『坤輿圖識補』( 弘化 3 年刊 -1846) 에서 확인할 수 있다. (https://pic2.zhimg.com/70f5aded3c1bb1dc3ee8c11cebf28775_b.jpg 참고 )

## 나. 한글사음어

한글사음어란 한글로 외국어 발음을 직접 표기하는 어휘를 가리킨다. <표 13>에서 확인할 수 있듯이 조사된 24개의 용어가 모두 한글로 전사하여 다양한 형태로 개화기 자료에 나타났다. 여기서 주목할 만한 것은 한글로 寫音하는 표기법이 다양한 양상을 띤다는 것이다. 예를 들어 'Africa'의 한글 사음 번역어가 "아프리가, 이프리가, 아풀리가, 아푸리카, 아프리까, 아흐리가, 아프리카, 압흐리카" 등 8종류의 형태로 나타났던 것이다. 이는 1894년 고종이 반포한 외국 지명·인명 등을 한글로 적기로 한 법령과 관련이 있다고 생각한다. 혼란스러운 표기 방법이 나타난 것은 당시에 한국어 외래어 정서법이 세워지지 않은 상태에서 조선 지식인들이 서양문물을 소개하거나 저서를 번역함에 있어 서양 정보를 받아들이는 데만 관심을 쏟고 어휘 표기법 등을 소홀히 했기 때문으로 생각된다. 그러나 바로 이러한 혼란스러운 표기법을 통해 우리는 한국이 개화사상을 수용하고 근대 사회로 진출하고자 하는 조선 지식인들의 노력을 엿볼 수 있게 된다. 1986년 문교부에서 "외래어 표기법"을 반포함에 따라 한 시대에 공존했던 여러 형태의 외국어 표기가 하나나 둘만 남게 되었다. <표 13>에서 확인할 수 있듯이 이렇게 남게 되어 근대 번역어를 그대로 계승한 "Africa, America, Australia, Arabia, Austria, Brazil, Canada, Egypt, England, France, Greece, Russia, Spain, U.S.A" 등 14개나 있다.

## 다. 간접(間接) 한글사음어

간접 한글 사음어란 중국에서 일차적으로 음역(音譯)이나 의역(意譯)된 외래어 어휘를 차용하여 한글로 표기한 것을 지칭한다. <표 13>에서 확인할 수 있는 단어는 (31)과 같다.

(31) 구라파(歐羅巴(州)) 아세아(亞細亞(州)), 덕국(德國) 법국(法國) 법란서(法蘭西) 서반아(西班牙) 아라사(俄羅斯) 애급(埃及) 영국(英國) 영길리(英吉利) 오지리(奧地利) 일이만(日耳曼) 토이기(土耳其) 화란(和蘭) 희랍(希臘) 미국(美國) 서전(瑞典) 포도아(葡

萄牙)

(31)은 일차적으로 중국어에서 어형이 차용된 후에 한국어 한자음대로 표기한 것들이다. 이러한 어휘 중의 대부분은 한국어에서 어휘화가 완성되지 못해 근대 문헌 자료에만 나타났다가 사라졌다. 그러나 "歐羅巴(州) 亞細亞(州), 영국(英國), 희랍(希臘), 화란(和蘭), 미국(美國)" 여섯 단어가 현대 한국어 어휘 체계에 남아 있다.

여기서 특별히 주의할 것은 한자 뒤, 혹은 한국어 발음대로 표기된 외래어 뒤에 '州, 國, 府' 등 한자를 덧붙이는 경우다. 이러한 경우는 중국어에서 외래어를 번역하는 방식과 관련된다. 중국어에서 외래어를 번역하는 방법 중에 '音譯(음역)+ 意譯(의역)'이라는 방법이 있다. 즉 해당하는 외국어를 발음대로 표기하되 그 뜻을 명확하게 하기 위해서 처음 번역할 때 의미까지 표출하려고 한자를 덧붙이는 조어법을 말하는 것이다. 중국어에는 이러한 의미의 표지를 '의표(義標)'(Meaning sign)라고 한다. "ballet(芭蕾舞), golf(高爾夫球), AIDS(艾滋病), beer(啤酒), sardine(沙丁魚)" 등 단어에서 밑줄 친 부분은 '의표'라고 볼 수 있다. 근대기에 중국어에서 국명이나 지명을 번역하는 데 처음 읽는 사람이 낯섦을 느끼지 않도록 하고 뜻을 더 명확하게 하기 위해 이러한 방법을 많이 원용하였다. 로브샤이트(1866~1869)에 표제어나 해석어로 등재되어 있는 국명이나 지명 중의 대부분은 이러한 번역 방법을 취하였다[1]. 근대시기에 중국어 기원인 국명·지명 신생어가 한국어로 유입된 후에 일부는 원래의 성질을 드러내 '亞細亞州, 希臘國'과 같이 표기되었지만 일부는 '佛蘭西, 아세아' 영어 원어 소리대로 표기하게 되었다.

## 3.3 마무리

이상에서 중국 기원 국명 표기가 한국어에 유입된 경로와 개화기 한국어 국명 표기의 양상을 살펴보았다. 한국은 개화기 이전에는 중국 기

---

[1] 위 도표에서 볼 수 있듯이 연구대상으로 조사된 24개의 영어 원어 중에 해석어에서 나온 어휘 외에 'Africa, America' 두 단어만 한자 형태소를 붙이지 않았다.

제 4 장  중국 기원 신생한자어의 유입과 정착

원의 외국국명을 일방적으로 수용하여 사용하였다. 중국식 외국 국명이 한국어로 유입되는 경로는 『瀛環志略』과 『海國圖志』 등 양무서라고 생각된다. 개화기에 들어서서 일본식 국명과 중국식 국명이 공존하였는데 개화 후기에 들어가면 한글로 전사하는 표기법을 사용하기 시작하였다. 영어 원어를 직접 한글로 전사하는 표기법에 따라 기재된 외국 국명은 현대 한국어와 완전히 일치하지 않지만 한국어에서 외래어를 표기하는 방향성을 제시해 주었고, 또한 한국 사회가 직접 서양 지식을 입수하기 시작하였다는 것을 보여 주었다는 데에 큰 의미가 있다.

　　한국 근대 영한류 사전들은 외국지명을 기재하는 데 한계가 있는 점에서 이 책에서는 박영섭(1997b)이 제시한 개화기 자료집을 바탕으로 중국어 기원 신생한자어가 한국 근대 자료에 등재된 양상을 세 유형으로 분류하여 검토함으로써 해당 어휘가 한국어에 유입되는 상황과 정착되는 과정을 살펴보았다. 그러나 유의할 만한 것은 『표준국어대사전』에 15개의 단어가 표제어로 등재되어 있지만 『프라임 영한/한영사전』에서 해당 영어 원어를 기준으로 검색하면 조사된 말 중에서 6개의 단어만 해석어에 등재되어 있다는 점이다. 이는 『표준국어대사전』 표제어 선정의 기준과 관련되는 문제라고 본다. 송길룡·민경모·서상규(2003:14)에서 이 사전은 확장형 언어사전의 특징을 지니면서 백과사전이나 전문어사전의 구실을 겸한 종래의 대사전(『금성』, 『민중』, 『신신』, 『한글』)의 전통을 계승했다고 지적하였다[①]. 즉 이 사전에 등재된 단어는 현대 한국 사회에서 널리 사용되지 않은 말, 심지어 사라진 말도 포함

---

① 송길룡·민경모·서상규(2003:13~14)에서 『표준국어대사전』 표제어 선정의 원칙을 다음과 같이 제시하였다.
1. 현재 쓰거나 썼던 말 중에서 표제어로 올릴 가치가 있는 단어를 수록한다.
1) 일상에서 널리 쓰는 말을 수록한다.
가. 표준어는 모두 수록한다.
나. 비표준어는 널리 쓰는 것을 선별하여 수록하되, 대응하는 표준어와의 관계를 파악할 수 있도록 한다.
2) 북한의 문화어를 폭넓게 수용한다. 북한의 『조선말대사전』에 수록된 어휘를 선별하여 수록한다.
3) 전문분야의 언어를 영역별로 선별하여 수록한다.
4) 방언을 지역별로 선별하여 수록한다.
5) 옛말을 선별하여 수록한다.

되어 있다고 볼 수 있다[①]. 이 점을 생각하면 중국 기원 국명이 『표준국어대사전』과 『프라임 영한/한영사전』에 각각 달리 등재된 상황을 이해하게 될 것이다. 한국 개화기 자료에 대한 조사를 통하여 로브샤이트 (1866~1869)에 해당 영어 단어의 중국어 번역어가 한국으로 유입되는 상황과 정착된 상황을 정리하면 (32)와 같다.

(32) 가. 한국어 어휘 체계에 정착된 어휘
『프라임 영한/한영사전』(6개)
(大) 英國 和蘭 希臘 美國 歐羅巴(州) 亞細亞(州)

『표준국어대사전』(15개)
歐羅巴(州) 亞細亞(州) 法國 佛蘭西 西班牙 俄羅斯 埃及 (大)英國 英吉利 土耳其 和蘭 希臘 美國 瑞典 葡萄牙

나. 조사된 근대기 자료에 등장하다가 다른 어휘로 대체된 어휘 (9개)
亞非利加 亞美利加 奧地利 巴西 法蘭西 日耳曼 荷蘭(國) 普魯士 花旗國

다. 조사된 자료에 출현하지 않았던 어휘 (14개) 奧地哩亞國 雙鷹國 孑鷹國 澳地利國 新荷蘭之別稱 平洋羣島之稱 比利時(國) 大尼國 埃及多國 麥西國 紅毛國 加拿他 以大利 花旗合國

한국어에서 국명에 대한 한자표기의 생성 및 변천은 대한 중국어와 일본어 국명 표기의 생성·사용 실태·전파와 관련되어 있다. 그리고 한국에서 국명 표기는 다른 나라의 국명 표기를 차용하는 동시에 한국이 독자적으로 창안한 국명도 있다고 본다[②]. 이 책에서는 중국 기원 국명 표기가 개화기 한국어에 나타난 양상을 분석함에 있어 이들 용어가 한국어에 정착되거나 소멸되는 상황을 살펴보는 데 그친 아쉬움이 있다. 개화기

---

[①] 송길룡·민경모·서상규 (2003:24)에 따르면 표준어 외에 "옛말 12488, 북한어 72063, 방언 20503, 통용어 9464"개의 어휘 『표준국어대사전』에 수록되어 있다.
[②] 한국 독자적으로 창안된 국명 표기는 정영숙 (2000)을 참조 바람.

한국어 국명 표기의 전체상을 살펴보는 것은 한중일 삼국 용어의 생성과 변천에 대해 공시·통시적인 연구가 요구된다. 위 연구 자료를 토대로 하여 한중일 삼국 국명 표기에 대한 전체적인 연구는 앞으로의 연구과제로 남겨둔다.

## 제 4 절 정치·법률·외교용어의 유입과 정착

본 절에서는 중국기원 정치·법률·외교 관련 신생한자어가 어떻게 한국어로 유입되었는지, 그리고 한국 근현대 어휘체계에 얼마정도의 영향을 미쳤는지에 대해서 연구할 것이다. 중국 로브샤이트(1866~1869)에서 정치·법률·외교용어를 선정한 다음에 한국 근대 영한류 사전을 주자료로 하고 한중 근대기 문헌 자료를 부자료로 삼아 이러한 용어들이 한국어 근대 조선 문헌자료에 나타나는 양상을 살펴볼 것이다. 아울러 '議會' 관련 용어가 조선 문헌 자료에 나타나는 양상을 조사함으로써 이들 용어가 한국어 어휘체계에 정착되는 과정을 밝힐 것이다.

### 4.1 중국 기원 정치·법률·외교용어의 한국어 유입

주지하다시피 利瑪竇, 艾儒略, 南懷仁 등을 비롯한 야소회사에 의해 열리게 된 동서 문화 교류의 통로가 18세기 초의 예의지쟁으로 인한 청정부의 금교 조치와 야소회의 유럽에서의 해체 때문에 막히게 되었다. 利瑪竇 등 야소회사들이 동서문화 교류의 통로를 열어 준 선구자라고 하면 동서문화 교류의 붐을 일으킨 개척자는 개신교 선교사 馬禮遜이라고 할 것이다. 또한 후자는 동서 문화 교류의 내용이나 심도에 있어 동아시아 여러 나라가 근대 국가로 발전하는 데 크나큰 역할을 하였다고 할 수 있다.

본 절에서 연구대상으로 삼은 근대 정치·법률·외교용어들은 주로 19세기 초반부터 생성되었다. 16세기 말기부터 18세기 초까지 선교를 목적으로 한 야소회사들은 중국 사람들을 중화 중심의 의식 속에서 벗어나게 하기 위해 천주교 선교 활동을 하면서 한역서학서들을 많이 저술하였다. 중화 중심이라는 의식 속에서 탈출하게 하는 가장 좋은 방법은 중국 사람들로 하여금 중국 이외의 세계를 인식하게 하는 것이라서 당시 간행된 한역서학서들 중에는 종교 서적 외에 세계 지리, 천문과 관련된 서적들이 상당한 비중을 차지하고 있었다. 19세기 초 馬禮遜은 영국 런던 교회에서 파견한 개신교 선교사의 신분으로 중국에서 선교 활동을 하면서 사전 편찬이나 서학서 번역 등의 학술 활동도 하였다. 이 시기에 서구와 북미에서는 공업혁명(工業革命)으로 경제적으로나 기술적으로 크게 진보하여 중국에 신문명을 수출한다는 명목으로 강제로 중국에 진출하기 시작하였다. 또한 이 시기에 서양의 신문명 제도의 우월성을 소개하기 위해 서양 선교사에 의해 번역된 정치, 법률, 경제, 사회 등의 내용이 담겨진 한역서학서들이 번역되었다. 그러나 19세기에 들어와 조선 정부에서 천주교도에 대한 박해가 심해짐에 따라 한역서학서가 조선으로 유입되지는 못했다. 이 시기 중국이 아편전쟁의 패배는 중국 정치계뿐만 아니라 사상계에도 커다란 충격을 안겨 주었다. 중국 지식층은 서양을 구체적으로 이해하고 이에 적합하게 대응하여야 한다는 역사의식에서 『海國圖志』와 『瀛環誌略』 등 양무서들을 출간하였다. 19세기 초반 조선의 세계 인식은 魏源의 『海國圖志』와 徐繼畬의 『瀛環誌略』에 의거하였다[1]. 『海國圖志』는 魏源이 林則徐의 『四洲志』를 근거로 하고 서양 선교사들이 쓴 기록 및 중국어로 된 자료들을 보태어 저술한 책이다. 이 점에서 보면 19세기 개신교 선교사들에 의해 번역된 한역서학서의 양분을 직접 섭취하지는 못하였지만 『海國圖志』나 『瀛環志略』을 통해 한역서학서의 성과를 간접적으로 접하였다고 할 수 있다.

조선 개화 사상가에게 영향을 준 정치·법률 계열의 주요 서적은 『朝鮮策略』, 『萬國公法』, 『易言』 등 개화서적이다. 『朝鮮策略』은 駐日淸國公使館의 參贊官으로 있었던 황준헌이 저술한 책자(冊子)로서 1880년 수신사 김홍집에 의해 조선으로 유입되었다. 이 冊子에는 조선이 러시아의 남하 정책을 견제하기 위해 청과 친해야 하며, 일본

---

[1] 김용구(2002: 95~99) 참조.

과 결속을 맺고 미국과 연맹을 맺어야 한다는 내용이 적혀 있었다. 『萬國公法』은 북경 동문관(同文館)의 총교습(總教習)으로 있던 미국 선교사 윌리엄 마틴(William A. P. Martin, 1827~1916, 중국명: 丁韙良)이 미국 법학자 휘튼(H. Wheaton, 1785~1848, 중국명: 惠頓)이 저술한 『국제법의 요의(Elements of International Law)』을 한문으로 번역한 것으로 1864년에 동문관(同文館)에서 간행되었다. 이 책은 1865년에 일본 막부에 의해 수입되어 재간행되었고, 1868년부터 1882년까지 모두 6종이 나왔다. 이 책은 福澤諭吉이 『海國圖志』에서 얻은 지식을 바탕으로 자신의 서양 견문을 더하여 간행한 『西洋事情』과 함께 메이지 초기 최대의 베스트셀러가 되었다[1]. 李光麟(1982:128)에서는 일본과 강화도수호조약을 체결한 다음해인 1877년 12월 일본의 외교대표 花房義質이 한국의 예조판서 조녕하(趙寧下)에게 이 책을 기증하였다고 하며 근대적 의미로서의 '主權, 自治, 自主'라는 말은 『萬國公法』에서 처음 사용되었다고 지적하였다. 『朝鮮策略』과 『萬國公法』이 조선 사회에 미친 영향은 (33)과 같은 지석영(池錫永)의 상소문에서 확인할 수 있다[2].

(33) 民若不安, 國安得治乎? 第伏念各國人士所著『萬國公法』・『朝鮮策略』・『普法戰紀』・『博物新編』・『格物入門』・『格致彙編』等書及我國校理臣金玉均所輯『箕和近事』・前承旨臣朴泳教所撰『地球圖經』・進士臣安宗洙所譯『農政新編』・前縣令臣金景遂所錄『公報抄略』等書, 皆足以開發拘曲, 瞭解時務者也. 伏願設置一院, 搜集上項諸書, 又購近日各國水車・農器・織組機・火輪機・兵器等貯之, 仍命行關各道每邑, 選文學聞望之爲一邑翹楚者, 儒吏各一人, 送赴該院, 使之觀其書籍, 玩其器械. 而留院以兩箇月爲期, 期滿又遞送一人. 留館之費, 令該邑量給, 有能精硏書籍, 深知世務, 有能倣樣造器, 盡其奧妙者, 銓其才能而收用. 又造器者, 許其專賣, 刊書者, 禁其飜刻, 則凡入院者, 無不欲先解器械之理, 深究時局之宜, 而莫

---

[1] http://100.daum.net/encyclopedia/view/24XXXXX56682.
[2] 고종실록 19권, 고종 19년 8월 23일 병자 4번째기사, 1882년.

不翻然而悟矣<sup>①</sup>.

위 상소문에서 알 수 있듯이 『萬國公法』과 『朝鮮策略』 등은 시무를 아는 데 도움이 되는 책이므로 '원(院)'을 설치하여 소장하게 하고 또 각 지방에서 선발한 사람들을 그 '원(院)'에 두 달 동안 머무르게 하여 책의 내용을 설명케 하고 그리하여 世務를 깊이 깨닫게 되면 재능에 따라 등용하라는 것이었다. 그와 같은 견해를 가진 변옥(卞鋈)의 상소문<sup>②</sup>은 (34)와 같다.

(34) 所謂萬國公法, 條貫井然, 各國之所通行者, 而我國之人, 畏其染邪之指目, 不暇究索, 遽加論斥. 斥邪之書, 莫詳於『海國圖志』. 而此輩豈肯一審其書乎? 黃遵憲所贈『杞憂子易言』等書, 爲我國策略者, 而斥爲邪學, 衆惑難解. 以此諸書, 刊布於四都八道, 則庶可明其不然. 其他器用之利, 醫農之妙, 有益於民産者, 可學而效. 採金之器械, 具載於『海外新

---

① 번역문: 다만 삼가 생각건대, 각국(各國)의 인사들이 저작한 『萬國公法』, 『朝鮮策略』, 『보법전기(普法戰紀)』, 『박물신편(博物新編)』, 『격물입문(格物入門)』, 『격치휘편(格致彙編)』 등의 책 및 우리나라 교리(校理) 김옥균(金玉均)이 편집한 『기화근사(箕和近事)』, 전 승지(前承旨) 박영교(朴泳敎)가 편찬한 『지구도경(地球圖經)』, 진사(進士) 안종수(安宗洙)가 번역한 『농정신편(農政新編)』, 전 현령(前縣令) 김경수(金景遂)가 기록한 『공보초략(公報抄略)』 등의 책은 모두 막힌 소견을 열어주고 시무(時務)를 환히 알 수 있게 하는 책들입니다. 삼가 바라건대, 원(院)을 하나 설치하여 이상의 책들을 수집하고 또 근래 각국의 수차(水車), 농기(農器), 직조기(織組機), 화륜기(火輪機), 병기(兵器) 등을 구매하여 쌓아놓게 하소서. 이어 각도(各道)의 고을마다 관문(關文)을 보내도록 명하여 한 고을에서 학문과 명망이 남달리 뛰어난 사람들 중에서 유생과 관리를 각각 1명씩 뽑아 해원(該院)에 보내서 그로 하여금 그 서적들을 보고 그 기계들을 익히 다루게 하소서. 그리고 원에 머무는 기간은 2개월로 하여 기한이 차면 다시 한 사람을 교체시켜 보내게 하고, 관(館)에 머물러있는 동안의 비용은 해읍(該邑)에서 헤아려 지급하게 하소서. 서적들을 정밀히 연구하여 세무(世務)를 깊이 알거나, 기계를 본떠서 만들어 그 깊고 신비한 기술을 모두 터득한 자가 있으면, 그 재능을 평가하여 수용(收用)하소서. 또 기계를 만드는 자는 전매권(專賣權)을 허가하고 책을 간행하는 자는 번각(飜刻)을 금하게 한다면 모든 원에 들어간 자들은 우선적으로 기계의 이치를 이해하고 시국의 적절한 대응책을 깊이 연구하지 않으려는 자가 없어 너나없이 빠른 시일 안에 깨우치게 될 것입니다.

② 변옥의 상소(고종실록 19권, 고종 19년 10월 7일 庚申 8번째기사, 1882년.)

書」, 此卽今日救急之用也<sup>①</sup>.

　변옥은 상소문에서 『萬國公法』, 『海國圖志』, 『易言』 등의 책이 천하에 통행되는 책이니 사도팔도(四都八道)에서 간행하자고 건의하였다. 국민들이 이 책들을 읽으면 시세(時勢)를 잘 알게 될 것이라고 생각한 것이다.
　『易言』은 서양에 대한 이해 수준이 높았던 중국학자이자 실업가인 鄭觀應이 서양 제국주의에 대처할 방책을 논한 책으로 1871년에 상하 2권이 출간되었다. 이 책은 수신사 김홍집이 황준헌으로부터 『朝鮮策略』과 함께 얻었고 조선으로 수입하였다. 이 책이 조선에 유입되자 개화 사상가들의 큰 관심을 불러일으켰으며, 1883년 음력 3월경에 복각본(復刻本)이 간행되었고, 1883년~1884년(?)에 한글 번역본(4冊)까지 간행되었다. 19세기 중반으로부터 조선 개화 사상가들에게 『海國圖志』, 『瀛環誌略』 등의 많은 중국서적이 영향을 주었으나, 유독 『易言』만이 한글로 언해되었다는 것은 조선 위정자(爲政者)들과 지식인들이 『易言』의 가치를 크게 인정하였기 때문일 것이고, 한걸음 나아가 거기에 담겨진 부국강병(富國强兵)의 정책들이 그 당시 위정자들이 나라를 다스리고자 한 방침과 부합했기 때문일 것이다. 송민(1999)에서는 한문본 『易言』에 나타난 신생한자어들이 언해본 『이언』에서 어떠한 방식으로 나타났는지를 살펴봄으로써 개화초기의 한국어에 수용된 중국식 신생한자어의 성격을 정리하였다. 이 연구에서는 정치·경제·군사·교육·사회 등 여러 분야에 걸쳐 『易言』을 통해 한국어로 유입된 용어들을 대상으로 다루었다. 그

---

① 번역문: 이른바 『萬國公法』은 조목이 정연하고 각국에서 통용되고 있는 책인데, 우리나라 사람들은 사교(邪敎)에 물들었다고 지목당할 것을 두려워하면서 살펴볼 겨를조차 없이 대뜸 배척합니다. 사교를 배척하는 책으로는 『海國圖志』보다 더 상세한 것이 없지만, 이 무리들이 어찌 그 책을 한 번이라도 살펴보려고 하겠습니까? 황준헌(黃遵憲)이 선물한 『기우자이언(杞憂子易言)』 등의 책은 우리나라를 위한 책략을 전개한 책인데 사학(邪學)이라고 배척하니 여러 가지 의혹을 풀기가 어렵습니다. 이 몇 가지 책을 간행하여 사도(四都)와 팔도(八道)에 반포하면 그렇지 않다는 것이 밝혀질 수 있습니다. 기타 편리한 기구들과 기묘한 의술과 농사법으로서 백성들의 생활에 유익한 것은 배우고 본받아야 할 것입니다. 금을 채취하는 기계에 대해서는 모두 해외신서(海外新書)에 실려 있으니, 이것이야말로 오늘날의 위급함을 구제하는 데 쓸 수 있을 것입니다.

중에서 정치·법률 분야에 "萬國, 公法, 賠償, 委員, 議事亭, 上院, 下院, 上下議院, 領事, 公使" 등의 용어들을 기재하고 있다고 연구되었다.

이상에서는 조선 개화 사상가들에게 영향을 준 정치·법률 분야의 중요한 서적들을 정리하였다. 또한 개화초기 지식인들이 『漢城旬報』에 실린 중국 뉴스원인 기사들을 통해 개화사상을 접하였을 가능성도 크다. 이러한 서적들과 신문들이 조선 위정자와 지식인들에게 개화사상을 전달했을 뿐만 아니라 거기에 담겨진 신생한자어들도 한국어 어휘체계에 일정하게 영향을 미쳤다고 추정할 수 있다. 다음 절에서는 실증적인 연구를 통해 중국 기원 정치·법률·외교용어가 근현대 한국어어휘체계에 미친 영향을 살펴볼 것이다.

## 4.2 중국 기원 정치·법률·외교용어의 한국어 수용

### 4.2.1 용어 선정 상의 문제

로브샤이트(1866~1869)에 "民法, 人民, 解放, 看守, 自由, 法律" 등 용어가 등재되어 있다. 이 용어들에 대응하는 영어 대역어를 고찰하지 않으면 위에 든 용어들을 자칫 신생한자어로 오인될 수도 있다. 그러나 이들 용어들의 영어 대역어, 즉 의미를 보면 "民法, 人民, 解放, 看守, 自由, 法律" 등 용어들이 신생한자어가 아니라는 것을 확신하게 된다. 이들 용어들을 신생한자어의 범위에서 배척한 이유는 그들의 의미가 고전적 의미를 유지하거나 근대적 의미와 일치하지 않기 때문이다.

'民法'이라는 용어가 로브샤이트(1866~1869)에 'municipal law' [국내법]의 대역어로 등재되어 있다. 이 말은 『萬國公法』 중의 '公法'[국제법]과 대응선상에 있는 말이라고 본다. 이는 '民法'이라는 용어의 근대적 의미인 'civil law'의 의미와 일치하지 않는다. '人民'이란 용어가 로브샤이트(1866~1869)에 'Population'의 대역어로 나와 있고 "서민, 인구"라는 의미를 나타내고 있다. 이 용어의 근대적 의미는 '국가를 구성하고 있는 자연인'이라는 의미와 연관성이 있지만 아직 근대적 의미로 어휘화되지 못한 상태에 있다고 생각된다.

'解放'이란 용어가 로브샤이트(1866~1869)에 'Release'의 대역

제4장 중국 기원 신생한자어의 유입과 정착

어로, 즉 "구속이나 억압, 부담 따위에서 벗어나게 한다"의 의미로 등재되어 있다. 이는 "1945년 8월 15일에 일본 제국주의의 강점에서 벗어났다"는 의미와 거리가 멀다. '간수(看守)[①]'란 단어가 로브샤이트(1866~1869)에 'guard'의 대역어로 등재되어 있고, 그의 명사형인 '看守者'라는 형태로 'keeper'의 대역어로 등재되어 있다. 이 단어는 "창고, 변방 등 장소에서 감시하거나 지키는 일이나 사람"을 기본의미로 하여 사용되었다. 근대적인 감옥이 생긴 후에 이 말은 '감옥을 지키는 사람 혹은 교도관'이라는 의미를 갖게 되었다.

'自由'란 말은 중국 고전에서 "외부적인 구속이나 무엇에 얽매이지 아니하고 자기 마음대로 할 수 있는 상태"라는 의미를 뜻한다. 로브샤이트(1866~1869)에 'liberty, free'의 대역어로 등재되어 있다. "권리로서의 자율적 행동"이라는 근대적 의미를 지닌 '自由'의 대역어는 'freeom, liberty'로서 로브샤이트(1866~1869)에 각각 '自主者, 治己之權'과 '自主, 自由, 治己之權, 自操之權, 自主之理' 등으로 번역되었다. 마시니(1997:272, 黃河淸 역)에서는 '自由'가 일본어에서 'freedom, liberty'의 대역어로 정착된 후에 다시 중국으로 역유입된 신생한자어로 간주하고 있다.

'法律[②]'이라는 용어가 'established order', 즉 "기존의 체제"라는 의미로 등재되어 있다. '法律'이란 용어가 중국 고대문헌에 이미 나타났고 '법령, 국법'이라는 의미로 사용되었다[③]. 영어 'law'의 표제어로, 즉 근대적 의미로 馬禮遜의 『華英字典』(1815)에 처음으로 등재되었다. 그리고 그 후에 馬禮遜의 『英華字典』(1822), 衛三畏의 『衛三畏英華韻府歷階』(1844), 매도허스트의 『英華字典』(1847~1848)에 'law'의 대역어로 '法律'이란 말은 줄곧 등재되었다. 그러나 근대적 의미를 지닌 '法律'이란 말은 로브샤이트(1866~1869)에 수록되지 않았

---

[①] 중국 元魏 시기의 『(慧覺)賢愚經』의 "汝能爲我看守園不"에서 '지키다'라는 의미로 처음 등장한다.
[②] 로브샤이트(1866~1869) 1258쪽에 '法律'이란 용어가 등재되어 있다.
[③] 二世然高之言, 乃更爲法律. 『史記. 卷八七. 李斯列傳』. 侵求吏民, 人民皆怨; 戰具不修, 軍無法律. 『三國演義』 第三八回.

다①. 이는 사전 편찬자의 한계와 관련이 있기도 하고, 또한 근대적 의미를 지닌 '法律'이란 용어가 당시 사회에 널리 보급되지 않았음을 보여 주기도 한다.

위 단어들은 근대적 의미로 발전되기 직전의 단계에 머물러 있다('法律' 제외). 로브샤이트(1866~1869)에 등재된 이들 용어들은 아직 고전적 의미를 유지하고 있어 이 책의 연구 대상에서 제외시켰다. 그러나 유의할 것은 이들 용어들의 기본 의미는 근대적 의미와 어느 정도의 유연성을 가지고 있다는 점이다. 그러나 『漢語外來詞詞典』에서 '人民'을 제외한 다른 용어들은 모두 일본어 차용어로 간주하고 있다. 이 책에서 강조하고 싶은 것은 신생한자어의 발생지를 연구하는 데 해당 형태의 고전어와 근대어 의미의 유연성도 고려해야 하는 요소라는 것이다. 즉 근대적 의미와 유연성을 가진 이들 번역어는 일본어의 자극이 없었더라도 중국에서 자연스럽게 서양 신개념의 의미 범주로 조정되었을 가능성이 있음도 고려해야 할 사항이다. 따라서 『漢語外來詞詞典』에서 이들 용어들이 일본어 차용어라고 간주하는 것은 무리가 있다고 생각한다.

### 4.2.2 한국 근대 영한류 사전을 통해 본 정치·법률·외교용어의 수용

로브샤이트(1866~1869)에서 고전적 의미를 유지한 용어들을 제외시킨 (35)와 같은 40개의 정치·법률·외교 관련 신어를 선정하였다. 이들 용어들을 한국 근대 영한류 사전에서 형태를 확인함으로써 이들 용어들이 한국어로 유입되거나 수용되는 상황을 검토할 것이다.

(35) 投票 領事(官) 民會 自主(者) 陪審(官) 國旗 半旗 新聞 新聞紙 刑法 特權 自治 主權 公會 日報 萬國 公法 會長 法師 公會所 公所 國大公會 花旗國法院 花旗國征法會 花旗議士會 爵會 爵會所 民委官會 民委官會所 民委員會 民委員總會 民政 平權 紳衿房 紳衿會 議士 議士會 衆政之邦 自政之權 爵房

(35)의 단어들이 한국어에 수용된 양상을 보이면 <표 14>와 같다.

---

① 로브샤이트(1866~1869)에 'law'의 대역어로 '法, 例, 律法, 律例, 法度, 法制, 制度, 制令, 格法, 規例, 規制, 禁令, 規條, 條例, 訣法, 範, 軌, 憲, 索, 卞' 등 용어가 등재되어 있다.

제4장 중국 기원 신생한자어의 유입과 정착

〈표 14〉 중국 기원 정치·법률·외교용어의 한국어 수용 상황 조사표

| 영어 원어 | 로브사이트<br>(1866~1869) | 언더우드<br>(1890) | 스콧<br>(1891) | 존스<br>(1914) | 게일<br>(1924) | 元漢慶<br>(1925) | 현대 한국어<br>대역어 |
|---|---|---|---|---|---|---|---|
| Autonomy | 自政之權[1] | - | - | n. 즈치권<br>(自治權) | 즈주권<br>(自主權) | n. 즈치권 自治權 즈치 自治, 즈치단체 自治團體 | 自治權<br>自主性 |
| Ballot | 投票 | - | - | n. 투표<br>(投票) | 표찰(標札)<br>투표지<br>(投票紙) | n. 투표 投票 투표ᄒᆞ는 조회, 무기명 투표 無記名投票 | 무기명[비밀] 投票 |
| Consul | 領事(官) | n. 령ᄉ,<br>령ᄉ관 | 령ᄉ관 | n. 령ᄉ<br>(領事) | 령ᄉ 領事 | n. 령ᄉ 領事 집정관 執政官 | 영사 |
| Council | 爵房<br>公會<br>民委員會 | n. 公會 | 공도<br>공의<br>경제 | n. 의회<br>(議會) | 회의 會議 | n. 공회 公會 회의 會議 | (지방자치 단체의)<br>議會, 자문 위원회 |
| Council of Commons | 民委員會<br>紳衿房<br>紳衿會 | - | - | - | - | - | 수록되지 않았음.<br>'하원'이란 뜻으로 판정. |
| Criminal Law | 刑法 | - | - | - | - | 형법 刑法 | 형법, 형사법 |
| Daily Newspaper | 日報 | - | - | 미일신문<br>(每日新聞) | 일보 日報 | 일보 日報 | 일간신문, 일간지 |
| Democracy | 民政 | n. 민주지국,<br>되성나라 | 뵉셩 | n. 민주경톄<br>(民主政體) | 뵉민경치<br>主民政治 | n.(1) 민졍주의<br>民政主義<br>민쥬졍톄 民主政體<br>(2) 민쥬지국 民主之國<br>뵉셩의 나라 | 民主 |

147

근대기 중국 기원 신생한자어의 한국어 유입과 정착

| 영어 원어 | 로브사이트 (1866~1869) | 언더우드 (1890) | 스콧 (1891) | 존스 (1914) | 게일 (1924) | 元漢慶 (1925) | 이은 도표 현대 한국어 대역어 |
|---|---|---|---|---|---|---|---|
| Equipoise | 平權 | - | - | - | - | - | 균형, 평형 |
| (the) Flag Half Mast | 半旗 | - | - | - | - | - | 半旗, 弔旗 |
| Folkmote | 民會 | - | - | - | - | - | 民會 |
| (the) House of Commons | 民委官所 | - | - | - | - | 중의원 衆議院 | (영국에서) 하원 |
| (the) House of Lords | 爵會所 爵會 | - | - | - | House of peers: 커족원 貴族院 | House of peers: 커족원 貴族院 | (영국, 캐나다에서) 상원 |
| (the) House of Parliament | 公會所 | - | - | 국회의ᄉ당 (國會議事堂) | - | - | 런던 의회당 |
| Independence | 自主(者) | n. ᄌᆞ쥬쟝 | ᄌᆞ쥬쟝ᄒᆞ다 츈것ᄒᆞ다 임의로ᄒᆞ다 오른지ᄒᆞ다 | n. 독립 (獨立) 즈립(自立) ᄌᆞ쥬(自主) | 독립 獨行 독립 獨立 | n. ᄌᆞ쥬 自主, 독립 獨立 | 自主 |
| International | 萬國 | - | - | a. 만국상 (萬國上) 각국상 (各國上) | 국교상 國交上 | 만국의 萬國 국제의 國際 | 국제적인 |

## 제4장 중국 기원 신생한자어의 유입과 정착

| 영어 원어 | 로브샤이트 (1866~1869) | 언더우드 (1890) | 스콧 (1891) | 존스 (1914) | 게일 (1924) | 元漢慶 (1925) | 현대 한국어 대역어 |
|---|---|---|---|---|---|---|---|
| International Law | 公法 | - | 공법 | 萬國公法 | 萬國公法<br>萬國公法 | 國際法 | 國際法 |
| Jury | 陪審官 | - | - | - | - | n.(1) 비심판 陪審官 (2) 심사관 審査官 (공진회의) | 배심원단 |
| Lawyer | 法師 | n. 법령계야 논이 | 장두 | n. 변호ᄉ (辯護士) | 변호ᄉ 辯護士 디인인 代言人 | n.(1) 법률가 法律家 (2) 변호ᄉ 辯護士, 디인인 代言人, 율ᄉ 律士 | 변호사[2] |
| Lower House | 民委官會 | - | - | 중의원 (衆議院), 하의원 (下議院) | 하의원 下議院<br>하의원 下議院 | 하의원 下議院<br>중의원 衆議院 | 하원 |
| National Flag | 國旗 | n. 국긔 | - | n.flag. 긔 (旗), 국긔 (國旗) | 국긔 國旗 | n. 국긔 國旗 | 國旗 |
| News | 新聞 | n. 쇼식, 소문 | 기별 쇼식쇼문 소동 | n. 소문 (所聞), 쇼식 (消息), 긔별 (奇別) | - | n. 신문 新聞, 쇼식 消息, 소문 所聞 | 新聞 |
| News Paper | 新聞紙 | - | 신문지 | n. 신문지 (新聞紙) | - | 新聞紙 | 新聞紙 |
| Parliament | 議士會<br>民委員會<br>國大公會 | - | 의정부 | n. 국회 (國會) 의회 (議會) | - | n. 국회 國會, 의회 議會, 의원 議院 | 의회, 국회 |

149

근대기 중국 기원 신생한자어의 한국어 유입과 정착

| 영어 원어 | 로브사이트 (1866~1869) | 언더우드 (1890) | 스콧 (1891) | 존스 (1914) | 게일 (1924) | 元漢慶 (1925) | 현대 한국어 대역어 |
|---|---|---|---|---|---|---|---|
| Privilege | 特權 | n. 분식, 분ᄉ | 저뭇위ᄒᆞ다 특별 | n. 특권 | 특권 特權 | n. 특권 特權, 특뎐 特典 | 특권 |
| Public Hall | 公所 | - | - | - | 공회당 公會堂 | 공회당 公會堂 | 공회당 公會堂 |
| Republic | 衆政之邦 | 민쥬지국 | 민쥬국 | n. 민쥬국 (民主國), 공화국 (共和國) | Republican: 공화당 共和黨 | n. 민쥬지국 民主之國, 공화국 共和國, 민쥬졍톄 民主政體 | 공화국 |
| Self-Government | 自治 | - | - | n. 즉당쳐치 (自當處治), 즉치 (自治) | - | n. 즉치 自治, 즉치졔 自治制 | 自治政府, 自治 |
| Senate | 民委員總會 花旗國法院 花旗國議士會 花旗國征法會 | - | - | n. 샹의원 (上議院) 원로의원 (元老院) | 원로원 元老院 | n.(1) 원로원 元老院 샹의원 (2) 上議院 귀족원 貴族院, 의회 議會 | (고대로마) 의원로 元老院, 샹원 (上院) |
| Senator | 議士 | - | - | n. 샹의원의관 (上議院議官) 원로원의관 (元老院議官) | - | n. 원로원의관 元老院議官 샹의의원 上議院議員, 元老 | 샹원 의원 |
| Sovereign Power/ Sovereign | 主權 | n. 님금, 님군, 향, 왕 | 나라님 님군 샹감 | 통치권 (統治權) Sovereign rights: 쥬권 (主權) | - | n. 쥬권쟈 主權者 a. 쥬권가진 主權 | 主權 |

150

제 4 장  중국 기원 신생한자어의 유입과 정착

이은 도표

| 영어 원어 | 로브사이트 (1866~1869) | 언더우드 (1890) | 스콧 (1891) | 존스 (1914) | 게일 (1924) | 元漢慶 (1925) | 현대 한국어 대역어 |
|---|---|---|---|---|---|---|---|
| (the) Speaker (of an assembly) | 會長 | - | - | n. 의장 (議長) | - | n. 회장 會長, 의장 議長 | (의회의) 의장 |
| (the) Upper House | 爵會 | - | - | 귀족원 (貴族院) 상의원 (上議院) | 상의원 上議院 | 상의원 上議院 귀족원 貴族院 | 상원 |

1. 로브사이트 (1866) 사전에 '自治'란 말은 "self-regulated, to govern one's self"의 대역어로 등재되어 있다.
2. 한국어에는 'lawyer'의 대역어는 '변호사'로 되어 있지만 'law on lawyers, lawyers association'의 번역은 '율사법, 율사협회'에서 볼 수 있듯이 'lawyer'의 대역어는 '律師'로 되어 있다.

151

〈표 14〉에서 보듯이 로브샤이트(1866~1869)에 수록된 정치·법률·외교 관련 영어 표제어의 수가 적지 않다. 중국어 대역어를 보면 이런 용어들 중의 상당한 부분은 접사가 들어가거나 고전적 의미로 등재된 번역어가 있기도 하다. 예를 들어 "自由之理, 自主之權, 性理之學, 占星之理" 등에서 보는 것처럼 '之'가 들어간 경우, 혹은 'revolution[①]'의 대역어로 '變, 亂, 反, 叛, 叛逆' 등으로 등재된 경우 등이 발견되어 실제로 로브샤이트(1866~1869)에 근대적 의미로 등재된 정치·법률·외교 관련 용어가 많지는 않다. 이 책에서는 로브샤이트(1866~1869)에 실린 33개 영어 표제어를 기준으로 하여 40개의 신생한자어를 다음과 같은 두 가지 유형으로 분류하였다.

### 가. 현대한국어 어휘체계에 정착된 어휘

〈표 14〉에서 보듯이 "投票, 領事(官), 民會, 自主[②](者), 陪審(官), 國旗, 半旗, 新聞, 新聞紙, 刑法, 特權, 自治, 主權" 등 13개 용어가 현대한국어 대역어와 일치한다. 이러한 조사 결과는 로브샤이트(1866~1869)에 등재된 신생한자어들이 한국의 정치·법률·외교 관련 용어의 성립에 미친 영향이 크지 않다는 점을 말해 준다. 여기서 유의할 것은 두 가지가 있는데 하나는 '自主(者), 領事(官), 陪審(官)' 등 용어에서 보는 바와 같이 접사 '官, 者' 등이 덧붙는 경우다. 앞부분에서 고찰했듯이 근대 시기의 중국어에는 조사의 조어력이 상당한 생명력을 가진다. 이는 서양의 언어에서 자극을 받았다고 많은 연구자들이 밝힌 바 있다[③]. 이 책에서는 핵심적인 의미를 유지하는 용어가 중국어 기원이기 때문에 '者, 官'과 같이 실질적인 의미를 담지 못한 접사와 함께

---

[①] 'revolution'의 근대적 중국어 대역어는 '革命'이다.
[②] '自主'란 용어가 로브샤이트(1866~1869)에 'freedom from restraint, Liberty'의 대역어로 등재되어 있다. 마시니(黃河淸 역, 1997: 273)에서는 '自主'란 말은 독일 선교사인 郭實臘의 『萬國地理全圖集』에 번역어로 등장하다가 1844년 『海國圖志』에 수록된 郭實臘의 저술에도 등장하였다. 1864년에 출판된 『萬國公法』(권1, 16쪽)에 'sovereign'의 대역어로 사용되다가 'independence'의 대역어로 정착되었다.
[③] 王立達(1958:108)과 王力(1944,1958)에서는 근대시기 중국어에 등장한 접사의 문제를 연구하였다.

제 4 장 중국 기원 신생한자어의 유입과 정착

창안된 용어일지라도 중국어에서 기원한 신생한자어로 보고 있다. <표 14>에서 확인할 수 있듯이 '領事官'이라는 용어가 언더우드(1890), 스콧(1891) 등 한국 초기의 영한류 이중어사전에 그대로 등재되어 있다. '陪審(官)'이라는 단어는 元漢慶(1925)에 '陪審官'의 형태로 나와 있다가 현대한국어에 '陪審員團'이라는 표현으로 변화되었다. 그러나 『표준국어대사전』에 '領事官'과 '陪審官'이라는 용어가 수록되어 있다는 사실은 이들 용어가 근대 한국어의 어휘체계에 어느 정도의 영향을 미쳤다고 할 수 있다.

여기서 또 하나 유의할 것은 '新聞紙'라는 용어다. 로브샤이트(1866~1869)에 '新聞紙'라는 용어가 'Newspaper'의 대역어로 등재되어 있다. 뿐만 아니라 1844년 衛三畏의 『英華韻府歷階』에도 'Newspaper'의 대역어로 나와 있다. 마시니(1997: 256, 黃河淸 역)에서는 이 용어가 葉鐘進의 『英吉利國夷情記略』[1]에 처음으로 출현했다고 한다. 『英吉利國夷情記略』이란 글은 1844년 『海國圖志』에 수록되었다. 이 밖에 '新聞紙'라는 어형은 『海國圖志』의 710쪽[2], 2899쪽에도 출현한다. 이 용어가 중국에서 창안된 후에 『海國圖志』 등 서적과 함께 일본과 한국으로 유입되었을 가능성이 크다고 추정된다. 최경옥(2003)에서는 '新聞紙'(news paper)란 용어가 1876년 김기수의 『日東遊記』에 의해 최초로 한국에 소개되었고 『高宗純宗實錄』에서도 1876년과 1880년에 'news paper'의 의미로 '新聞紙'를 사용하였다고 지적하였다. 그러나 필자의 조사에 따르면 '新聞紙'라는 용어가 1867년의 『고종실록』 4권에 이미 등재된 것으로 보인다[3]. 고종 4년 3월 7일 4번째 기사에서 "議政府啓: 卽見中國禮部咨文, 則'準總理各國事務衙

---

[1] 이 글에서 신문지의 기원에 대해 설명하였다.
[2] 弁兵十九萬丁, 此据地理志及新聞紙數目, 原本作九十萬, 非誕卽訛.「大西洋·英吉利廣述上, 1387쪽」英國字母最少, 翻譯中國 "四書, 五經"及各著述, 又刊印逐日新聞紙以論國政.「大西洋·英吉利廣述上, 1398쪽」澳門所謂新聞紙者, 初出于意大里亞國. 後各國皆出, 遇事之新奇及有關係者, 皆許刻印, 散售各國無禁.「大西洋·英吉利廣述中, 1418쪽」(『海國圖志』에 수록된 「英吉利國夷情記略」에서 나와 있음) 惜哉! 探閱新聞紙, 亦馭夷要策. 『海國圖志』「大西洋·英吉利廣述中, 1418쪽」에 수록된 「英吉利國夷情記略」에서 나와 있다.
[3] 『고종실록』 4권, 고종 4년 3월 7일 신유 4번째 기사.

門咨稱, 具奏查閱新聞紙云, 法國主因其提督攻打朝鮮, 不甚喜悅, 令其兵船隊停兵. 竝怪該國提督做事粗魯, 不應驟擧干戈[1]"라는 구절이 있다. 또한 『高宗實錄』 11권 1874년 6월 24일 첫 번째 기사 중의 "日本覬覦朝鮮, 匪伊朝夕, 外國新聞紙屢言之, 日意格所言, 未必無因[2]"라는 구절에서도 '新聞紙'라는 단어가 다시 나타난다. 이 두 가지 기사를 통해서 '新聞紙'라는 용어가 그 때 조선 지도층이나 지식인들에게 더 이상 낯선 용어가 아니라는 것을 확인할 수 있다. 위에서 잠깐 살펴보건대 '新聞紙'라는 용어의 한국어 유입은 위원의 『海國圖志』와 관계가 깊다고 한다. '新聞紙'라는 용어는 1840년대에 이미 근대 중국어 어휘체계에 정착되었다. 1844년 중국에서 출판된 魏源의 『海國圖志』가 처음으로 한국에 유입된 것은 1845년 3월 사은동지사(謝恩冬至使)로 중국에 갔다온 예조 판서 권대긍에 의해서였다. 이광래(2009:371)에서는 그 이후에는 북경에 다녀온 부연학자(赴燕學者)들은 이 책을 계속 들여와 어지간한 권세가나 지식인들은 개인 소장이 가능했을 정도라고 하였다. 또한 李光麟(1969:5~6)에 의하면 許傳의 『性齋集』 권16 「海國圖志跋」의 마지막에 "故略抄其槩 以資考閱云爾[3]"고 쓰여 있는 것으로 미루어 보아 한국에서는 이미 『海國圖志』의 요약본도 간행되었음을 알 수 있다. 그리고 최한기는 1857년 『海國圖志』를 근거하여 『地毬典要』라는 세계지리서도 지었다. 이처럼 19세기 전반에 한국으로 유입된 『海國圖志』는 한국인이 서양 문물과 제도를 수용하는 데 큰 역할을 하였다고 말할 수 있다. 그리고 거기에 실려 있는 신어들도 일부 지식인들에게 일찍 받아들여졌을 것이다. '新聞紙'라는 용어가 『海國圖志』라는 책의 한국 도입과 함께 한국어로 유입되고 일부 지식인들에게 수용되었을 가능성이

---

① 번역문: 의정부(議政府)에서 아뢰기를, "중국 예부(禮部)의 자문(咨文)을 보니, '총리각국사무아문(總理各國事務衙門)의 자문에 이르기를, 사유를 갖추어 보고하고 신문지(新聞紙)를 조사해본 바에 의하면, '프랑스의 임금은 그 제독이 조선을 공격하는 것을 매우 좋아하지 않기 때문에 병선대(兵船隊)에 명하여 싸움하는 것을 그만두게 하였다고 하지만 그 나라의 제독이 일을 처리하는 것이 거칠고 둔한 관계로 군사를 빨리 거두어들이려 하지 않을 것이다'"라고 하였습니다.
② 번역문: 상고하건대, 일본이 조선을 넘겨본 지가 어제 오늘이 아니라는 것은 외국의 신문지상에도 자주 실리는 말이니 쁘로스뻴 지겔의 말이 꼭 근거 없는 것은 아닐 것입니다.
③ 번역문: "그러므로 그 대강을 간략하게 정리함으로써 상고하여 열람하는 것을 도와주었다."

크다고 판단된다. 이것은 '新聞紙'라는 용어가 다른 정치·법률·외교관련 용어보다 10여 년 가까이 앞당겨 출판된 스콧의 사전에 등재된 이유 중의 하나이기도 하다.

다시 정리해 보면 로브샤이트(1866~1869)에 등재된 신생한자어 중에 한국 현대 어휘체계에 정착된 정치·법률·외교용어는 '投票, 領事(官), 民會, 自主(者), 陪審(官), 國旗, 半旗, 新聞, 新聞紙, 刑法, 特權, 自治, 主權' 등 13개 단어다.

### 나. 근대적 용어에 밀려난 어휘

김용구(2002:95~99)에서는 19세기 전반 조선의 세계 인식은 魏源의 『海國圖志』와 徐繼畬의 『瀛寰志略』에 의거하였다고 한다. 바꿔 말하면 거기에 등재되어 있는 신어들도 한국어로 유입되어 일부 지식인들에게 숙지되었을 것이다. <표 14>에서 조사한 결과 다음과 같은 총 27개의 단어가 근대에 들어와 다른 용어로 대체되었다.

(36) 法師 公法 公會 公會所 公所 國大公會 花旗國法院 花旗國征法會 花旗議士會 會長 爵會 爵會所 民委官會 民委官會所 民委員會 民委員總會 民政 平權 日報 紳衿房 紳衿會 萬國 議士 議士會 衆政之邦 自政之權 爵房

(36)의 용어들이 근대 한국어 어휘체계에 미친 영향의 정도에 따라 두 부류로 분류될 수 있다. 하나는 한국 근대 영한류 사전에서 자취를 확인할 수 있고 현대에 들어와 다른 용어로 대체된 부류이다. 이 부류에 속하는 단어는 "公會, 日報, 萬國, 公法, 會長" 등이다. 이 부류의 어휘들은 근대 한국어 어휘체계에 어느 정도의 영향을 미쳤다고 할 수 있다.

다른 하나는 한국 근대 영한류 사전에서 확인할 수 없고 한국 근대기에 이미 다른 용어로 대체된 부류이다. 이 부류에 속하는 단어는 "法師, 公會所, 公所, 國大公會, 花旗國法院, 花旗國征法會, 花旗議士會, 爵會, 爵會所, 民委官會, 民委官會所, 民委員會, 民委員總會, 民政, 平權, 紳衿房, 紳衿會, 議士, 議士會, 衆政之邦, 自政之權, 爵房" 등이다. 이 유형의 단어들은 한국 근대 영한류 사전에 등재되지 않았던 것들이다. 그러나 이 단어들이 근대 한국어 어휘체계에 전혀 영향을 미치지 않았다고 단정할 수는 없다. 다음 절에서 'Council'의 대역어인 '爵房'에 초점을 맞추어 이 단어가 한국어에 수용된 양상과 다른 용어와의 경쟁에서 져 어휘체계에서 밀려난 과정을 살펴보겠다.

### 4.2.3 '爵房, 鄕紳房'에서 '上院, 下院'까지

이 부분에서는 우선 중국 1830년대~1890년대에 간행된 한문서학서에 수록된 '議會'에 관한 용어를 검토함으로써 중국어 '議會'에 관한 용어의 변천 과정과 정착과정을 살펴보겠다. 그러한 다음에 한국 개화초기 『地毬典要』, 『이언』 언해본, 『漢城旬報·周報』, 『西遊見聞』 등 자료를 통해 근대 한국어 '議會' 관련 용어를 조사하여 해당 용어들이 한국어에 수용되는 과정을 살펴보겠다. 또한 한중 간에 유통된 서적들에 기재된 해당 용어의 자취를 확인함으로써 이들 용어의 계승 관계를 함께 검토하겠다.

### 가. 중국에서의 '議會' 용어의 정착

중국 1833년~1894년 사이에 서양 '議會'에 관한 용어를 정리하면 <표 15>와 같다.

<표 15> 중국어 '議會'에 관한 용어의 변천 [1]

| 연대 | 저자 | 출처 | 議會用語 | 上議院 | 下議院 |
|---|---|---|---|---|---|
| 1833-1838 | 郭實臘 | 東西洋考每月統計傳 | 公會, 國政公會, 國家公會, 國公會, 辦國政會, 義會 | 爵房 | 鄕紳房 |
| 1838 | 裨治文 | 美理歌合省國志略 | 議事之所, 公所 | 議事閣 | 選議處 |
| 1839 | 林則徐 | 四洲志 | 袞額里士衙門 巴厘滿 | 西業律好司 | 里勃里先好司[1] 甘文好司 |
| 1847 | 徐繼畬 | 瀛寰志略 | 公會所, 公會 | 爵房 | 鄕紳房 |

---

[1] <표 15>는 餘冬林·林巖(2012:59)를 참조하여 작성하였다.

제 4 장  중국 기원 신생한자어의 유입과 정착

이은 도표

| 연대 | 저자 | 출처 | 議會用語 | 上議院 | 下議院 |
|---|---|---|---|---|---|
| 1844, 1852 | 魏源 | 海國圖志 | 袞額里士衙門, 公所, 公會所, 巴厘滿 | 西業, 爵房, 議事閣, 律好司 | 里勃里先好司, 甘文好司, 選議處, 鄕紳房 |
| 1853-1854 | 慕維廉 | 地理全志 | 公會, 會議 | 爵房 | 薦紳房 |
| 1856 | 慕維廉 | 大英國志 | 國會, 巴力門, 議會, 巴力門議會, 巴力門會議 | 上院, 勞爾德士 | 下院, 高門士 |
| 1856 | 理雅各 | 智環啓蒙塾課初步 | 國會 | 公侯院 | 百姓院 |
| 1857-1858 | 偉烈亞力 | 六合叢談 | 國會, 議會, 議院 | 上議院, 上院 | 下議院, 下院, 紳士議院 |
| 1861 | 裨治文 | 大美聯邦志略 | 國會 | 元老院, 爵房 | 紳董院, 紳房 |
| 1864 | 丁韙良 | 萬國公法 | 國會, 總會, 議政院 | 上房 | 下房 |
| 1872 | 志剛 | 出使泰西記 |  | 上堂 | 下堂 |
| 1875 | 林樂知 | 列國歲記政要 | 國會, 議院, 議會, 公會 | 上議院, 上院, 奔得拉 | 下議院, 下院, 立斯搭 |
| 1885 | 傅蘭雅 | 佐治芻言 | 公議院 | 上院, 上公議院 | 下院, 下公議院 |
| 1894 | 李提摩太 | 泰西新史攬要 | 國會, 議院 | 上議院 | 下議院 |

1. '西業'과 '里勃里先好司'는 미국 국회를 소개할 때 사용하는 글이다.

　　영국의 의회 제도를 소개하는 글에서는 '爵房'이란 말은 1833년~1838년에 독일 선교사인 郭實臘에 의해 편찬된 『東西洋考每月統計傳』에 처음으로 등재되었다. 그 후에 1844~1852년 魏源의 『海國圖志』, 1847년 徐繼畬의 『瀛寰志略』, 1853년~1854년 慕維廉의 『地理全志』, 1861년 裨治文의 『大美聯邦志略』 등에서도 '爵房'이란 말을 'house of lord'의 대역어로 계속 사용하였다. 한역서학서에서 '爵房'이란 용어의 사용 상황을 통해서 이 용어의 계보를 알 수 있다. '鄕紳房'이란 용어도 郭實臘의 『東西洋考每月統計傳』에 처음으로 등재되었다. 그 후에 魏源의 『海國圖志』에는 '鄕紳房', 偉烈亞力의 『六合叢談』에는 '紳士

議院', 裨治文의 『大美聯邦志略』에서는 '紳董院, 紳房' 등 여러 형태로 출현하였다. 이 말들은 개별 한자의 의미를 차용하여 의역(意譯)한 신생한자어라고 볼 수 있다. 즉 "有爵位貴人及耶蘇敎師處之" "鄕紳房者, 由庶民推擇有才識學術者處之" 등 구절에서 볼 수 있듯이 '爵房'은 작위가 있는 귀인(貴人)이나 선교사들이 모이는 곳이고, '鄕紳房'은 서민들에서 뽑은 덕망과 지식을 함께 갖춘 사람들이 모이는 곳이다. 이 말과 서로 경쟁을 벌인 말로서 두 갈래가 있는데, 하나는 '上+~, 下+~'이고, 다른 하나는 영어 원어를 음역한 것이다. '上+~, 下+~'의 경우에는 주로 "上院:下院, 上房:下房, 上議院:下議院" 등이며 음역한 경우에는 '律好司:甘文好司'라는 말을 사용하였다. 위 도표에서 확인되듯이 중국어에서 영어 원어를 직역(直譯)한 용어가 1850년대 중반부터 그 사용량이 점점 줄어들고, '爵房:鄕紳房'이라는 말은 1860년대에 거의 사용되지 않았으며 '上+~, 下+~'류의 용어가 주로 사용되었다. 현대 중국어에서는 'house of lords'의 대역어로 '上議院', 'house of conmons'의 대역어로 '下議院'을 사용하고 있다.

### 나. 한국에서의 '議會' 관련 용어의 수용

한국에서 서양의 의회 제도를 먼저 소개한 사람은 최한기이다. 그는 자신의 논저인 『地毬典要』(1857)에서 서양 각국의 정치, 경제, 법률, 사회제도 및 지리 등을 소개하였다. 총 13권 7책으로 이루어진 이 책은 한국인의 저술로는 처음으로 영국의 의회 중심 입헌군주정, 미국의 대통령제, 주정부제도 등에 대해 상론하였다. 이 책은 중국에서 입수한 개화신서 『海國圖志』와 『瀛寰志略』 등을 기초로 편집한 것이다[1]. 이러한 사실은 영국 의회 제도를 소개한 내용이 『海國圖志』의 내용과 완전히 일치하는 것에서 근거를 찾을 수 있다.

(37) 『海國圖志』: 卷五十一 大西洋 英吉利國廣述 中 1423쪽. 都城有公會所, 內分兩所, 一曰爵房, 一曰鄕紳房. 爵房者, 有爵位貴人及耶蘇敎

---

[1] http://100.daum.net/encyclopedia/view/14XXE0054094. 한국민족문화대백과사전에서 상세하게 기록하고 있다.

師處之; 鄕紳房者, 由庶民推擇有才識學術者處之. 國有大事, 王諭相, 相告之爵房, 聚衆公議, 參以條例, 決其可否, 辗转告鄕紳房, 必鄕紳大衆允諾而後行, 否則寢其事勿論. 其民間有利病欲興除者, 先陳說于鄕紳房, 鄕紳酌核, 上之爵房, 爵房酌議, 可行則上之相而聞于王, 否則報罷①.

최한기는 『地毬典要: 卷四·十九』에서 (37)과 같은 내용을 인용하면서 영길리국 의회를 소개하였다. 여기에서 처음으로 의회를 '公會所'라 칭하고 상원 의원 모이는 곳을 '爵房', 즉 귀족들의 회의체로 설명하였으며 하원 의원 모이는 곳을 '鄕紳房', 즉 지방시민들의 회의체로 설명하였다. 이처럼 『海國圖志』와 『瀛寰志略』에 실려 있는 신어들은 최한기에게 먼저 수용되었고, 또한 다른 지식인들에게 근대 개화사상과 신어들을 접촉할 수 있는 기회를 만들어 주었다②. 그 후에 '爵房'이란 용어는 유길준의 『西遊見聞』에도 보인다③.

1883년 11월 10일자 『漢城旬報』는 서양의 의회를 '民會', 또는 '公議堂, 議會院' 등의 명칭으로 설명하였다. 또한 12월 20일자 『英國誌略』이라는 기사에서 영국의 의회 제도를 소개하면서 '議院, 上院, 下院, 貴族院, 民選院'이라는 용어를 사용하였다. 1884년 1월 30일자 신문에서 '上院, 下院, 元老議院, 民選議院' 등 명칭으로 구미의 입헌 정체를 설명하였다. 여기서 특기만할 것은 1884년 2월 7일자 "譯民主與各國章程及公議堂解"라는 기사로 한국지식인이 직접 서양 신문을 번역한 것이다. 이 기사에서 '公議堂, 上下兩院, 上院, 下院' 등 용어로 민주주의와 각국의 법률에 대해 설명하였다. 기사 말미에 "以上所譯各民主國與及公議堂解說特就西文述其大略耳嗣後本報中飜譯西字新報有論及此等事

---

① 『海國圖志』에 수록된 『瀛寰志略』의 내용이다.
② 최한기의 『地毬典要』에는 "巴里滿衙門, 甘文好司, 律好司, 袞額里士衙門, 西業" 등 용어도 수록되어 있다.
③ 其國會의 組成혼 體制를 略記호건티 上院은 又一名이日 爵房이라 其出席호는 議員이 皇族 貴族及高等敎正等四百有餘人이니 ... 『西遊見聞·510쪽 3줄』 下院은 又一名이日 民房이라 其議員은 衆人의 公薦으로 代議士라 칭호느니 ... 『西遊見聞·510쪽 8줄』

者當逐層詳細譯之俾閱公報者因端竟委而無所疑本官幸甚[1]"이라는 구절을 보면 이 기사가 한국 지식인이 영어 원문을 번역한 것으로 판단된다. 이는 '公議堂, 上下兩院, 上院, 下院' 등의 용어가 한국 지식인들에게 수용되었을 뿐만 아니라 당시 사회에서 널리 사용되는 용어였음을 알려준다. 그 밖에 『漢城旬報·周報』에 등재된 용어들로 "會所[2], 民會, 紳董[3], 國會議院[4], 國會院[5], 議政院[6], 議院[7], 上議院[8], 下議院[9]"등이 있다. 『漢城旬報·周報』에서는 '議會' 관련 용어의 사용이 상당히 복잡한 양상 띠고 있었음을 보여 준다. 이는 이 신문지의 뉴스원과 관련되어 있다고 생각된다. 이러한 용어들은 당시의 사회상을 보여 줄 뿐만 아니라 용어의 반복적인 출현은 당시의 사람들이 서양문물 제도를 이해하는 데 도움을 주었을 것으로 생각된다.

한편으로 鄭觀應의 『易言』이 조선에 유입되어 조선 지식인들에게 큰 영향을 주고 그들의 호응을 불러일으켰다. 이러한 사실은 『易言』이 조선에 들어오자 곧 한글로 번역되었다는 면에서 확인할 수 있다. 그리고 『易言』의 수요가 급증하자 1883년 음력 3월에는 전래된 한문본 『易言』의 복간본도 간행되었다. 언해본 『易言』이 간행된 시기는 확실하지 않으나, 1883년 한문본의 복각(復刻)이 국내에서 이루어진 점으로 보아 비슷한 시기에 언해본 또한 간행되었으리라고 추정된다[10]. 『이언』 언해본에 등재된 '議會' 관련 용어를 두 부류로 유형화하면 (38)과 같다.

---

[1] 번역문: 이상은 민주국과 각국의 장정(章程) 및 공의당(公議堂)에 대한 해설을 번역한 것인데, 오직 서양 글에 의해 그 대략만 기술한 것이다. 앞으로 본보(本報)는 서자신문(西字新聞)에 논한 것을 상세히 번역하여 보는 이들로 하여금 판단하게 하고자 하니 본관에 대해 의심이 없으며 매우 다행이겠다.
[2] 1884년 1월 30일 "歐美地方政治"라는 글에서 보인다.
[3] 1884년 3월 8일자 "美國誌略續稿"라는 글에서 보인다.
[4] 1884년 3월 27일자 "英王演說"이라는 글에서 보인다.
[5] 1884년 3월 27일자 "美國大統領演說"이라는 글에서 보인다.
[6] 1884년 6월 4일자 "英國癲狂院"이라는 글에서 보인다.
[7] 漢城周報 1886년 9월 13일자 "英國議院"라는 글에서 보인다.
[8] 同上.
[9] 同上.
[10] 송민(1999:37) 참조.

제4장 중국 기원 신생한자어의 유입과 정착

(38) 가. 뜻풀이한 경우 議事亭 : 의스뎡 ( 관원 잇는 뎡자 일홈 ) (36b)
上下議院 : 샹하의원 ( 영길리국 관원 잇는 마올 일홈 ) (38b)

나. 뜻풀이 하지 않은 경우 論議政에서 議政院 : 의정원 (31a), 上院 : 샹원 (31a, 31b), 下院 : 하원 (31a, 31b)

위에서 한국 개화 초기의 문헌 자료들을 중심으로 '議會' 관련 용어를 검토하였다. 위의 내용들을 도표로 만들면 다음과 같다.

<표 16> 한국어 '**議會**' 관련 용어의 수용 조사표

| 연대 | 저자 | 출처 | 議會用語 | 上議院 | 下議院 |
| --- | --- | --- | --- | --- | --- |
| 1857 | 崔漢綺 | 地毬典要 | 公會所, 巴厘滿衙門, 袞額里土衙門 | 爵房, 西業律好司 | 鄕紳房 甘文好司 里勃里先好司 |
| 1883? | 미상 | 『이언』 언해본 | 의스뎡 ( 議事亭 ), 의정원 ( 議政院 ) | 샹원 ( 上院 ) | 하원 ( 下院 ) |
| 1883~1884 | | 漢城旬報 | 議院, 議事院, 議院, 會議堂, 公議堂, 議事堂, 會所 ( 지방 의회 ), 國會院, 國會議院, 議政院 | 上院, 貴族院, 上議院, 元老院, | 下院, 民選院, 民選議院, 民會 |
| 1886~1888 | | 漢城周報 | 議院 | 上院, 上議院, 元老院 | 下院, 下議院, 民會 |
| 1893 | 吳宖默 | 輿載撮要 | 議院 | 上院 | 下院 |
| 1895 | 兪吉濬 | 西遊見聞 | 國會 | 上院, 爵房 | 下院, 民房 |

이상에서 한국의 개화초기 다섯 종류의 자료를 중심으로 '議會' 관련 용어의 사용 양상을 살펴보았다. 『海國圖志』의 한국 도입과 함께 "爵房"이란 용어가 1857년 최한기의 『地毬典要』에 나타나다가 兪吉濬의 『西遊見聞』에도 한번 등장한다. 그러나 각주 157번에서 보는 바와 같이 『西遊見聞』에서 국회 상하양원을 언급할 때 '上院'과 '下院'이라는 용어의 옛날 명칭을 소개해 줄 정도였다. 鄭觀應의 『易言』 원문의 38b에서 보는 것처럼 한문 '上院'과 '下院'을 사용하기에 번역자가 이를 그대로 '상원'과 '하원'으로 번역하였다. 또한 '上下議院'이란 용어가 처음 등

장할 때 뜻풀이도 하였다. 위 도표에서 '上院'과 '下院'은 다른 용어와 공존했지만 1880~90년대에 줄곧 사용하였던 용어였음을 알 수 있다. 여기에서 우리는 『漢城周報』가 『漢城旬報』보다 용어 정립이 되어 가고 있는 경향을 볼 수 있다. 필자가 '上院'과 '下院' 두 용어를 조사하는 과정에 『漢城旬報·周報』에서 이 두 용어의 사용빈도가 다른 용어보다 훨씬 높다는 사실도 발견하였다[①]. 또한 1884년 2월 7일자 『漢城旬報』(11권) 한국인이 서양 신문을 번역한 "譯民主與各國章程及公議堂解"라는 기사를 통해서도 '上院'과 '下院'은 그 때 지식인이 많이 사용한 용어였음을 추정할 수 있다. 개화기 지리 교과서의 효시로 불리는 『輿載撮要』권1의 "各國政敎畧說"에서 '上院'과 '下院'에 대해 더 이상 소개 정도의 글로 나타나는 것이 아니라 서양 각국 정치 제도를 소개할 때 즐겨 사용하는 용어로 등장하였다. 이처럼 '上院'과 '下院'이라는 어휘가 근대 한국어 어휘체계에 자리잡아 현대한국어에 정착된 반면 '爵房, 鄕紳房' 등은 소멸하였다.

『易言』 언해본과 유길준의 『西遊見聞』을 제외하면 위의 자료들은 대부분 한문으로 이루어졌다. 이러한 자료만으로 한국어의 실상을 살핀다는 일은 한계가 있다고 인정하지만 신생한자어 수용의 차원에서 말하자면 해당 용어가 한국어에 정식으로 수용되기 전에 해당 단어가 이미 다양한 형태로 조선사회에 알려졌다는 것만으로도 한자어 어휘사 해명에 큰 의미가 있다고 생각한다.

## 4.3 마무리

중국기원 정치·법률·외교용어들은 주로 『朝鮮策略』, 『萬國公

---

[①] 『漢城旬報』와 『漢城周報』에서 '議會' 관련 용어의 모습을 다양하게 보여 주고 있는데, 이는 개화기에 물려드는 서양 정보를 알아보는 경로가 중국과 일본이라는 사실과 관계되기 때문이다. 이한섭(2015:20)에서 『漢城旬報』, 『漢城周報』에 실린 국외기사의 출처를 분석한 결과로 1155건의 국외 기사 중에 중국자료는 630건이었고 『漢城周報』에서는 306건이었다. 이에 비하여 일본 신문을 출처로 하는 기사는 『漢城旬報』에 89건, 『漢城周報』에 155건으로 되어 있었다. 『한성순보』에 비하여 『漢城周報』의 중국 신문을 출처로 하는 기사가 감소되었다 하더라도 국가별 국외 기사의 총 건수를 보면 중국 기사(306건)가 일본 기사(155건)보다 두 배정도 많았다. 이는 근대 초기에 "동아시아 근대 신어와 개념을 소개하는 큰 통로 중의 하나"(이한섭, 2015: 32)로서 중국어 신어의 영향이 비교적 컸다고 할 수 있다.

法』, 『易言』, 『海國圖志』, 『瀛環志略』 등 개화서나 양무서 또한 『漢城旬報』에 실린 중국 뉴스원의 기사들을 통해서 한국어에 유입되었다고 할 수 있다. 본장에서는 로브샤이트(1866~1869)에서 선정한 40개 정치·법률·외교 신어를 대상으로 한국 근현대 어휘체계에 미친 영향을 살펴본 결과, 현대 한국어의 정치·법률·외교용어가 성립하는 데 중국어의 영향이 적었다고 말할 수 있다. 흔히 정치·법률·외교용어로 간주하는 "權利, 政府, 政治, 議會, 判決, 階級, 革命, 人種, 自由" 등 용어가 로브샤이트(1866~1869)에 등재되지 않았거나 등재되어 있더라고 고전적 의미를 나타내고 있었기 때문이다. 沈國威(2012:230, 이한섭 외역)에서 지적하듯이 로브샤이트(1866~1869)에는 기독교 관련 용어와 지리 용어가 비교적 많이 수록된 데 비하여 서양의 정치, 경제, 산업혁명의 현황을 반영하는 어휘는 많지 않다. 이 점은 편찬자가 선교사인 점과 선교사 학문의 계보를 고려하면 납득이 갈 것이다. 물론 이것은 단순히 로브샤이트의 어휘량 문제만이 아니라 전반적으로 근대 중국어 어휘 사정과 관련이 있다. 조사된 40개의 용어 중에 현대 한국어 어휘체계에 정착된 용어는 13개이다. 그 중에 상당 부분의 용어가 한국 근대 이중어사전에 출현하지 않으며 일부 용어가 이중어사전에 출현했다가 근대에 들어오면서 다른 용어로 대체되었다. 이에 이 책에서는 위 조사 결과를 바탕으로 연구 대상으로 삼은 40개의 용어를 (39)와 같은 3가지 유형으로 분류하였다.

(39) 가. 한국어 어휘 체계에 정착된 어휘(13개) 投票 領事(官) 民會 自主(者) 陪審(官) 國旗 半旗 新聞 新聞紙 刑法 特權 自治 主權

나. 근대 영한류 사전에 출현하다가 다른 용어로 대체된 어휘(5개) 公會 日報 萬國 公法 會長

다. 근대 영한류 사전에 출현하지도 않은 어휘(22개) 法師 公會所 公所 國大公會 花旗國法院 花旗國征法會 花旗議士會 爵會 爵會所 民委官會 民委官會所 民委員會 民委員總會 民政 平權 紳衿房 紳衿會 議士 議士會 衆政之邦 自政之權 爵房

주목할 만한 것은 세 번째 유형의 용어들이다. 이들 용어들이 한국 영한류 사전에 등재되지 않았다는 이유로 그들이 한국 근대 어휘 체계에 영향을 미치지 않았다고 결론을 내릴 수는 없다. 본 장의 마지막 부분에서 議會 제도를 지칭하는 말로 '上院'과 '下院'을 대상으로 이들 용어가 한국인이 저술한 문헌에 등재된 양상을 확인함으로써 한국어 어휘 체계에 미친 영향을 살펴보았다.

위에 든 조선 개화사상에 영향을 미쳤던 정치·법률 계열 개화서 중에 특별히 강조하고 싶은 것은 위원의 『海國圖志』다. 주지하다시피 『海國圖志』에는 林則徐의 『四洲志』를 바탕으로 중국의 역사서에서 발췌한 자료와 한역서학서 10여 권에서 인용한 글들을 실었다. 그 중에서 利瑪竇의 『坤輿萬國全圖』, 艾儒略의 『職方外記』, 南懷仁의 『坤輿圖說』 등 17세기 자료의 관련 부분에서 일부를 발췌하여 수록하기도 하였고, 19세기에 나온 『美理歌合省國志略』, 『外國史略』, 『地球圖說』, 『瀛環志略』 등 관련 자료에서도 일부를 발췌하여 수록하였다. 이 점으로 보아 조선 지식인들이 위에 든 19세기 한역서학서들을 간접적으로 접했을 가능성이 크다. 또한 『海國圖志』에는 서양 국가들의 지리에 대한 지식뿐만 아니라 서양 여러 나라의 정치 제도, 또한 청나라의 해안 방비를 위한 대책 등이 수록되어 있어 이 책이 조선으로 유입된 후에 지도층과 지식인들의 관심을 끌기에 충분했다. 그 때의 조선사회도 서양 열강의 진출 때문에 서양 나라와 맞설 수 있는 실력을 키워야 한다는 현실에 직면했기 때문이다. 따라서 중국에 선교하러 온 서양 선교사들에 의해 19세기 초중반에 창출된 신어들도 『海國圖志』와 함께 한국에 유입되었을 가능성이 크다. 이들 용어들이 조선 지식인들이 저술한 문헌 자료에 출현하다가 20세기 초 일본어의 영향으로 밀려난 어휘도 있지만 한국어 어휘 체계에 정착된 어휘도 있다. 마시니(1997:67, 이정재 옮김)에서 밝혀졌듯이 일본어에서 기원한 어휘라고 오해되어 온 일부 어휘들이 실제로는 이러한 서양 관련 서적들을 통해 중국에서 일본으로 전해졌다가 나중에야 다시 중국으로 회귀하여 현대 중국어 어휘체계에 편입된 것도 있다. 19세기에 『海國圖志』 등 청래양무서들은 일본

뿐만 아니라 조선에도 유입되었다. 따라서 지금 한국어에는 일본어에서 유입된 어휘라고 생각해 온 일부 어휘들이 중국어에서 유입되어 정착되었거나 중국어에서 어형만 유입되고 나중에 일본어의 자극으로 어휘체계에 정착된 경우도 있을 것으로 추정된다. 이러한 연구는 이 책의 목적에서 벗어나므로 후일의 연구 과제로 돌린다.

## 제 5 절  학문명칭의 유입과 정착

본 절에서는 로브샤이트(1866~1869)에 등재되어 있는 학문명칭이 근대 한국어 이중어사전에 어떻게 등재되어 있는지 살펴보고 현대 한국어 표준번역어와 대비함으로써 학문명칭 번역어가 근대적 한국어와 중국어에 정착되는 과정과 중국어 기원 학문명칭이 한국 근대 학문명칭의 성립에 얼마나 영향을 미쳤는지 검토할 것이다. 이에 필자는 로브샤이트(1866~1869)에서 (40)과 같은 83개 학문명칭 관련 대역어를 추출하고 해당 영어 원어를 기준으로 한국 근대 영한류 이중어사전에서 번역어를 검색하였다. 해당 학문명칭 번역어의 변천 과정 및 근대 한국어 번역어의 변화를 일목요연하게 살펴 볼 수 있도록 <표 17>로 정리하였다.

(40) 聲響之理 星學 星氣學 星家學法 卜星吉凶之法 占星之理 生活之理 生活總論 草木總理 草木之學 博學草木 堪輿總論 天地總論 頭殼總論 髑髏總論 煉法 煉物之學 煉物之理 蟲學 博蟲之理 五常之理 五常之道 修德之理 修齊之理 人類通知 萬族通知 地理全志 地理志 地理總論 量地之理 幾何原本 紋印通知 解紋印之事 博紋印之學 律法之學 律法之知 思之理 理論之學 明理之學 理學 數學 工藝之學 機藝之學 機器之學 萬有理之學 金錄 百金錄 百金總論 人物論 人類總論 金石之理 金石之學 性理之學 博物理學 格物總智 心論 心學 博物之理 格物 博物之學 古學 古文學 古論 古物總論 病學 病論 百病總論 製藥之藝 製藥之學 整藥之學 治藥法 五常總論 聲音之學 音學 性學 性功用學 性功用論 靈魂之學 魂學 靈魂之智 地方總論 生物之知 生物總論

근대기 중국 기원 신생한자어의 한국어 유입과 정착

<표 17> 로브샤이트(1866~1869)에 등재된 학문명칭이 한국어에 사용되었던 용어들 간의 대비

| 영어 원어 | 로브샤이트 (1866~1869) | 언더우드 (1890) | 스콧 (1891) | 존스 (1914) | 게일 (1924) | 元漢慶 (1925) | 현대 한국어 대역어 |
|---|---|---|---|---|---|---|---|
| Acoustics | 聲響之理 | - | - | Accoustics n. 음향학 (音響學) | 음향학 音響學 | n. 음향학 音響學 | 음향학 |
| Astrology | 星學 星氣學 星家學法 卜星吉凶之法 占星之理 | 별을 보고 길흉을 아는 법 | - | n. 점성학 (占星學) | 점성학 占星學 | n. 별을 보고 길흉을 아는, 점성학 占星學 | 점성술 [학] |
| Biology | 生活之理 生活總論 | - | - | n. 성물학 (生物學) | - | n. 생물학 生物學 | 생물학 |
| Botany | 草木總理 草木學之理 博學草木 | - | - | n. 식물학 (植物學) | 식물학 植物學 | n. 식물학 植物學 | 식물학 |
| Cosmography | 堪輿總論 天地總論 | - | - | Cosmogony n. 텬디벽론 (天地闢論) | - | Cosmogony n. 텬디벽론 天地開闢論 | 우주 구조학, 천지학 |
| Craniology | 頭殼總論 髑髏總論 | - | - | n. 골샹학 (骨相學) | - | n. 골상학 骨相學 | 두개학 |
| Chemistry | 煉法 煉物之學 煉物之理 | n. 화학 | - | n. 화학 (化學) | Chemical action 화학작용 化學作用 | n. 화학 | 화학 |

제 4 장 중국 기원 신생한자어의 유입과 정착

| 영어 원어 | 로브샤이트 (1866~1869) | 언더우드 (1890) | 스콧 (1891) | 존스 (1914) | 게일 (1924) | 元漢慶 (1925) | 현대 한국어 대역어 |
|---|---|---|---|---|---|---|---|
| Entomology | 蟲學<br>博蟲之理 | - | - | n. 곤충학<br>(昆蟲學) | - | n. 곤충학 昆蟲學 | 곤충학 |
| Ethics | 五常之理<br>五常之道<br>修德之理<br>修齊之理 | - | 오륜 | n. 윤리학<br>(倫理學), 수신론<br>(修身論) | 도학 道學<br>윤리학 倫理學 | n. 윤리학 倫理學, 도덕학<br>道德學, 수신학 修身學 | 윤리학 |
| Ethnography | 人類通知<br>萬族通知 | - | - | - | - | n. 인종지 人種誌, 토속<br>학 土俗學 | 민족지학 |
| Ethnology | 人類通知<br>萬族通知 | - | - | n. 인종학<br>(人種學), 인류학<br>(人類學) | 인종학<br>人種學 | n. 인종학 人種學, 인류<br>학 人類學 | 민족학 |
| Geography | 地理全志<br>地理志<br>地理總論 | n. 디리학 | 디리 | n. 디리학<br>(地理學) | n. 디리학<br>地理學<br>地誌 | n. 디리학 地理學, 디지<br>地誌 | 지리학 |
| Geometry | 量地之理<br>幾何原本 | - | 척량법 | n. 긔하학<br>(幾何學) | - | n. 긔하학 幾何學 | 기하학 |
| Heraldry | 紋印通知<br>解紋印之事<br>博紋印之學 | - | - | n. 문장학<br>(紋章學) | - | n. 문장학 紋章學 | 문장학 |
| Jurisprudence | 律法之學<br>律法之知 | - | - | - | - | n. 법률학, 法學 | 법학 |

근대기 중국 기원 신생한자어의 한국어 유입과 정착

| 영어 원어 | 로브샤이트 (1866~1869) | 언더우드 (1890) | 스콧 (1891) | 존스 (1914) | 게일 (1924) | 元漢慶 (1925) | 현대 한국어 대역어 |
|---|---|---|---|---|---|---|---|
| Logic | 思之理 理論之學 明理之學 理學 | n. 이론을 말 위는 법. | - | n. 론리학 (論理學) | 론리학 論理學 | n. 론리학 論理學 | 논리학 |
| Mathematics | 數學 | - | - | n. 수학 (數學), 산슐 (算術) | 수학 數學 | n. 수학 數學, 산학 算學 | 수학 |
| Mechanics | 工藝之學 機藝之學 機器之學 | - | - | n. 긔계학 (器械學) | 력학 力學, 긔계학 器械學 | - | 역학, 기계학 |
| Metaphysics | 理學 萬有理之學 | n. 의리지학 | - | n. 리학 (理學), 심리학 (心理學) | 형이상학 形而上學 | n. 순정철학 純正哲學, 형이상학 形而上學, 심리학 心理學, 철학 哲學 | 형이상학 |
| Metallography | 金錄 百金錄 百金總論 | - | - | Metallurgy n. 치금슐 (冶金術) | - | Metallurgy n. 야금학 冶金學, 치금슐 冶金術 | 금속학, 금속 조직학 |
| Mineralogy | 金石之理 金石之學 | - | - | n. 광물학 (鑛物學)¹ | 광물학 鑛物學 금석학 金石學 | n. 치금학 冶金學, 치금슐 冶金術 | 광물학 |
| Natural history | 人物論 人類總論 | - | - | 박물학 (博物學) | n. 박물학 博物學 | 박물학 博物學 | 자연사, 박물학 |

제 4 장 중국 기원 신생한자어의 유입과 정착

| 영어 원어 | 로브샤이트<br>(1866~1869) | 언더우드<br>(1890) | 스콧<br>(1891) | 존스(1914) | 게일(1924) | 元漢慶<br>(1925) | 현대 한국어<br>대역어 |
|---|---|---|---|---|---|---|---|
| Natural Philosophy | 性理之學<br>博物物理學<br>格物總智<br>心論<br>心學<br>博物之理 | 성리지학,<br>격물궁리,<br>텬성지학 | - | n. 물리학<br>(物理學), 궁리학<br>(窮理學) | 즛연철학<br>自然哲學 | n. 물리학 物理學<br>즛연철학 自然哲學 | 자연 철학, 물리학 |
| Natural Science | 格物<br>博物之學 | - | - | n. 박물학<br>(博物學) | | n. 즛연과학<br>自然科學 | 자연 과학 |
| Paleology | 古學<br>古文學<br>古物總論 | - | - | n. 고물학<br>(古物學) | - | Paleontology<br>n. 고생물학 古生物學, 화석학 化石學 | 고대학 |
| Pathology | 病學<br>病論<br>百病總論 | - | - | n. 병리학<br>(病理學) | 병리학 病理學 | n. 병리학 病理學 | 병리학 |
| Pharmaceutics | 製藥之藝<br>製藥之學<br>整藥之學<br>治藥法 | - | - | pharmacy<br>n. 제약학<br>(製藥學) | 제약학 製藥學 | n. 약 藥 모드는 법, 도제학<br>調製藥學, 제약학<br>製藥學 | 약학, 조제학 |
| Philology | 話學<br>字語慇知 | - | - | n. 박언학<br>(博言學), 언어학<br>(言語學) | 언어학 語學 | n. 언어학 言語學, 박언학 博言學 | 문헌학, 언어학 |

169

| 영어 원어 | 로브사이트 (1866~1869) | 언더우드 (1890) | 스콧 (1891) | 존스 (1914) | 게일 (1924) | 元漢慶 (1925) | 현대 한국어 대역어 |
|---|---|---|---|---|---|---|---|
| Philosophy | 理學, 五常之理, 五常總論 | n. 학, 문, 리. | 격물궁리 | n. 철학 (哲學) | 철학 哲學 | n. 철학 哲學, 철리 哲理, 윤리 原理, 리론 理論, 리학 理學 | 철학 |
| Phonetics, Phonics | 聲音之學, 音學 | — | — | — | 발음학 發音學 | n. 발음법 發音法 음성학 音聲學 | 음성학 |
| Physics | 性學, 格物 | — | — | n. 리학 (理學), 물리학 (物理學) | 리학 理學, 물리학 物理學 | n. 물리학 物理學, 리학 理學 | 물리학 |
| Physiology | 性學, 性功用學, 性功用論 | — | — | n. 성리학 (生理學) | 성리학 生理學 | n. 성리학 生理學 | 생리학 |
| Psychology | 靈魂之學, 魂學, 靈魂之智 | — | — | n. 령혼론 (靈魂論), 심리학 (心理學), 정신론 (精神論) | 심리학 心理學 | n. 심리학 心理學 심령학 心靈學 | 심리학 |
| Topography | 地方總論 | — | — | n. 디형학 (地形學) | — | n.(1) 풍토긔 風土記 디지 地誌 (2) 디형학 地形學 (3) 디형 地形, 디세 地勢 | 지형학 |
| Zoology | 生物之知, 生物總論 | n. 동물학 (動物學) | — | n. 동물학 (動物學) | n. 동물학 動物學 | n. 동물학 動物學 | 동물학 |

1. 'Mineral'의 대역어는 '광물뎍(鑛物的), 금셕뎍(金石的)'으로 되어 있다.

제 4 장 중국 기원 신생한자어의 유입과 정착

<표 17>에서 볼 수 있듯이 로브샤이트(1866~1869)에 등재된 학문명칭 번역어는 "之學, 學, 之理, 總論, 通知, 總理, 總法, 通學, 統知" 등으로 다양하게 나타나고 있다. 이 사전에 등재된 학문명칭 대역어는 현대 한국어에서 대부분 다른 단어로 사용되고 있다. 한중일 삼국 학문명칭의 성립 과정은 복잡한 양상을 띠고 있는데 이 책에서는 다음과 같은 몇 가지 관점으로 한국 학문명칭의 성립과정을 살펴보겠다.

## 5.1 중국어에 접미사로서의 '學'의 생성

현대 중국어 어휘의 특징은 근대 이전에 비하여 접사 요소가 발달하고 두자 복합어가 증가되었다는 점에 있다. 중국어 어휘 체계에서 접사 요소의 발생은 일본어와 마찬가지로 근대화의 한 지표로 볼 수 있다. 중국어에서 명 송 이후에 일부 요소의 접사화가 서서히 진행되었고(예. 子, 頭, 兒) 근대에는 서양 언어의 자극 등 외적 요인으로 접사를 이용한 조어법이 확대되었다(예. 番, 洋, 胡, 西)[1]. 이 책에서는 로브샤이트(1866~1869)에서 "之學, 學, 之理, 總論, 通知, 總理, 總法, 通學, 統知"와 관련된 어휘를 추출하여 살펴본 결과로 이들 단어의 대역어는 '-ics, -gy, -ny'로 끝나는 경우가 많았다. 이들 단어를 현대 한국어나 중국어로 번역하면 '學' 자가 첨가되는 것이 특징이다. 이들 학문명칭 중에서 일찍이 로브샤이트(1866~1869)에 '之學' 외에 '學'으로 끝나는 어휘도 적지 않다. "星學, 蟲學, 理學, 心學, 古學, 病學, 話學, 音學, 性學, 魂學, 數學"(<표 17>에서 기울임체로 표시) 등 어휘가 그것들이다[2]. 이들 어휘

---

[1] 언어 연구를 목적으로 한 '근대 시기'의 구분에 있어 중국 학자들이 의견이 분분하다. 대표적인 인물은 王力과 呂叔湘이다. 王力(1980:35)에서는 기원 13세기부터 19세기 아편전쟁 때까지를 '근대기'라고 구분하였지만 劉堅(1985)의 서문에서는 呂叔湘이 晚唐五代시기로부터 중국 언문불일치가 심해지는 현상에 따라 晚唐五代기로부터 1919년 언문일치가 실현되는 5.4 운동 때까지를 '근대기'로 구분하였다.

[2] 이들 어휘가 처음으로 로브샤이트『英華字典』에 등재된 것이 아니라 그들 중의 상당 부분은 중국 고전자료에서 이미 등장하였다(예. 星學, 理學, 性學 등). 즉, 위에서 '근대기'에 대한 시대구분대로 늦게 잡아도 중국어에서는 13세기부터 '學'을 이용하여 학문과 관련된 어휘를 조어하기 시작하였다. 이는 한국 고전문헌 자료에서도 확인할 수 있다. 세종실록 47권, 세종 12년 3월 18일 戊午 2번째 기사(1430년 명 宣德 5년)에서 '儒學, 譯學, 醫學, 樂學, 律學' 등 단어의 형태가 나왔다.

중의 '學'은 '番, 洋, 胡, 西'처럼 접사의 기능을 담당하는가 아니면, 구체적인 의미를 갖는 실질형태소의 기능을 담당하는가의 질문이 저절로 부각된다. 마시니(1997, 黃河淸 역)에서는 『英華字典』(1866~1869)이 편찬된 시기에 출현한 2음절 어휘 중의 '學'은 앞 음절과 수식관계를 이룬 접사의 기능을 담당하였다고 본다. 19세기에 2음절 어휘가 생산적으로 생성되었으므로 19세기 이전에 '단음절 어근 + 學' 구조의 어휘가 이미 등장하였던 것으로 보이기 때문이다. 즉 그 시기에 중국에서 접사를 사용한 단어 조어 환경이 갖추어져 있었으므로 '단음절 어근 + 學' 구조 사이에 조사 '之'가 개입될 필요가 없다고 주장하였다.

<표 17>의 내용을 자세히 살펴보면 '之'가 개입된 어휘는 대부분 2음절 어근을 가진 것들이다. 이 때 '之' 뒤에 붙은 '學, 理, 法, 道'는 접사의 기능을 담당한 것이 아니고 구체적인 의미를 갖는 실질형태소라고 보는 것이 더 타당하다. 그러나 19세기 이전부터 '學'은 이미 2음절 어휘 중에서 접사의 기능을 했으므로, 19세기 이후 삼음절 신어가 부단히 만들어지는 언어적 환경에서 '學'은 접사로서의 기능을 확대하여 삼음절 어휘의 생성에도 관여한 것으로 추정된다. <표 17>에서 접사 기능을 하는 '學'을 가진 삼음절 어휘는 '星氣學, 古文學'(도표에서 밑줄로 표시) 등이 있다.

이렇게 보면 19세기 60년대에 접사 기능의 '學'은 3음절 학문 관련 신어의 생성에 있어 보편적이지는 못하였지만 삼음절 신어로 발전해 나가는 가능성과 추세는 보여 주었다. 마시니(1997: 110, 黃河淸 역)에서는 접미사 '學'이 포함된 용어 가운데 중국에서 만들어진 것은 대부분 2음절 語였고, 이에 비해 3음절 語는 대부분 일본에서 중국으로 전해진 것이었다고 하였다. 鄒振環(2000:240)에서는 이러한 결론에 정밀한 검토가 필요하다고 지적하였는데, 그 이유는 묵해서관에서 1859년 출판된 偉烈亞力의 『代數學』과 韋廉臣 『植物學』이 모두 일본으로 유입되었기 때문이다. 그러나 일본학자 宇田川榕庵이 1822년 저술한 『菩多尼柯經』에서 확인되듯이 'botany'(植物學)를 '菩多尼柯'로, 1834년 저술된 『植學啓原』에서는 'botany'를 '植學'으로 번역하였다. 또한 1867년 韋廉臣의 『植物學』은 일본에서 중각되었다. 1875년 일본 학자는 한문판(漢文版)의 『植物學』을 토대로 일본어 번역본을 출판하

는데 阿部弘國의 『植物學和解』와 田園陶猗의 『植物學抄譯』 두 종의 판본이 그것이다. 이처럼 '學'을 사용한 3음절 단어의 구성은 오히려 19세기 서양 선교사가 주역한 한문본 서학서가 일본에 전파되어 일본 학자들에게 영감을 준 결과 일본의 중요한 번역 방법 가운데 하나로 자리 잡은 것이라고 지적하였다. '學'이 3음절 학문명칭의 접미사로 사용되고 어휘화된 것은 일본에서 완성되었다는 추론에 실증적인 연구가 필요하지만 현대 중국어의 학문명칭을 비추어 볼 때 중국어 학문명칭의 성립에 일본어의 영향이 있었다는 것은 부인할 수 없는 사실이다.

## 5.2 한국 학문명칭 성립시의 중국어 언어 환경

<표 18>은 근대 중국 이중어사전에서 현대 중국어에 사용되었거나 지금 사용되고 있는 학문명칭의 형태를 기준으로 검색하여 정리한 것이다. 한국 근대 학문명칭의 성립이 중국어와 관련 있는지, 다시 말해 한국 근대 학문명칭 성립시 중국어의 언어 환경이 어떤지를 조사하기 위해 <표 18>을 만들었다. <표 18>에서 확인되듯이 馬禮遜(1822)에 벌써 등장한 '數學'이라는 단어 외에[①] 조사된 학문명칭 중의 대부분은 顏惠卿(1908)에 처음으로 등장하였고, '生物學, 自然哲學, 製藥學, 地形學' 네 가지 단어가 赫美玲(1916)에 비로소 등장하였다[②]. 이들 신생 학문명칭들 중 'Logic, natural science'의 대역어 외에 나머지 영어 원어의 대역어는 모두 顏惠卿(1908)과 赫美玲(1916)에서 계승 받은 것이다 ( 밑줄 친 부분 참조 ).

<표 18> 근대 이래 중국어 학문명칭의 사용 양상 조사표

| 영어 원어 | 로브샤이트<br>(1866~1869) | 현대표준번역과 같은 형태의 초출 사전 및 등재 양상 | 현대 중국어 대역어 |
|---|---|---|---|
| Acoustics | 聲響之理 | 聲學 聲響之理 (1908) | 聲學 |

---

[①] 로브샤이트(1866~1869)에 등재되지는 않았지만 지금까지의 연구 성과에 따르면 '數學'이라는 말 이외에 '化學'과 '植物學'도 중국어에서 기원했던 단어라고 밝혔다.

[②] 'Metallography', 'Phonetics', 'Philology'의 대역어인 '金屬組織學, 金相學', '語音學, 聲學', '語言學, 文獻學'이 조사된 근대 이중어사전에 안 나온다.

근대기 중국 기원 신생한자어의 한국어 유입과 정착

이은 도표

| 영어 원어 | 로브샤이트<br>(1866~1869) | 현대표준번역과 같은 형태의 초출 사전 및 등재 양상 | 현대 중국어 대역어 |
|---|---|---|---|
| Astrology | 星學 星氣學 星家學法 卜星吉凶之法 占星之理 | 星學 星氣學 占星之理 占星術(1908) | 占星術, 占星學 |
| Botany | 草木總理 草木之學 博學 草木 | 草木學 植物學 本草學 (1908) | 植物學 |
| Biology | 生活之理 生活總論 | 活物學（新）生物學（新）(1916) | 生物學 |
| Chemistry | 煉法 煉物之學 煉物之理 | 化學 質學(1908) | 化學 |
| Cosmography | 堪輿總論 天地總論 談天說地 | 宇宙學 天地學 宇宙誌 世界誌(1908) | 宇宙志, 世界志, 天地學 |
| Craniology | 頭殼總論 髑髏總論 | 頭蓋學 相顱形術 頭蓋形學(1908) | 頭骨學, 頭蓋學 |
| Entomology | 蟲學 博蟲之理 | 昆蟲學 昆蟲之理(1908) | 昆虫學 |
| Ethics | 五常之理 五常之道 修德之理 修齊之理 | 倫理學 道德學 道義學 是非學(1908) | 倫理學 |
| Ethnography | 人類通知 萬族通知 | 人種誌 人種特質論 人類論(1908) | 人種學, 人種志, 民族志 |
| Ethnology | 人類通知 萬族通知 | 人種學 人種異同學(1908) | 人種學, 民族學, 社會人類學 |
| Geography | 地理全志 地理志 地理總論 | 地輿學 地理學 地理(1908) | 地理學 |
| Geometry | 量地之理 幾何原本 | 形學 幾何學(1908) | 幾何學 |
| Heraldry | 紋印通知 解紋印之事 博紋印之學 | 紋章學 紋印通知 解紋印之事 紋印之學(1908) | 紋章學 |
| Jurisprudence | 律法之學 律法之知 | 法律學 律學 法理學(1908) | 法學, 法律学, 法理学 |
| Logic | 思之理 理論之學 明理 明理之學 理學 | 辯學 名學 論理學 是非學 推理之學(1908) | 邏輯學 |
| Mathematics | 數學 | 數學 算法(1844) | 數學 |
| Natural History | 人物論 人類總論 | 博物學(1908) | 博物學 |
| Mechanics | 工藝之學 機藝之學 機器之學 | 力學 重學 機械學 機器學(1908) | 力學, 器械學 |

제 4 장  중국 기원 신생한자어의 유입과 정착

이은 도표

| 영어 원어 | 로브샤이트<br>(1866~1869) | 현대표준번역과 같은 형태의 초출 사전 및 등재 양상 | 현대 중국어 대역어 |
|---|---|---|---|
| Metaphysics | 理學 理知 萬有理之學 | 哲學 理學 形而上學 萬有之學 心理學 (1908) | 形而上學, 玄學 |
| Metallography | 金錄 百金錄 百金總論 | $-^1$ | 金屬組織學, 金相學 |
| Mineralogy | 金石之理 金石之學 | 金石學 礦物學 (1908) | 鑛物學 |
| Natural Science | 格物 博物之學 | 博物學 有形格物 (1908) | 自然科學 |
| Natural Philosophy | 性理之學 博物理學 格物總智 心論 心學 博物 博物之理 | 自然哲學 (1916) | 自然哲學 |
| Paleology | 古學 古文學 古論 古物總論 | 古物論 論古文 古物學 古事學 古文學 古論 古物總論 (1908) | 考古學, 古物學 |
| Pathology | 病學 病論 百病總論 | 病理學 病學 病論 百病總論 (1908) | 病理學 |
| Pharmaceutics | 製藥之藝 製藥之學 整藥之學 治藥法 | 製藥學(新) 調劑術(新) (1916) | 配藥學, 製藥學 |
| Philology | 話學 字語總知 | - | 語言學, 文獻學 |
| Philosophy | 理學 五常之理 五常總論 | 愛智 究理之學 哲學 理學 (1908) | 哲學 |
| Phonetics, Phonics | 聲音之學 音學 | - | 語音學, 聲學 |
| Physics | 性學 性理 格物 | 物理學 形性學 質學 格物學 形理學 (1908) | 物理學 |
| Physiology | 性學 性功用學 性功用論 | 生理學 體功學 (1908) | 生理學 |
| Psychology | 靈魂之學 魂學 靈魂之智 | 心理學 心靈學 (1908) | 心理學 |
| Topography | 土志 地方總論 通志 | 地形學 (1916) | 地形學 |
| Zoology | 生物之知 生物總論 | 牲學 動物學 (1908) | 動物學 |

1. '-' 표시는 조사된 중국 근대 이중어사전에 등재되지 않은 단어다.

沈國威(2010:107)에 따르면 메이지 유신 후의 10년간(1868~1877) 일본에서 출판된 사전과 학술 용어 자료집의 종류는 65종이고 1878

175

년~1887년간에 출간된 사전과 학술 용어 자료집은 79종이며 1888년~1897년간에 출간된 사전과 학술용어 자료집은 62종에 이른다고 조사되었다. 이와 동시에 『附音挿圖英和字彙』(1873), 『解體學語箋』(1871), 『医語類聚』(1873)를 예로 들어 메이지 원년부터 10년까지의 출판물은 로브샤이트(1866~1869)와 중국에서 포교한 의사 홉슨 (B. Hobson, 1816년~1873년, 중국명 : 合信)의 의학 관련 저서에서 영향을 많이 받았다고 지적하였다. 沈國威(2010:108)에서 井上哲次郎의 『哲學字彙』(1881), 『法律字典』(1884), 『教育心理論理術語樣解』(1885) 등 저서의 출판과 함께 1878년부터 1887년까지 자연과학 관련 분야 외에 인문과학 전문 용어들이 많이 창안되고 정착되었다고 지적하면서 이 시기에도 중국의 한역서학서와 영중사전들이 일본에 계속 수입되었지만 그 양이 점점 줄어들고 영향도 미미하였다고 밝혔다①. 그리고 沈國威(2010:108~109)에서 1888년~1897년에 『工學字彙』(1888), 『英獨和對譯漢字字彙』(1890), 『法律字彙』(1890), 『植物學字彙』(1891), 『電氣譯語集』(1893), 『英和數學字彙』(1895) 등 학술용어 자료집과 『言海』(1891), 『日本大辭書』(1893), 『日本大辭林』(1894), 『日本大辭典』(1896), 『日本新辭林』(1897) 등 대형 일본어 사전들이 출판됨에 따라 관련 전문용어의 의미가 일반화 되었다고 하며 이 시기에 중국어사전, 영화자전(英華字典) 등이 일본어에 미친 영향은 거의 없다고 지적하였다.

앞에서 언급했듯이 갑오전쟁에 패한 후에 중국 정부에서 일본으로 파견한 유학생이나 민간에서 자발적으로 일본에 유학 간 유학생이 많이 증가하였다. 이들 유학생들이 중일 양국 간에 민간사절의 역할을 담당했을 뿐만 아니라 중국에서 대규모의 일본 서적 번역 붐을 일으켰다. 沈國威(2008:254)에 의하면 이 시기에 서적 번역과 함께 수많은 신어사전과 외국어 사전도 출판되었다고 지적했다. 이상의 사실을 바탕으로 근대

---

① 沈國威(2012:108)에서는 이 시기에 중국에 온 선교사인 盧公明의 저서인 『英華萃林韻府』(1872) 중의 PART. Ⅲ는 그 동안 선교사들에 의해 창안된 학술용어를 망라하여 사전으로 출판하였다. 이 사전은 일본으로 유입된 후에 『英華學藝詞林』(1880)으로 개편되었고 일본 지리, 수학 관련 용어의 창안 및 정착에 영향을 미쳤다고 했다.

중국어어휘체계에 정착된 학문명칭 중의 대부분은 이 시기에 일본어에서 유입되었다고 추정할 수 있다.

## 5.3 한국 근대 학문명칭의 성립

<표 17>에서 볼 수 있듯이 '學'이라는 글자를 가진 어휘가 학문명칭으로서 한국어에 정착된 시기는 1910년대 초반으로 잡을 수 있다. 그러나 어휘의 수용 과정이 늘 그랬듯이 생성이나 유입될 때부터 바로 해당 언어의 어휘체계에 정착된 것이 아니라 일반 언중들에게 수용될 때까지 장기간에 걸쳐 이루어지는 것이 일반적이다. 1910년 한반도가 일제강점기에 접어들면서 조선지식인들과 사회 각계의 사람들이 민족 광복을 최우선으로 생각하고 사전 편찬이나 언어 연구가 지체되었을 가능성이 높다. 따라서 한국어 학문명칭을 사전의 표제어로 등재시키기 전에 이미 일반 언중들에게 받아들여졌을 가능성이 크다. 이는 1896~1899년에 출간된 『獨立新聞』 자료에서도 확인할 수 있다.

(41) 경제학과 위싱학과 의학샹에 『독 1.353』 화학과 약물학과 약 몬드는 법을 다 시험을 지낸 후에야 『독 1.409』 산학 화학 긔학 광학 텬문 격치 『독 2.2』 리학 천문학 디리학 슈학 경리학 그 외 각식 학문을 잘ᄒᆞ야 『독 2.73』 긔외 화학 긔계학 광학 광산학 등 『독 3.42』 디리학 리지학(理財學) 『독 4.152』 物理學 化學 法學 經濟論 『독 5.244』 힝정학(行政學) 쟈싱학(資生學) 『독 6.94』

<표 17>에서 확인되듯이 19세기 말에 한국어에 유입된 이들 학문명칭의 형태가 거의 변동 없이 현대한국어에 이어졌다. 1876년에 한반도가 개항된 후에 일본과의 인적·물적 교류가 빈번해지는 것과 1910년에 일본 식민지가 되었다는 역사적 사실, 중국어에서 학문명칭의 형성기 등을 감안하면 한국어에 정착된 학문명칭은 일본어에서 유입된 것이 대부분이라고 판단된다.

그러나 존스(1914)에 대규모의 학문명칭이 나타나기 20여 년 전

인 언더우드(1890)에 등재되어 있는 학문명칭들은 주목 받을 만하다. <표 17>에서 확인할 수 있듯이 언더우드(1890)에 등재된 학문명칭은 "화학, 디리학, 의리지학, 셩리지학, 쳔셩지학, 동물학"이다. 이는 두 가지 사실을 의미한다. 첫 번째는 관련 학문명칭이 다른 용어보다 일찍이 한국에 유입되었다는 것이고 두 번째는 동시기에 관련 학문이 다른 학문보다 발달되었다는 것이다.

앞에서 살펴본 대로, 중국에서 1860년대까지는 학문명칭으로서 '之理, 之學'은 상당히 생명력을 가진 조어법이다. 언더우드(1890)에 등재된 '의리지학, 셩리지학'이라는 학문명칭이 일찍이 중국어에서 유입되었다고 추정된다①. 후술하겠지만 '化學'이라는 단어는 일찍이 중국에서 창안되었던 것이다. 그러나 1883년(?)에 출간된 『易言』②에서 '化學'이라는 단어의 언해문을 보면 당시 번역자들에게 '化學'은 낯선 학문이고 그 때 지식인의 능력으로 소화할 수 없는 단어이다③. '地理學'이라는 단어는 중국 고전 문헌 자료에서나④ 한국 고전 문헌 자료에서⑤ 다 형태 확인이 가능하다. 자료에서 볼 수 있듯이 '地理'라는 표현은 옛날 중국어에

---

① '의리지학'과 '셩리지학'은 각각 중국 1844년 사전과 1866-69년 사전에 등재되어 있지만 '쳔셩지학'이라는 표현은 중국 근대 이중어사전에 한 번도 등재되지 않았던 것이다. '쳔셩지학'이라는 말은 한국에서 스스로 만들어진 학문명칭였을 가능성이 높다.

② 『易言』은 청나라 말기의 사상가인 鄭觀應이 개혁대책을 중심 내용으로 쓴 책이다. 이 책은 1871년에 완성되고 1880년에 홍콩에서 출간된 후에 駐日 淸國公使館 參贊官 黃遵憲으로부터 조선 수신사 김홍집의 손을 거쳐 한국으로 유입되었다. 조선 집권자들이 이 책에 관심이 많이 1883년 한문본을 복간하여 배포했고 이어 언해본도 간행하였다. 언해본의 간행 시간은 未詳이지만 李光麟(1969)의 고증에 따르면 『易言』에 대한 관심이 컸던 때가 1880년대 초이므로 1883년 한문본 복간 직후 언해가 이루어진 것으로 본다.

③ 원문: 至鑛師醫士無不精於格物 通於化學 『乾卷 39b』. 언해: 광수와 의원이 물졍 통ᄒᆞ기를 졍히 ᄒᆞ며 화학(조화지리를 빈호는 거시라)을 통ᄒᆞ며.

④ 舊唐書·列傳·第八十八·賈耽…[底本: 淸懼盈齋刻本] 3784쪽: 耽好地理學, 凡四夷之使及使四夷還者, 必與之從容. 金史·列傳·第四十八·李獻甫…[底本: 元至正刊本] 2433쪽: 博通書傳, 尤精左氏及地理學. 金陵梵剎志·卷三十九·碧峰寺·非幻大禪師誌略金實…[民國二十五年金山江天寺印本] (明) 葛寅亮編; (民國) 濮大凡總校. 長陵廷臣有言師精于地理學者徵至入對稱.

⑤ 세조실록 32권, 세조 10년 3월 11일 甲子 3번째기사(1464년 명 天順 8년): 地理學 崔楊善老居瑞山郡. 세조실록 38권, 세조 12년 1월 15일 戊午 1번째기사(1466년 명 成化 2년): 風水學改稱地理學, 置教授 訓導各一. 영조실록 53권, 영조 17년 1월 25일 辛卯 4번째기사(1741년 청 乾隆 6년): 天文學敎授·地理學敎授·命課學敎授及治腫敎授·吏文學官·能鷹兒郎廳, 竝依前定, 以六十朔陞六.

서나 한국어에서 모두 음양오행을 중시하는 동양적 지리관에서의 '음양, 풍수'와 관련된 단어였다. 이 단어가 한국어에서 언제부터 근대적 의미로 사용되기 시작하였는지 정확하게 알 수 없지만 다른 용어보다 일찍이 이중어사전에 등재된 것은 고전문헌자료에 이 단어가 이미 존재하였다는 사실과 관련이 있다고 본다. 이중어사전이 편찬되기 전에 '化學, 地理學'이라는 어형이 이미 한국어에 존재했다는 사실만으로도 이들 단어가 훗날 한국 근대 어휘체계에 정착되는 데 도움이 되었을 것이다. 이들 단어가 근대적 학문명칭으로 한국어에 정식으로 수용되기 이전에 이미 한국에 알려져 있었기 때문이다.

'化學, 地理學' 같은 학문명칭이 다른 영역의 용어들보다 일찍이 사전에 등재된 이유 중의 하나는 그 당시 해당 학문이 다른 학문보다 발달했기 때문이라고 할 수 있다. 송민(1988:20)에서 밝혀졌듯이 서양식 문물제도나 학술 관계 신생한자어가 일본에서만 창안된 것은 아니고 중국 또한 독자적인 번역차용어를 부단히 만들어 왔다. 沈國威(1995)에서도 幾何學, 天文學, 地理學, 化學, 植物學 등에 쓰이는 학술 어휘에 그러한 번역차용어가 많았는데 메이지 유신 전후까지는 그러한 중국 기원의 신생한자어가 일본어에 그대로 수용되는 일이 흔했다고 지적했다. 이 점에 있어서는 한국도 사정이 같았다. 또한 서울 규장각에 소장되어 있는 근대 서학서 중에 19세기 말기에 조선으로 유입된 『化學易知』, 『化學衛生論』, 『化學鑑原』, 『化學考質』, 『化學初階』, 『化學分原』, 『化學求數』, 『化學闡原』, 『化學鑑原續編』, 『化學鑑原補編』, 『化學須知』 등 관련 서적들, 『地與東半球』, 『地球說略』, 『地志須知』, 『地理志略』, 『地理全志』, 『地理問答』, 『西半球地圖』, 『白島圖說』, 『坤輿圖說』, 『東半地理圖』, 『海國圖說』, 『海國圖志』, 『瀛環志略』 등 지리학 관련 서적들이 다수를 차지하고 있다는 사실에서 化學, 地理學 관련 학문이 당시 다른 학문보다 한걸음 앞서 발달했다고 추정할 수 있다.

## 5.4 중국어 기원 학문명칭의 정착과 소멸

<표 17>에서 로브샤이트(1866~1869)에 등재된 학문명칭을 현대

한국어 학문명칭과 비교해 보면 중국기원 학문명칭이 현대 한국어 학문 명칭의 성립에 미친 영향은 매우 미미하였다고 할 수 있다. 19세기에 들어서면서 중국에서 대량의 이중어사전이 편찬되었다. 이 시기에 간행된 근대 이중어사전들은 모두 선교사들에 의해 편찬된 사전들이다. 이 책에서 연구대상으로 삼은 로브샤이트(1866~1869)은 19세기 영중사전류의 최고 수준을 보여 주는 것이고 외래개념을 이해하고 부단히 그 개념을 중국어로 표현하는 노력을 하여 근대 중국어 어휘 형성에 크게 공헌하였던 것이다. 그러나 사전의 성격이 그렇듯이 그 시대의 어휘상을 보여주는 최선의 도구이긴 하지만 해당 어휘체계에 정착된 모든 어휘를 등재시킬 수 없다는 한계가 항상 수반된다. 게다가 대역어의 선정은 사전 편찬의 목적, 편찬자의 학식, 사전 편찬시의 시대적 배경과 관련 되면 상황이 더 복잡해진다. 로브샤이트(1866~1869)가 아무리 19세기 영중사전들이 목표로 했던 최고 수준의 사전이라고 하더라고 위와 같은 제약을 받은 것은 당연한 일이다. 로브샤이트(1866~1869)의 서문에서 그 당시에 '化學'이라는 단어가 중국에서 사용된 지 10여 년이 넘었음에도 불구하고 이 단어를 자기 사전에 수록하지 않으려고 했던 이유를 밝혔다. '化學'이라는 단어가 한중일 삼국 어휘 체계에 정착된 과정을 다음 장에서 자세히 논의하겠다.

<표 18>을 보면 '數學'이라는 단어 역시 중국어에서 기원했다고 본다. 마시니(1997: 242, 黃河淸 역)에서는 16세기 말기부터 사용하기 시작하였다고 밝혔다. 마시니 교수의 고증에 따르면 명나라의 형대(刑台) 현승(縣承)인 柯尙遷이 1578년 편찬한 『數學通軌』라는 저서에 수량 및 공간의 성질을 연구하는 학술 용어로 '數學'이라는 용어를 처음으로 사용하였다. 그 후에 布衣 수학가라고 칭하는 杜知耕은 청 康熙 20년(1681년)에 『數學鑰』이라는 저서의 서명(書名)에도 '數學'이라는 단어를 계승하였다. 19세기에 들어서면서 李善蘭은 영국 선교사인 偉烈亞力과 함께 서양 수학 책을 번역하여 한문판의 제목으로 『數學啓蒙』을 사용했었다. '數學'이라는 단어가 중국 근대 최초의 이중어사전인 馬禮遜(1822)에서 'Numbers, the science of'의 대역어로 등재되었고 1844년 衛三畏의 『英華韻府歷階』에서

'MATHEMATICS'의 대역어로 정식으로 등장하였다. 그 후에 중국 근대 이중어사전에 'MATHEMATICS'의 번역어로 계속 등재되어 왔고 현대 중국어까지 이어졌다. '數學'은 역시 鄭觀應의 『易言』에 등재된 단어지만 당시 번역자가 이를 '算學'이라고 번역하였다.[①] '數學'이 한국 근대 이중어사전에 최초로 등재된 것은 1897년 게일의 『한영ᄌ뎐』이다. 게일의 『한영ᄌ뎐』(1897)에서 '數學'이라는 단어를 "THE STUDY OF MATHEMATICS"로 번역하였다. 이때부터 '數學'이라는 단어가 다른 학문명칭들보다 16년이나 앞서 한국어 어휘체계에 정식으로 정착되었다.

지금까지의 중일 어휘 교류의 연구 성과를 종합해 보면 중국어에서 기원했지만 로브샤이트(1866~1869)에 등재되지 않았던 단어가 또 하나 있는데 그것이 '植物學'이다. 마시니(1997, 黃河淸 역), 沈國威(2000)와 香港中國語文學會(2001)에서는 '植物學'이라는 단어의 기원을 밝힌 바 있다. '植物學'이라는 단어가 중국어에 처음으로 등장한 것은 알렉산더 윌리엄슨(Alexander Williamson, 1829~1890, 중국명: 韋廉臣), 艾約翰(John Amott), 李善蘭이 함께 번역한 『植物學』(1857)이다. 그 이전에 1822년 일본 식물학자 우다가와 요안[宇田川榕庵]은 『菩多尼訶經』에서 'botany'를 '菩多尼訶'라고 한자로 음역했다가 1834년 『植學啓原』에서 '植學'이라고 의역하였다. 중국의 한역서학서 『植物學』이 출판된 후에 1867년에 일본으로 유입되어 복간됨에 따라 'botany'의 번역어는 '植物學'으로 일본어에 정착되었다. 마시니(1997: 268, 黃河淸 역)에서는 이상의 사실로 말미암아 '植物學'이라는 용어가 중국에서 창안된 이후에 일본어로 유입된 것이라고 밝혔다. 이 단어가 다른 많은 학문명칭처럼 한국 이중어사전에 처음으로 등장된 것은 존스(1914)다. 이상의 조사에서 알 수 있듯이 로브샤이트(1866~1869)에 등재된 근대기 신생 학문명칭이 한국어 근현대 어휘체계에 정착된 어휘는 단 하나만 있는데 그것이 '數學'이다.

<표 17>에서 우리는 중국어 학문명칭이 현대 한국어 학문명칭의

---

[①] 원문: 通商院則以數學銀學文字三者爲宗.(上卷 45a) 언해: 통샹원(샹로통ᄒᆞᄂᆞᆫ 일을 쥬쟝ᄒᆞᄂᆞᆫ 원)은 산학과 은학 문ᄌᆞ학 셰가지로 죠종을 숨으며. 『권 2 45b』

성립에 미친 영향이 매우 미미하다는 것을 알 수 있다. 그 이유는 학문명 칭 접미사로서의 '學'과 관련된 경우가 있고 근대 일본어계 학문명칭에 밀려난 경우도 있다. 이 책에서는 중국어 기원의 학문명칭이 한국어 어 휘체계에 영향을 미친 양상을 (42)와 같이 분류하였다. 첫 번째는 실질 적인 의미를 담은 어형은 중국어에서 차용하였지만 근대적 학문명칭의 '學' 때문에 현대한국어어휘체계에 정착되지 못한 것이고 두 번째는 근대 한국어 어휘체계에 나타났다가 일본어계 학문명칭에 밀려난 유형이며 세 번째는 중국어에서 실질적인 의미를 담은 어형에다 근대적 학문명칭 접 미사 '學'을 더하여 형성한 학문명칭이 사용되었다가 나중에 일본어계 학 문명칭에 밀려난 유형이다.

(42) 가. 접미사로서의 '學'과 관련된 경우 Astrology: 占星之理 → 졈셩학 占星學(1914, 1924) → 졈성술 [학]Geography: 地理全志, 地 理志, 地理總論 → 디리학 地理學(1890,1891, 1914, 1924,1925) → 지리학 Geometry: 幾何原本 → 긔하학 幾何學(1914, 1925) → 기하학 Pharmaceutics: 製藥之學 → 제약학 製藥學(1914, 1924, 1925) → 약학, 조 제학

나. 일본어계 학문명칭에 밀려난 경우 Metaphysics: 理學 → 리학 理學 (1914) → 형이상학 natural Philosophy; 性理之學 → 셩리지학(1890) → 자 연 철학, 물리학

다. 이상 두 가지 유형과 다 관계된 경우 Mineralogy; 金石之理, 金石 之學 → 금셕학 金石學(1924) → 광물학 natural science; 博物之學 → 박물학 博物學(1914) → 자연 과학 Paleology: 古物總論 → 고물학 古物學(1914) → 고대학

## 5.5 마무리

이상에서 근대기 중국 기원 학문명칭이 근대 한국어 어휘체계에 미 친 영향을 살펴보았다. 결론을 말하자면 이들 용어가 한국어 어휘체계에

제4장 중국 기원 신생한자어의 유입과 정착

미친 영향은 매우 미미하다는 것이다. 로브샤이트(1866~1869)에 등재된 학문명칭의 대부분은 "之學, 學, 之理, 總論, 通知, 總理, 總法, 通學, 統知" 등의 語로 끝마친다. 즉 1860년대에는 현대 중국어 어형과 일치하는 근대 학문명칭이 아직 성립되지 않았음을 말해 준다. 중국어의 경우 위 <표 18>에서 확인되듯이 현대 학문명칭과 일치하는 용어들 중의 대부분은 顔惠卿(1908)에 처음으로 등장하였고, 일부 용어가 赫美玲(1916)에 비로소 등장하였다. 이런 이유 때문에 근대 중국 학문명칭의 성립 시기를 20세기 초반으로 잡는 것이 타당하다고 생각한다. 한국어의 경우 19세기 말기에 현대 학문명칭과 일치한 용어들이 유입되어 왔는데 이 용어들 중의 대부분은 존스(1914)에 등장한다. 바꿔 말해 근대 한국 학문명칭의 성립 시기 역시 20세기 초반으로 본다. 로브샤이트(1866~1869)에 등재된 학문명칭 중에 '數學'이라는 용어만 한국어에 유입되고 어휘체계에 정착되었다. 앞에서 살펴보았듯이 '數學'이라는 용어는 중국에서 16세기 말기에 생긴 용어다. 이 용어가 생기기 전에 중국어에서 'MATHEMATICS'를 지칭하는 말로 "數, 數術, 算, 算學, 算術" 등이 있었다[1]. 그 후에 『幾何原本』이 번역된 이후에는 '幾何', 또는 '度數之學'으로 'MATHEMATICS'를 지칭하였다. 근대 후기에 들어와 '算學'과 '數學' 두 용어가 경쟁을 벌이다가 20세기 30년대에 와서야 중국 학계에서 여러 번의 토론 끝에 '數學'이라는 용어를 선정하였다. 한국어의 경우 고대 중국어의 영향으로 'MATHEMATICS'를 지칭하는 말로 '算學'이란 용어를 줄곧 사용하여 왔다. 18세기 후반에 들어와 근대 학문명칭으로서의 '數學'이 조선후기 실학자 홍대용의 『湛軒書』에 등장하였다. 이는 담헌외집(湛軒外集) 권4 중의 "籌解需用內編 上"의 참고 서목에서 "數學啓蒙", "數學統宗"이라는 항목이 들어 있다는 사실에서 확인할 수 있다. 재미있는 것은 참고 서목 밑에서 세주(細注)를 단 부분을 보면 "數學啓蒙"은 즉 중국 원나라 학자 朱世傑에 의해 편찬된 『算學啓蒙』이며, "數學統宗"은 즉 중국 명나라 학자인 程大位에 의해 편찬된 『算法統宗』이다. 홍대용이 참고한 이 두 서적의 제목 중에 '算法, 算

---

[1] 郭世榮(2014:781~786)을 참조.

學'은 모두 '數學'이라는 용어로 대체하여 사용되었다. 이는 홍대용이 '算法, 算學, 數學' 등 여러 용어 중에서 '數學'을 선정하여 사용하였음을 보여 준다. 개화초기에 들어와 중국어의 영향으로 '算學'과 '數學' 두 용어가 공존하였음을 개화초기의 신문 『漢城旬報』와 『漢城周報』에서 확인할 수 있다[①]. 이러한 상황은 20세기 초까지 계속되어 존스(1914)에 정식으로 어휘체계에 정착되었다고 할 수 있다. 沈國威(2010:27)에서 밝혀진 바와 같이 19세기 80년대 중반에 일본은 근대 인문학·자연학 등의 분야에서 학문명칭들이 성립되었다. 이 점에서 보면 중국과 한국 양국 언어에서 학문명칭의 성립은 일본어 차용어의 공헌이 크다고 할 수 있다. 이상의 연구를 종합해 보면 로브샤이트(1866~1869)에 등재된 학문명칭이 근현대 어휘체계에 정착된 상황은 (43)과 같이 분류할 수 있다.

(43) 가. 한국어 어휘체계에 정착된 어휘(1개) 數學

나. 한국어 어휘체계에 정착되었다가 나중에 밀려난 어휘(2개) 理學 性理之學

다. 근대 영한류 사전에 나타나지 않는 어휘(80개) 聲響之理 星學 星氣學 星家學法 卜星吉凶之法 占星之理 生活之理 生活總論 草木總理 草木之學 博學草木 堪輿總論 天地總論 頭殼總論 髑髏總論 煉法 煉物之學 煉物之理 蟲學 博蟲之理 五常之理 五常之道 修德之理 修齊之理 人類通知 萬族通知 地理全志 地理志 地理總論 量地之理 幾何原本 紋印通知 解紋印之事 博紋印之學 律法之學 律法之知 思之理 理論之學 明理之學 工藝之學 機藝之學 機器之學 萬有理之學 金錄 百金錄 百金總論 人物論 人類總論 金石之理 金

---

[①] 『漢城旬報』(제18호) 1884년 4월 16일자의 '格物院'이란 기사에서 '數學'이라는 용어를 사용했었다. 또한 『漢城旬報』(제14호) 1884년 3월 8일자의 "泰西의 文學源流考", 『漢城周報』(제52호) 1887년 2월 28일자의 "西學源流", 『漢城周報』(제53호) 1887년 3월 7일자의 "續錄西學源流", 『漢城周報』(제55호) 1887년 3월 21일자의 "同文館大考題" 등 기사에서 '算學'이란 용어를 사용했었다.

石之學 博物理學 格物總智 心論 心學 博物之理 格物 博物之學 古學 古文學 古論 古物總論 病學 病論 百病總論 製藥之藝 製藥之學 整藥之學 治藥法 五常總論 聲音之學 音學 性學 性功用學 性功用論 靈魂之學 魂學 靈魂之智 地方總論 生物之知 生物總論

# 제 5 장  개별 어휘의 한국어 유입과 정착 – '化學'을 중심으로

본 장은 현재 한중일 언어에 'Chemistry'의 대역어로 사용되고 있는 '化學'이란 용어에 주목하여 이 용어의 생성과 관련지어 한국어로 유입되는 경로와 수용 과정을 밝히는 데 목적이 있다. 이 책에서 '化學'이란 용어를 연구 대상으로 삼게 된 이유는 이 단어의 한국어 유입과 수용 과정이 개화기라고 하는 시대의 특수성과 한국 근대 신생한자어휘 체계의 복잡성을 여실히 보여주고 있기 때문이다. 이에 이 책에서는 다음과 같이 논의를 진행할 것이다. 제 1 절에서는 '化學'이라는 용어가 한국어로 유입되기 전에 중국이나 일본에서 'Chemistry'의 대역어로 어떻게 사용되고 있는지를 살펴볼 것이다. 제 2 절에서는 '化學'이란 용어가 한국어로 어떻게 유입되었는지, 즉 유입될 때의 양상을 조사할 것이다. 제 3 절에서는 '化學'이란 용어가 근대한국어휘체계에 정착되는 과정을 밝힐 것이다.

## 제 1 절  동아시아에서 'Chemistry'의 수용과 '化學'이란 용어의 출현 맥락

19세기 말엽의 일본은 이미 서양 문화에 대한 교육과 연구 방면에서 중국의 발전 모델이 되어 있었다. 그러나 메이지 유신 전까지만 해도

제 5 장  개별 어휘의 한국어 유입과 정착 – '化學'을 중심으로

일본 내에 서양 세계 관련 정보를 보급하고 새로운 개념을 가리키는 데에 사용된 용어들에 대해 중국이 일정하게 기여하였다는 것은 주지의 사실이다. 沈國威(1995)에서 밝혀졌듯이 기하학, 지리학, 화학, 식물학 등에 쓰이는 학술 관련 신생한자어들은 적어도 메이지 유신 전후까지는 그러한 중국기원의 신생한자어가 일본어에 그대로 수용되는 일이 흔했다는 것이다[1]. 이 책에서 연구대상으로 삼은 '化學'이라는 용어가 바로 좋은 예이다. 그러면 동아시아에서 'Chemistry', 즉 근대 과학 지식은 언제부터 도입되었을까? '化學'이란 용어가 어떻게 나타났을까? 본 장에서는 이 두 가지 문제를 중점적으로 논의할 것이다.

## 1.1 중국어에서의 '化學'

'Chemistry'라는 근대 과학 지식이 어떻게 중국으로 도입되었을까? '化學'이라는 용어의 탄생은 16세기말 중국에서 선교 활동을 한 야소회사들과 관련이 있을까? 이 문제에 대해 중국 화학 사학자인 袁翰靑(1956:262)은 (44)와 같이 밝히고 있다.

(44) 曾經有些歷史學家這樣說, 近代的科學是在明朝末年傳來我國的. 就天文, 數學等等來說當然是正確的, 可是就化學來說, 就不是那樣了.(中略) 在十六世紀和十七世紀以及十八世紀前期, 化學還沒有建立成爲一門近代科學. 所以近代化學的傳入我國, 不可能歸之於明末淸初的天主敎士.

(번역문: 일부 역사학자에 따르면 근대 과학은 명나라 말기에 중국에 전파되었다고 한다. 이는 천문학, 수학 등의 분야에서는 타당한 주장이겠지만, 화학 영역에서는 그렇지 않다.(중략) 16세기부터 18세기 초까지 화학이라는 학문은 하나의 근대과학으로 성립되지 않았기 때문이다. 그래서 명말청초의 야소회사들을 통해서 근대 화학 관련 지식이 중국으로 유입되었다는 주장은 성립되기 어렵다.)

---

[1] 송민(1999:20)에서 재인용한 것이다.

(44)에서 볼 수 있듯이 16세기말부터 야소회사들이 중국에서 선교 활동을 하던 당시에 '化學'은 유럽에서도 아직 성립되지 않은 학문이었다. 沈國威(2010:510)에 따르면 서양의 '化學' 관련 지식은 19세기 초 중국에 선교하러 온 개신교 선교사들을 통해서 전해졌다. 이에 대해서 필자는 19세기 이후에 편찬된 이중어사전에서 'Chemistry'의 대역어를 살펴보았다.

<표 19> 이중어사전에서의 'Chemistry' 대역어

| 이중어사전 | 대역어 |
|---|---|
| 衛三畏英華韻府歷階(1844) | 丹竈之事 |
| 麥都思英華字典(1847~48) | 丹竈之事, 煉用法 |
| 羅存德英華字典(1866~69) | 煉法, 煉物之學, 煉物之理 |
| 盧公明英華萃林韻府(1872) | 丹竈之事, 煉丹石法, 煉用法 |
| 鄺其照華英字典集成(1899) | 製作法, 煉藥的, 化學 |
| 顔惠慶英華大辭典(1908) | 化學, 質學 |
| 赫美玲英漢字典(1916) | 化學(部定), 質學(新) |

근대 중국 이중어사전의 'Chemistry' 대역어를 보면 '化學'이라는 단어가 사전에 정식으로 등록된 것은 鄺其照(1899)라고 볼 수 있다. 중국어의 학문과 관련된 용어 상당수가 사전에 정착된 것은 顔惠慶(1908)이다. '化學'이 다른 학문명칭보다 일찍 근대 이중어사전에 정착된 것은 이 단어의 생성 시기가 다른 용어보다 빠름을 암시해 준다. 로브샤이트(1866~1869)도 '化學'이라는 단어를 수록하지 않았다. 그러나 사전의 편찬자인 로브샤이트가 『英華字典』(1869)의 서문에서 '化學'이라는 단어에 대해 (45)와 같이 언급하였다.

(45) Other terms, such as 化學, which has been used for Chemistry, have been omitted on the simple ground that Chemistry is not a doctrine of transformation and that our present state of science forbids us to make use of terms of the alchymists of a darker age.

(번역문: 'Chemistry'의 번역어로 사용된 '化學'과 같은 용어들은

'Chemistry'가 사물 변환 과정을 탐색하는 학문이 아니고, 또한 현재 과학의 발전 상황이 암흑시대 연금술사들이 사용하던 용어를 사용하지 못하도록 강제하고 있기에 등록되지 못하고 생략되었다.)

위의 언급은 '化學'이라는 단어가 암흑의 중세기에 연금술사들이 사용했던 말이고 1869년 이전에 벌써 생성되었음을 알려준다[①].

沈國威(2010:520)에 따르면 '化學'이라는 단어는 상해에서 선교 및 과학 계몽 활동을 했던 선교사들에 의해 1850년대 후반에 창안되었다. 그 후 공개 발행된 자료에 처음으로 등재된 것은 『六合叢談』(1857~1858)이다[②]. 『六合叢談』(hang Hai Serial)은 1857년 상해에서 창간된 잡지로서 偉烈亞力가 주필(主筆)하여 종교, 과학, 문학, 신문 기사와 관련된 내용이 실린 월간지였다. 偉烈亞力이 『六合叢談』 발간호의 「小引」에서 "請略擧其綱: 一爲化學, 言物各有質, 自有變化,

---

① 한역서학자들이 왜 이 새롭게 나타난 학문에 '化學'이란 명칭을 붙였을까? '化'라는 글자는 중국 고대어에서 '變化'라는 뜻이고 '造化'라는 말은 "자연계에서 움직여서 변화하거나 만물의 생성을 조성하는 기능"이라는 뜻이었다. 이는 다음 예문에서 확인할 수 있다.
  * 北冥有魚, 其名爲鯤. 鯤之大 不知其幾千里也. 化而爲鳥 其名爲鵬. (번역문: 북쪽 바다[北冥]에 '물고기'가 사는데 그 이름을 '곤'(鯤)이라고 한다. 곤의 크기는 몇 천리나 되는지 알 수 없다. 그것이 변화하여 새가 되면 그 이름을 '붕'(鵬)이라고 한다.) 『莊子·逍遙遊』
  * 化不可代, 時不可違. (번역문: 변화는 인위적으로 이뤄어진 것이 아니다. 때를 어기면 안 된다.) 『素問·五常政大論』
  * 天地爲爐兮, 造化爲工, 陰陽爲炭兮, 萬物爲銅. (번역문: 천지는 화로이고 조화는 장인이다. 음양은 숯이고 만물은 화로에서 녹아 만들어진 구리이다.) 『鵩鳥賦』 後漢 賈誼. 청대(淸代)에 이르러 황준헌이 『日本学术志后序二』에서 "化徵易若为鵪五合水火土离然铄金腐水离木同重体合类异二体不合不类此化学之祖也"라는 구절을 썼다. 이는 한역서학자들이 중국 고전에서 영감을 받아 근대에야 나타난 이 새로운 과학에 명칭을 붙인 방증(傍證)이라 할 수 있다. 번역문: 변화란 개구리가 메추라기가 되는 것과 같이 한 사물을 다른 사물로부터 구별시켜 주는 특징이 완전히 바뀌는 것이다. 수화토의 오합은 사름(燃)을 떠나 쇠를 녹이고 썩은 물은 나무를 떠나게 되니 같음은 중복되는 본체가 합쳐져 동류가 되는 것이고 다름은 두 가지의 본체가 합쳐지지도 종류가 같아지지도 않는 것이다. 이것이 바로 화학의 근원이다.
② 그 이전에 왕도(王韜)의 일기에서 '化學'이라는 단어의 용례가 찾아진다. "十有四日, 丁未, 是臣郁泰峰來, 同詣各園遊玩, 戴君特出奇器, 盛水於杯, 交相注, 曷頓復變色, 名曰<u>化學</u>, 想係磺强水所致".

精誠之士, 條分縷析, 知有 64 元, 此物未成之質也 [①]"라고 '化學'이라는 말을 처음 사용하였다. 沈國威(2006:95)에 따르면 15 호까지 간행된 『六合叢談』에 '化學'이라는 단어가 총 11 번 등장한다고 지적하였다. 묵해서관에서 발행된 『六合叢談』은 1858 년 5 월에 終刊되었다. 『六合叢談』이 출판된 후 선교사들과 중국 지식인들에게 널리 읽히게 되면서 '西學' 중의 하나인 '化學'이라는 전문 용어도 그들에게 점차 받아들여졌다. 1861 년 풍계분(馮桂芬)이 집권자에게 개혁 방안을 제시하는 『校邠盧抗議』를 저술하였다. 그는 이 책의 일부분인 "采西學議"에서 (46)과 같이 서술하여 서양 과학을 배우자고 건의하였다.

(46) 其述耶蘇敎者, 率猥鄙無足道. 此外如算學, 重學, 視學, 光學, 化學等, 皆得格物至理. 與地書備列百國山川厄塞風土物産, 多中人所不及.
(번역문: 기독교를 선전하는 서적들은 볼 것 없지만 算學, 重學, 視學, 光學, 化學 등은 격물의 이치를 얻는 학문이다. 지리서가 여러 나라의 지리, 풍토, 풍속을 소개하고 있는데 중국 사람들은 그에 미치지 못하였다.)

그 후 1862 년에 집권자가 북경에서 외국어를 교수하는 경사동문관(京師同文館)을 설치했고 1866 년 이후에 天文, 算學, 化學, 格致 등 서양 과학 관련 과목을 개설하기도 하였다. 이와 동시에 1868 년 강남제조국(江南製造局)에서 번역관(飜譯館)을 설치하여 양무파(洋務派) 관리의 주도하에 실학, 제조와 관련된 서적을 번역하기 시작하였다. 1870 년 『化學鑑原』이 출판된 후에 江南製造局 번역관에서 『化學分原』(1871), 『化學指南』(1873), 『化學鑑原續編』(1875), 『化學鑑原補編』(1882), 『化學啓蒙』(1880), 『化學闡原』(1882), 『化學考質』(1883), 『化學求數』(1883), 『化學材料中西名目表』(1885) 등을 출간하였다. 위 책들의 서명으로 보면 모두 '化學'이라는 용어가 포함되어 있고 내용으로 보면 근대 과학 지식들이 매우 체계적으로 소개되어 있었

---

① 번역문: 대강과 세목을 든다면 그 중의 하나가 '化學'이다. 각 물질은 제 나름대로의 성질을 갖고 있다. 지성(至誠)한 사람이 열심히 분석하여 64 가지의 원소가 있다고 알게 되었다. 원소는 물질이 이루어지기 전의 존재들이다.

다. 바로 이런 과정을 거쳐 'Chemistry'라는 근대 화학 지식이 중국에서 수용되었고 '化學'이란 용어는 중국어 어휘 체계에 정착되었다.

## 1.2 일본어에서의 '化學'

일본에서 '化學'이라는 용어를 사용하기 전에는 난학자들이 번역한 '舍密'을 'Chemistry'의 대역어로 사용하였다. 沈國威(2010:528)에 따르면 일본식물학자 우다가와 요안[宇田川榕庵]의 저서인 『植學啓原』(1833)에 '舍密'이 10번, '舍密加'가 2번, '舍密名'이 1번 등장한다. 幕府 말기(1850~60년대)에 '舍密學'이라는 형식을 갖추게 되며 일본 사회에 널리 사용되었다. '舍密'은 바로 'Chemie'를 음역해 온 말이었다. 1837년 우다가와 요안[宇田川榕庵]은 영국 화학가인 윌리엄 헨리(William Henry, 1774~1836, 중국명: 威廉 亨利)의 저서인 『Epitome of Experimental Chemistry』의 네덜란드어 번역을 토대로 일본어로 번역하였다. 번역서의 이름은 바로 『舍密開宗』이었다. 또한 文久 2년(1862)에 東京西洋醫學所에 '舍密局'을 부설하였는데, 이는 일본 학교에서 화학 실험실을 설치한 시작이었다고 볼 수 있다. 또 메이지 원년(1868)에 오사카에서 '舍密局'을 설치하여 물리학, 화학 관련 지식을 강의했다. 이처럼 일본에서 '舍密'이란 용어가 사용되고 보급되었다. 그러면 일본이 언제부터 '舍密'이라는 음역어를 대신하여 '化學'이라는 용어를 사용하기 시작했을까? 沈國威(2010:529)는 중국 잡지인 『六合叢談』(1857~1858)이 '化學'이라는 단어의 일본어 유입과 정착에 중요한 역할을 했다고 지적하고 있다. 潘吉星(1981:64)이 지적했듯이 『六合叢談』이 출간된 지 1년 만에 바로 일본으로 유입되었다. 일본은 종교 관련 부분을 삭제한 후에 1859년 정부에서 출자하여 『官版刪定本六合叢談』을 출간하였다. 『六合叢談』 권2 제1호와 제2호에 連載된 『重學淺說』은 거의 같은 시기에 일본에서 단행본으로도 출간되었다. 그리고 『重學淺說』은 和刻本 2판으로 출간되기도 했는데 그것은 『官版重學淺說』(1860.4)와 民間版本 『飜刻重學淺說』(1861)이다. 특히 『飜刻重學淺說』은 서학에 관심 있는 지식인에게뿐만 아니라

토목 공사에 종사하는 전문 인력에게도 널리 읽혀졌다. 중국서적이 자유롭게 일본에 전파되고 일본에서 많이 복간되고 읽혔던 것이다. 이러한 사실은 조선의 일본수신사 김기수의 기록(1876)에서도 확인할 수 있다.

(47) 剞劂之役, 日不暇歇, 而亦其巧妙敏速, 雖充棟卷帙, 一日而就, 所以中國書籍, 隨來隨刊, 苟欲求書, 不必燕市, 而搨精紙靭, 反有勝焉.
(번역문: 조판하여 인쇄하는 일은 매일 멈추는 시간이 없다. 정교하고도 빠르게 책을 인쇄해 줄 수 있다. 책들이 방 안에 가득 차 있어도 1일 만에 인쇄가 가능하다. 따라서 중국서적들이 유입되자마자 바로 복간된다. 책을 구하려면 燕市(청나라 북경)에 갈 필요가 없다. 탑본이 정교하고 사용하는 종이가 끈질겨서 오히려 원본보다 낫다는 느낌이 든다.)

기록에 의하면 일본에서 최초로 '化學'이란 용어를 사용한 서적은 가와모토 고민 [川本幸民] 의 『万有化學』이다. 그러나 1860년 전까지만 해도 그는 '舍密'이란 용어를 즐겨 사용했었다. 이는 그의 화약에 대한 번역서인 『兵家須讀舍密眞源』에서 근거를 찾을 수 있다. 1860년에 가와모토 고민이 『万有化學』이라는 제목으로 번역서 출간을 신청했으나 허가를 받지 못해 출간하지 못했다. 이듬해 그는 유명한 『化學新書』를 출판했으며 이 책은 교과서로도 널리 쓰였다. 그 후에 '開成所製煉方'을 '化學所'로 개명하였고 메이지 2년(1869)에 설치된 지 1년밖에 안 된 '大阪舍密局'은 정부에 (48)과 같은 내용의 개명 신청을 제출하였다.

(48) 原來舍密兩字具有萬物離合化成之義, 近來中國將之意譯爲化學, 日本使用的舍密, 究其源泉, 乃當年宇田川榛齋首次由荷蘭語之'Chemie'音譯而成, 其後沿用至今, 遂成僻語.
(번역문: 원래 '舍密' 두 글자는 만물이 離合하고 化成하는 의미를 지닌 것이다. 근래 중국에서 이를 '化學'으로 意譯하였다. 일본에서 사용하는 '舍密'은 우타가와 신사이 [宇田川榛齋] 가 荷蘭語 'Chemie'를 音譯한 것이다. 줄곧 사용되어 왔지만 지금 보면 僻語가 되었다.)

이상에서 알 수 있듯이 메이지 2년에 '舍密'이라는 단어가 벌써 '僻語'로 되었다. 이는 '舍密'이라는 단어를 사용하는 사람이 간혹 있기는 하지만 전문 분야에서 '化學'이라는 단어가 이미 보급되어 일반화되었다는 것을 말해 준다.

위에서 볼 수 있듯이 '化學'이라는 용어가 근대 과학 지식의 도입과 함께 19세기 50년대에 'Chemistry'의 대역어로 중국어에 등장했다. 일본에서는 1837년에 일찍이 근대 화학 관련 번역서가 나왔지만 그 당시에는 '舍密'이란 용어를 사용했었다. '化學'이란 용어가 19세기 50~60년대 중국에서 일본으로 도입되었으며, 그 후 중일 양국어에 정착되어 일반화가 되었다고 볼 수 있다.

## 제 2 절  자료의 조사

앞에서 우리는 중일 양국에서 'Chemistry'의 수용과 '化學'이라는 용어의 생성·정착 과정을 살펴보았다. 그러면 '化學'이란 용어가 언제 한국어에 등장했을까? 이 문제를 풀기 위해 필자는 한국 근대 이중어사전에서 'Chemistry'의 대역어를 살펴보았다. 조사한 바로는 '化學'이란 용어는 1890년에 출판된 언더우드 사전에 최초로 등재되었다. 황호덕·이상현 역(2012:243)에서는 언더우드(1890)는 선교를 위한 일상회화용 영한사전에 근접한 것이라고 밝혔다. 일상회화용 목적으로 편찬된 한국 최초의 영한류 사전에 '化學'이라는 용어를 등재시킨 것은 주목할 만한 일이다. 또한 게일(1897)과 존스(1914)에 등재된 학술 관련 용어의 대부분을 등재시키지 않았지만 '化學'이라는 용어를 표제어로 등재하였다. 이는 '化學'이라는 용어가 한국어에 유입된 시기는 기타 학술 관련 용어와 다르다는 것을 암시해 준다. '化學'이라는 용어가 다른 학술 관련 용어보다 20여 년 일찍 사전에 등재되었다는 사실을 감안하면 이 용어가 개화초기에 이미 한국어에 유입되었을 가능성이 높다고 추정할 수 있다. 그러나 이 용어가 어떤 경로로 어떻게 한국으로 유입되었을까? 또한 어떻게 근대 한국어 어휘체계에 정착되었을까? 이러한 문제의식을 가지고 필자는 한국 개화초기의 대표적인 자료들을 검색하였다. 동원된 개화초기의 자료는 중국 서적 『易言』과 『易言』 언해본, 일본에 다녀온 수신사・신사유람단・흠차대신 등이 남긴 견문록이나 일기, 개화초기 한반도의 신문자료(『漢城旬報』・『漢城周報』) 등이다.

## 2.1 언해본 『易言』

李光麟(1974:33~46)에서는 개화초기까지 조선 지식인들이 서양 문물에 대한 지식을 접할 수 있는 길은 중국서적뿐이고 19세기 중엽을 전후한 시기에 중국에서 간행된 서양문물 소개서 가운데에는 한국의 개화사상에 직접적으로 커다란 영향을 끼친 저서가 적지 않다고 지적하였다. 『易言』이 바로 그러한 책이다. 『易言』은 중국 청나라 말기 사상가인 鄭觀應에 의해 1870~1871년 간에 편찬되고 1880년 홍콩중화인무총국[香港中華印務總局]에서 출판된 책이다. 중국의 개화 정책을 밝힌 저서로 1880년 수신사 김홍집이 駐日 淸國公使館 參贊官 황준헌으로부터 기증 받은 책이다①. 이는 『梅泉野錄』(1955:50)에서 근거를 찾을 수 있다.

(49) 庚辰十月, 金弘集還自日本, 進『易言』二冊.『易言』者, 淸人 黃遵憲所著也, 大意處今日而欲治富強, 必先學洋制而習洋技, 累累數十萬言, 大略策士馳騁揣摩之見耳. 遵憲携之遊日本, 弘集得之, 以備乙覽, 蓋欲上之默察天下大勢, 而亦原濕諮詢之職耳, 非有私意包藏也. 拘曲之儒謂弘集進天主學, 攻駁之論紛然而起.

(번역문: 경진년(1880) 10월, 金弘集은 일본에서 돌아와 『易言』 2책을 진상하였다. 이 『易言』은 청나라 黃遵憲이 지은 것으로, 그 내용은 지금 부강을 꾀하는 길은 반드시 서양의 제도를 배워 서양의 기술을 익

---

① 黃玹(1955:50)에서 당시 황준헌이 김홍집에게 선물로 하는 『易言』은 1879년 王韜가 일본을 방문할 때 가져간 것으로 2권 36편의 분량을 보면 당시 공개적으로 간행되지 않았던 판본이라고 추정된다.

제 5 장  개별 어휘의 한국어 유입과 정착 -'化學'을 중심으로

혀야 한다는 것이다. 수십만 字가 되는 이 책은 책사들이 이곳저곳을 다니며 예상한 견해를 적은 것이다. 이 책은 황준헌이 일본에서 가지고 다니던 것을 김홍집이 입수하여 고종이 일독하도록 권유하였다. 그것은 고종이 천하대세를 살펴 국정을 상하에 자문케 하려는 목적이 있었을 뿐이며 어떤 私意가 있는 것은 아니었다. 그러나 식견이 천박한 선비들은 김홍집이 천주교의 서적을 진상한 것으로 오판하여 그를 공격하는 여론이 분분하였다.)

(49)에서 『易言』이라는 책의 주요 내용과 한국으로의 유입 경로를 확인할 수 있다. 여기서 『易言』의 저자가 잘못 기록되어 있지만 『易言』을 김홍집이 청나라 참찬관인 황준헌에게서 기증 받았다는 것은 틀림없는 사실이다. 『易言』은 한국으로 유입된 후에 바로 지식인들에게 전파되었다. 1880년 14살인 이승희가 『易言』을 읽고 "『易言』慢中國之衰敗, 發言多 切中時弊, 然醉于西歐風潮, 不知東洋先王之大道, 故特書后以辨之"라고 하였다[1]. 1881년 10월 조선 어윤중(魚允中)과 이조연(李祖淵)은 청나라 상해를 방문할 때 일부러 鄭觀應을 방문하기도 하였는데 이는 鄭觀應이 쓴 "高麗使臣魚允中李浣西來購『易言』幷詢治策書此代束"라는 시에서 확인할 수 있다[2]. 1881년 박정양(朴定陽)이 쓴 『從宦日記』의 "以經理事蒙『易言』二冊賜給"이라는 구절에서 볼 수 있듯이 『易言』은 당시 조선지식인들 간에 선물로 주고받은 책이었을 만큼 그들에게 많이 읽힌 것이었다. 1882년 임오병변(壬午兵變) 이후 『易言』이 더 널리 퍼졌다는 사실을 당시 조선 지식인들이 왕에게 올리는 상소문에서 확인할 수 있다. 지석영(池錫永)은 그의 상소문에서 "凡自強禦侮之策, 俱載于『易言』一部書, 臣不敢贅進焉[3]"라고 하였고, 尹善學은 "臣看中國人所編『易言』冊子, 可謂治世之要訣..."이

---

[1] 李承熙,『韓溪遺稿』7, 532쪽.
[2] 夏冬元이 편찬한『鄭觀應集 下』라는 책의 1271쪽에서 발췌한 내용이다. 시의 내용은 다음과 같다. 堯舜秉至公, 無爲天下治. 嬴秦雖至強, 徇私亡國易. 所以賢君相, 孜孜爲民計. 民強國自強, 道由富致. 致富勿愚民, 廣學開其智. 舍此國必衰, 賢者皆避位. 威武不能屈, 直臣諫而死. 叵奈諂佞臣, 偸生溺富貴. 秦檜與嚴嵩, 靑史嚴擊刺.『易言』慚管窺, 宗旨亦如是. 遠詢杞憂生, 聊達區區意.
[3] 承政院日記. 高宗十九年八月二十三日.

라고 하였다①. 또한 변옥은 『易言』, 『朝鮮策略』, 『萬國公法』등을 간행하여 조선팔도에 널리 전파하도록 하자고 상소문에서 건의하였다②. 이상의 기록에서 볼 수 있듯이 개화사상을 담고 부국강병의 대책을 제시해 주는 『易言』은 당시 조선지식인들 사이에서 높은 평가를 받으면서 많이 읽히는 책이었다. 더군다나 지식인들뿐만 아니라 일반 민중들도 개화사상을 접할 수 있도록 하자는 취지에서 1883년에 정부의 주도하에 『易言』은 총 네 권으로 언해되어 출간되었다③. 『易言』 언해본은 당시 조선 사회 지식인들의 서양 문물제도에 대한 인식 연구뿐만 아니라 중국계 신문명 어휘가 많이 수록되어 있어 개화초기 한국어 신생한자어 연구에 있어서도 매우 귀중한 자료다. 이에 팔자가 이 책의 연구목적에 초점을 맞춰 '化學'이라는 용어를 검색했는데 (50) 과 같은 4가지 용례를 발견했다.

(50) 가. 원문 : 至鑛師醫士無不精於格物 通於化學 〈乾卷 39b〉

언해 : 광스와 의원이 물정 통ᄒ기를 정히 ᄒ며 화학 (조화지리를 비호는 거시라) 을 통ᄒ며

나. 원문 : 敦請精通泰西之天球地輿格致 農政 船政 化學 理學 醫學及各國言語 政事 文字 律例者數人 〈乾卷 41b〉

언해 : 태셔에 텬문 디리와 격치지학이며 농정 (농ᄉᄒ는 법이라) 션정과 화학 리학 (리치를 궁구ᄒ는 학이라) 과 의슐이며 각국 언어와 정ᄉ와 문ᄌ와 법례를 정통ᄒᆫ 쟈 수인을 굿이 쳥ᄒᆯ딕 〈권 2 38a〉④

다. 원문 : 而窮究之其最要者爲力學 化學考覈甚微 〈乾卷 44a〉

---

① 承政院日記. 高宗十九年十二月二十二日.
② 承政院日記. 高宗十九年十月初七日.
③ 洪允杓 (1992:3) 에서는 한글로 언해되어 있는 『易言』 에는 刊記가 나타나지 않아 정확한 출판 연애를 알 수 없으나 중국에서 1880년에 중간된 한문본이 1883년 한국에서도 복각되었다는 사실로 말미암아 언해본은 이와 비슷한 시기에 출판되었으리라고 추정되었다.
④ 원문은 이어 쓰는 연철표기로 하고 있는데 필자의 이해에 따라 문장을 끊었다. ( ) 안에 있는 부분은 언해하는 사람이 세주를 단 것이다.

제 5 장  개별 어휘의 한국어 유입과 정착 - '化學'을 중심으로

언해 : 궁구ᄒ게 ᄒ며 그가 쟝요긴흔 재 력학과 화학이니 <권 2 43b>

라 . 원문 : 此外如輿圖象緯醫學算學重學化學光學格致機器 , 皆昔之所無而今之所有 <坤卷 跋 2b>

언해 : 기외에 디도와 텬문디리며 의학과 산학이며 즁학과 화학이며 광학 ( 빗ᄂ게 ᄒᄂ 슐법 ) 과 격치지학이며 긔긔 등 속은 다 녯젹의 업던 빅로되 이제 이시며 <권 4 발문 4b>

## 2.2  일본 수신사 · 신사유람단 · 흠차대신의 견문록과 일기

한반도는 고종 13 년 (1876) 에 일본과 강화도조약 ( 江華島條約 ) 을 체결하여 문호를 개방한 후 구미 열국과도 통상조약 ( 通商條約 ) 을 체결하여 신문화를 수입하고 개화정책을 시행하기 시작하였다 . 이 책에서는 개화초기 일본으로 파견된 수신사 , 신사유람단 , 흠차대신의 견문록이나 일기에서 '化學'이라는 단어의 형태를 추적하고 한일 어휘 교류의 사실을 검토하기로 한다 . 동원된 자료는 김기수 ( 金綺秀 ) 의 『日東記游』(1877)[①], 이헌영 ( 李櫶永 ) 의 『日槎集略』 (1881), 박영효 ( 朴泳孝 ) 의 『史和記略』(1882), 박대양 ( 朴戴陽 ) 의 『東槎漫祿』 (1884~1885) 이다 .

『日東記遊』는 조선 말기 1876 년에 병자수호조약 ( 丙子修好條約 ) 이 체결된 후 수신사로 처음 일본에 다녀온 김기수가 메이지 유신 이후 발전된 일본의 문물을 시찰하고 기록한 책이다 . 『日槎集略』은 조선시대 고종 18 년 (1881) 에 일본에 파견되었던 소위 산사유람단의 한 사람이었던 이헌영이 자기가 맡은 분야의 실정을 조사한 결과와 기타 문견을 기록하여 보고한 글이다 . 『史和記略』은 고종 19 년 (1882) 6 월에 임오군란 ( 壬午軍亂 ) 이 일어난 후 조선에서 수신사로 일본에 파견했던 박영효의 견문 일기이다 . 『東槎漫祿』은 갑신정변 ( 甲申政變 ) 이후에 봉명사신 ( 奉命使臣 ) 으로 일본에 갔던 정사 ( 正使 ) 서상우 ( 徐相雨 ) 의

---

① 김기수가 일본에 갔다온 다음해인 1877 년 2 월에 황해도 상산 ( 象山 ), 즉 곡산군수로 있을 때 『日東記遊』를 정리하고 발표하였다 .

종사관(從事官)이었던 박대양의 문견 및 소감을 기록한 글이다.

이들 자료는 근대 한일 관계 연구뿐만 아니라 근대 한국어 어휘체계의 성립, 그 중에서 특히 신생한자어의 성립 과정을 연구하는 데 있어서도 매우 중요한 자료이다. 필자의 조사에 따르면 『日東記遊』와 『史和記略』에는 '化學'이라는 단어가 한 번도 등장하지 않는다. 『日槎集略』과 『東槎漫祿』에 '化學'이라는 용어가 등장하는 양상은 (51)과 같다.

(51) 가. 이헌영 『日槎集略』(1881)
ㄱ. 茶罷後遍觀學校而一處有讀八大家學徒其餘盡學醫學數學化學理學各有敎師生徒而非吾所謂學校也至於理學化學之奇驗是爲屬用成造之機云而令人眩眼甚可怪也.

(번역문①: 차를 마신 뒤 두루 학교를 돌아보니, 한 곳에 팔대가(八大家 唐宋팔대가)를 읽는 학도가 있고, 그 나머지는 그림·의학·수학·理學을 배우고 있는데, 각기 교사와 생도가 있으나, 우리가 말하는 학교는 아니었다. 이학과 화학의 신기한 실험을 보니, 그것은 기구를 만드는 기계라고 하는데, 사람의 눈을 현혹하게 하여, 매우 괴이하였다.)
- 일사집략 지·신사년 4월 12일(계모).

ㄴ. 轉往工部所屬太學校而學徒爲數百名所學者卽化學理學之類餘長崎縣師範學校一規但規制是大.

(번역문: 발길을 돌려 공부(工部) 소속 태학교에 갔다. 학도는 수백 명이요, 배우는 것은 화학·이학(理學) 따위로, 장기현 사범학교와 같은데, 단 이곳의 규모가 클 뿐이다.)
- 일사집략 地·신사년 5월 13일(갑술).

ㄷ. 數學化學海軍學, 複本武揚工作學化學, 宇都宮三郞 大島圭介
(번역문: 수학·화학·해군학: 複本武揚(가본무양) 공작학·화학:

---

① 고전국역총서 『해행총재Ⅺ』(민족문화추진회, 1977)에 권대영·문선규·이민수의 『일사집략』에 대한 번역문을 참조하였다.

우도궁삼랑(宇都宮三郞) 대도규개(大島圭介))- 일사집략 人·산록·在官有名大家.

　　나. 박대양 東槎漫祿』(1884~1885) 二十一日
　　陰徃觀大學校礦學化學醫學等處. ⋯ 化學之法專以水火二氣相藉神用變幻無端凡屬器用皆琉璃與强水而已立一鏡於暗室中前有懸迷鏡二斡一直一斜且置一鏡於戶外受太陽氣從戶牖中有一孔影與室中之鏡遙相對焉從斜鏡窺測則晃明世界五色玲瓏此所以測候黃赤道之法.
　　(번역문 ①: 21일 흐림. 대학교의 광학(礦學)·화학(化學)·의학(醫學) 등을 공부하는 곳을 가 보았다. ⋯화학의 방법은 오로지 물과 불 두 가지의 기운이 서로 신기한 작용을 일으켜서 변화가 끝이 없었다. 사용하는 기기(機器)는 다 유리와 강수(强水 산류 酸類)뿐이었다. 거울 한 개를 암실(暗室) 가운데에 걸어 놓았는데, 앞에는 현미경 두 대가 있어서 하나는 곧게, 하나는 비스듬히 놓였다. 또 거울 한 개를 문 밖에 두어 태양의 기운을 받게 하고 창문 가운데에 한 개의 구멍을 두어 바깥 거울의 그림자와 실내(室內) 거울이 멀리서 서로 마주 대하게 되어 있는데 비스듬한 현미경을 따라 엿보아 계측(計測)하니 환하게 밝은 세계에 오색(五色)이 영롱하였다. 이것은 황적도(黃赤道)를 측후(測候)하는 법이었다.)
　　　　　　　　　　　　　　　　　- 동사만록·일기. 을유년(1885. 1.21).

## 2.3 『漢城旬報』·『漢城周報』(1883.10.31.~1887.4.18.)

『漢城旬報』는 한국 개화기 최초의 신문이자 관보이기도 하다. 漢城旬報 제1호가 고종 20년 계미년(癸未年) 10월 초하루(1883년 10월 31일) 발행된 이후 음력 매 1일마다 즉 순별로 신문이 발행되었기에 순보다 하였다. 『漢城旬報』는 1883년 10월말에 창간되어 1884년 10월 9일까지 모두 36호가 발간되었다. 신문 기사 수는 모두 1557건, 국내 기사가 407건, 외국 기사가 1019건, 특집에 해당하는 집록

---
① 고전국역총서 『해행총재XI』(민족문화추진회, 1977)에 남만성의 『동사만록』에 대한 번역문을 참조하였다.

이 116건, 기타가 15건이다①. 이한섭(2010:26~27)에 따르면 『漢城旬報』에 수록된 기사는 주로 國內官報, 國內私報, 各國近事, 集錄, 本局廣告로 구성되어 있는데 그 중에서 집록에는 주로 과학과 관련된 글이 실려 있고 국외 기사는 거의 외국신문 기사를 그대로 전하거나 한문으로 번역하여 싣고 있는데 그 중에서 외국 소식에 대한 뉴스원은 주로 중국 신문이라고 밝히고 있다. 1886년 1월 25일에 『漢城旬報』가 폐간된 지 14개월 만에 『漢城旬報』를 다시 복간하는 형태로 『漢城周報』가 창간되었다. 그리고 1888년 7월 14일 창간된 지 2년 6개월 만에 박문국의 폐쇄와 함께 총 120여 호를 발행하고 폐간되었다. 이 책에서는 『漢城旬報』나 『漢城周報』에 실린 잡기류 기사, 기술적(敎述的) 산문(散文) 성격을 띤 기사, 서사적(敍事的) 산문(散文) 성격을 띤 기사 총 52건의② 기사에서 '化學'의 용례를 추적하여 (52)와 같은 15 용례를 찾았다.

(52)

가. 泰西文學雖瓜分多門要皆天算格化等學 … 化學本於中土之方士設爐焩煉點換③各術.

(번역문④: 서양에서 학문 과목이 여러 부류지만 대체로 천문, 산학, 격치지학, 화학으로 구성된다. …화학은 원래 중국에서 방사들이 화로를 설치하고 화로통을 붉게 하여 단약을 조제하는 것이었다.)

-1884.3.8. 漢城旬報·泰西文學源流考.

나. 若不借助於測算格化諸學亦不能探造化之妙締蓋上古之世釐定歲時莫不恃算學推步天文自牛氏後莫不以重學發明天文今則用光學化學以引深之.

---

① 『漢城旬報』에 대해서는 주로 정대철(1984), 정진석(2003)를 참조했다.
② 52건의 기사가 『韓國近代文學研究資料集』(開化期 新聞篇)(1987)에 수록되어 있다.
③ '點換'은 수은을 백금으로 바꾸는 것을 말한다. 이는 보통 '黃白之術'이라고 하면 연단술(煉丹術)을 지칭하는 말이다.
④ 『漢城旬報』와 『漢城周報』에 나온 문장에 대한 번역문은 필자가 번역한 것이다.

(번역문: 측량지법, 산학, 격치지학, 화학 등 제반 학문의 힘을 빌리지 않으면 조화의 신기함을 탐색할 수 없다. 상고시기 한 해의 기간을 규정할 때 산학에 의지하지 않은 것이 없다. 천문의 경우 뉴턴 이후에 모두 重學에 의지하여 천문을 발전시켰다. 오늘날 천문은 光學, 化學의 힘으로 깊이 연구하게 되었다.)

-1884.3.8. 漢城旬報·泰西文學源流考.

다. 微渺之質隱藏而變化者謂化學.

(번역문: 미세한 물질들이 안 보이지만 은미하게 변화하는 것을 '화학'이라 한다.)

-1884.3.8. 漢城旬報·泰西文學源流考.

라. 至乾隆時丹家秘術成爲儒者之學名之曰舍密卽化學也遂與丹術分立實爲格致之大宗.

(번역문: 乾隆조에 이르기까지 연단가들의 비술은 유학자들이 배우는 학문으로 되었다. 학명은 '舍密'이라고 하다가 '化學'으로 바뀌었다. 이로부터 연단술과 분립되어 격치지학의 주종을 이루는 학문으로 되었다.)

-1884.3.8. 漢城旬報·泰西文學源流考.

마. 至明代始知徒讀往籍於實學無濟遂屛絶古人之說振興其新學焉蓋欲格致不在博覽群書而貴卽物以求理也如煉丹家妄求長生之藥點化黃白之術其術本於中華後始流傳於西方其煆煉鉛汞[①] 雖未有成而化學之理卽由此而出.

(번역문: 명대에 이르러 古典·往籍만 읽는 것은 실학에 도움이 안 된다는 것을 알게 되었다. 따라서 古人의 학문을 배제하고 新學을 진흥하기 시작하였다. 격치지리를 얻으려면 중요한 것은 책을 박람하는 것이 아니고 사물의 이치를 구하는 것이다. 예컨대 연단가들이 연단술로 장생의 보약을 정련하는 것은 중국에서 시작하여 서양으로 유입되었다. 서양인은 납과 수

---

① '鉛汞'이란 도가(道家)에서 납과 수은으로 제련해서 만든 장생의 단약을 말한다.

은으로부터 단약을 만드는 것에는 실패했으나 '화학지리'가 여기서 나왔다.)

-1884.3.8. 漢城旬報·各國學業所同.

바. 此言創學非言讀書於是各專一門而星算格化諸科因之日新月盛以闡古人未發之秘其初不過討論其理未嘗計及其用迨後世得氣機電機之力與夫化學之功始知富强之術卽寓其中不但學者視爲要務卽諸國亦以爲學院課程之大宗.

(번역문: 이 말은 학문 창립을 말하는 것이오 책을 읽는 것을 말하는 것이 아니다. 따라서 한가지에만 전공하도록 하여야 한다. 그러나 점성술, 산학, 격치지학, 화학 등 제반 학문은 古人이 밝히지 않은 비밀, 날로 다르게 변화하여 발전하는 것을 연구한다는 데 그치지 실제에 적용시키는 것을 생각하지도 않았다. 후세에 이르면 氣機電機의 힘과 화학의 功을 통해서 '부강지술'이 거기에 숨어 있다는 것을 알게 되었다. 배우는 자가 긴요한 일로 여겨야 할 뿐만 아니라 각국 대학에서 주요 과목으로 개설하여야 한다.)

-1884.3.8. 漢城旬報·各國學業所同.

사. (中學校)... 有農業工業商業洋語等諸科各令專究一業以資生利大學校設於國都之中有理學化學法學醫學等諸科而生徒皆聰明才器有志於治國經世者也.

(번역문: (중학교에서는)... 농업, 공업, 상업, 洋語 등 제반 과목 중의 하나만 전공하여도 생계유지를 할 수 있도록 하고 있다. 대학교는 수도에 설치하고 이학, 화학, 법학, 의학 등 과목들이 개설되어 있다. 생도들이 모두 총명하고 재능이 뛰어나며 나라를 다스리는 일을 뜻으로 삼은 자들이다.)

-1884.3.8. 漢城旬報·各國學業所同.

아. 言乎農耕則同一種穫也我用人力而彼用汽力同一肥料也我以收拾得之而彼以化學製之.

(번역문: 농경을 말하면 똑같이 심고 수확하는 일에 우리가 인력을 사용하지만 그들은 기계를 사용하고 있으며 비료를 주는 일에 우리는 (똥을) 주워 모아서 쓰지만 그들은 화학으로 만들어서 쓴다.)

-1886.2.1. 漢城周報·論學政第二.

## 제 5 장  개별 어휘의 한국어 유입과 정착 - '化學'을 중심으로

자. 墨子曰化徵易若, 蛙爲鶉. 五合水火土, 離燃鑠金, 腐水離木, 同重體合類, 異二體不合不類, 此化學之祖也.

(번역문: 묵자가 이르기를 변화란 개구리가 메추라기가 되는 것과 같이 한 사물을 다른 사물로부터 구별시켜주는 특징이 완전히 바뀌는 것이다. 수화토의 오합은 사름(燃)을 떠나 쇠를 녹이고 썩은 물은 나무를 떠나게 되니 같음은 중복되는 본체가 합쳐져 동류가 되는 것이고 다름은 두가지의 본체가 합쳐지지도 종류가 같아지지도 않는 것이다. 이것이 바로 화학의 근원이다.)

-1886.10.11. 漢城周報·廣學校.

차. 更有技藝院格物院均學習汽機電報織造採鑛等事又有算學化學考驗極精算學兼天文地球句股測量之法化學則格金石植動胎濕卵化之理.

(번역문: 더구나 技藝院과 格物院에서는 모두 기계, 전보, 직조, 채광 등 학문을 가르치고 있다. 산학과 화학은 매우 세분화되고 있는데 산학은 천문, 지구, 측량지법 등, 화학은 금석, 식물, 동물, 태생·습생·화생 등을 다루고 있다.)

-1886.10.11. 漢城周報·廣學校.

카. (書院) 每院特設一科請精於泰西之天算地球船政化學醫學及言語文字律例者爲之敎習或遣以出洋學習之學成返國者當之.

번역문: (각 원(院)에 하나의 과목을 특설하여 서양 천문, 산학, 지리, 선정, 화학, 의학, 언어, 문자, 법률 등을 통달한 사람을 초청하여 가르치도록 해야 한다. 혹은 (우리나라) 사람을 외국으로 보내 공부하도록 하고 학업을 성취하면 귀국하여 가르치도록 해야 한다.)

-1886.10.11. 漢城周報·廣學校.

타. 所謂西學者雖派分多門要旨天算格化等學其本原出於東方西人善爲推廣而流傳之化學本於中土之方士設鑪煆煉點換各術.

(번역문: 이른바 서학이란 여러 갈래로 분류하지만 대체로 천문, 산

학, 격치지학, 화학으로 구성된다. (이들 학문이) 동양에서 기원했으나 서양 사람이 발전시키고 보급시켰다. 화학은 원래 중국에서 방사들이 화로를 설치하고 화로통을 붉게 하여 단약을 조제하는 것이었다.)

-1887.2.28. 漢城周報・西學源流.

파. 若不借助於測算格化諸學亦不能探造化之妙締蓋上古之世釐定歲時莫不恃算學推步天文自奈氏<sup>①</sup> 後莫不以重學發明天文今則用光學化學以引深之.

(번역문: 측량지법, 산학, 격치지학, 화학 등 제반 학문의 힘을 빌리지 않으면 조화의 신기함을 탐색할 수 없다. 상고시기 한 해의 기간을 규정할 때 산학에 의지하지 않은 것이 없다. 천문의 경우 뉴턴 이후에 모두 重學에 의지하여 천문을 발전시켰다. 오늘날 천문은 光學, 化學의 힘으로 깊게 연구하게 되었다.)

-1887.2.28. 漢城周報・西學源流.

하. 微渺質隱感而變化者謂化學.

(번역문: 미세한 물질들이 안 보이지만 은미하게 변화하는 것을 "化學"이라 한다.)

-1887.2.28. 漢城周報・續錄西學源流.

거. 至乾隆時丹家秘術成爲儒者之學名之曰舍密卽化學也遂與丹術分立實爲格致之大宗.

(번역문: 乾隆조에 이르기까지 연단가들의 비술은 유학자들이 배우는 학문으로 되었다. 학명은 "舍密"이라고 하다가 '化學'으로 바뀌었다. 이로부터 연단술과 분립되어 격치지학의 주종을 이루는 학문으로 되었다.)

-1887.2.28. 漢城周報・續錄西學源流.

이상은 1876년~1887년 사이 한국의 대표적인 개화기 자료에서 '化

---

① '牛氏'와 '奈氏'는 'Newton'을 지칭하는 말이다. 근대 중국의 자료에서 'Newton'을 지칭하는 말이 '牛頓'과 '奈端'이 있다.

學'이라는 단어를 추적하여 용례를 정리한 것이다. 위의 예문들을 통해서 '化學'이라는 단어의 한국어로의 유입 경로, 정착 과정을 살필 수 있을 뿐만 아니라 개화초기 조선이라는 나라의 사회상, 서학에 대한 인식과 태도를 엿볼 수도 있다. 이 책에서는 '化學'이라는 단어가 한국어로 유입되는 경로와 정착 과정에 초점을 맞춰 살펴보고자 한다.

## 제 3 절 '化學'이란 용어의 한국어 유입과 정착

### 3.1 '化學' 이란 용어의 한국어 유입

지금 조사된 자료 중에서 '化學'이라는 단어가 최초로 한국어에 등장한 것은 鄭觀應의 『易言』에서이다. 앞에서 살펴본대로 『易言』은 1880년에 한국에 유입되었는데 당시는 조선 사회가 개화사상을 접하는 시기로 이 서적은 조선지식인들 사이에서 많이 읽힌 책이었다. 그러나 서양 문물을 수용하기 위한 기반이 튼튼히 다져지지 않은 상태에서 새로운 문물과 제도, 사상을 가득 담은 이 책에 대해 당시 조선지식인들이 얼마나 이해했는지는 명확하지 않다. 이 문제는 『易言』의 언해본에서 확인할 수 있다. 언해본에는 '化學'이라는 단어가 총 4번 등장하는데 처음으로 나오는 '化學'에 대해 괄호 안에 주를 달았고, 나머지 세 군데는 자형 그대로 번역하였다. 괄호 안에 주를 단 부분을 보면 우리는 당시 번역자의 '化學'이라는 신문명 용어에 대한 이해도에 문제가 있었음을 알 수 있다. "조화지리를 비호는 거시라"라고 하는 표현은 근대적 학문명칭으로서의 化學 개념과 거리가 멀기 때문이다[1]. 李光麟(1974:20)에서 알 수 있듯이 『易言』의 저자 鄭觀應은 미국인 선교사로부터 영어를 배우고 약 30년 동안 上海와 홍콩 등지에서 외국 상사(商社)의 매판(買辦)으로 일한 인물이었다고 알려져 있으므로 당시로서는 서양에 대한

---

[1] 실은 '化學'이라는 단어 외에 『易言』 번역자가 당시의 중국에서 보편적으로 통용되었으리라고 여겨지는 신생한자어에 대해 잘못 이해하거나 풀이한 사례는 위 예문에서 나온 '리학, 광학'에 대한 번역에서도 확인할 수 있다.

지식을 충분히 갖춘 개혁주의자로서 중국이 부지런히 서양문물을 배워 국가경영에 응용할 것을 주장하였던 인물이었다. 송민(1999:28)에서는 이러한 인물의 저서에 나타나는 새로운 단어의 정밀한 개념을 개화초기의 번역자가 제대로 소화하기는 무리였을지도 모른다고 지적하고 있다. 이러한 논의가 틀린 것은 아니지만 이 책에서는 개화초기에 홍수처럼 몰려온 서양정보를 무분별하게 받아들인 조선 사회가 서양 문물을 수용하기 위한 준비나 기반이 충분히 갖추어져 있지 않았던 것도 그 중요한 원인이었음을 지적하고자 한다.

'化學'이라는 단어는 1881년 이헌영의 『日槎集略』에도 5번 등장하는데 '化學'에 대한 설명은 단 한번 나왔다. "理學化學之奇驗是爲屬用成造之機云而令人眩眼甚可怪也"라고 하는 표현에서 볼 수 있듯이 "화학은 사람의 눈을 현혹하게 하는 괴이한 것"이라고 여겼던 것이다. 이 말에 근거한다면, 당시 이헌영은 '化學'을 처음으로 접하여 무슨 의미인지 제대로 인식하지 못하였을 가능성이 크다고 보여진다.

이상에서 우리는 1880년~1883년 사이의 조선사회에서 '化學'이라는 단어가 몇몇 자료에 등장하기는 했지만 근대적 학술 관련 용어 'Chemistry'와의 대역 관계가 성립되지 않는다는 것을 알 수 있다. 조사에 따르면 존스(1914)에 처음으로 "음향학, 생물학, 곤충학, 윤리학, 논리학, 광물학, 물리학, 철학, 심리학" 등 많은 근대 과학 명칭이 등재되었다. 이는 근대적 과학이 한국에 유입되면서 그에 해당하는 과학 명칭도 일반 민중들에게 점차 받아들여졌던 결과라고 볼 수 있다. 물론 이러한 과학 명칭이 해당 과학 분야가 한국에서 생기기 전에 이미 유입되었을 가능성도 있다. 이러한 현상이 발생한 원인은 개화초기 한국의 사회상과 관계 지으면 쉽게 이해된다. 그 당시에 한반도보다 일찍 개항된 중국이나 일본에서는 서양 문물과 관련된 한역서학서나 사전들이 이미 많이 출판되었다. 한반도가 늦게 개방된 만큼 새로운 한자어를 만들어 내기보다는 중국이나 일본에서 이미 만들어진 한자어를 수입하여 사용하기에 급급했을 것이다. 이러한 수용 과정에서 기존 한국어에 그 지시대상이 없거나 서양 지식을 수용하기 위한 기반이 다져지지 못했기 때문에 서양 정보를 수용하는 과정에서 신문명 어휘를 제대로 이해하지 못하는 문제가 생겼다고 볼 수 있다. 그러나 바로 그러한 문제에 직면하여 그 문제를 해결해 나가는 과정을 통해 조선사회가 조금씩 개화사상을 수용하기 위한 준비를 해 나가고 있었다고 볼 수 있다. 신생한자어 연구의 차원에서 말한다면 서양문물을 상징하는 단어가 한국어에 정식으로 수용되기 전에 이미 단어의 존재가 알려졌다는 것만으로도 그 의미가 적지 않다고 할 수 있을 것이다.

## 3.2 '化學'이란 용어의 한국어 정착

'化學'이라는 단어가 언제부터 'Chemistry'의 대역어로 한국어에 수용되었을까? 우리는 개화초기 신문자료인 『漢城旬報』・『漢城周報』(1883.10.31~1887.4.18)와 수신사 박대양의 『東槎漫祿』(1884~1885)에서 '化學'이라는 단어의 정착 과정을 살펴볼 수 있다. 1884년 3월 8일 『漢城旬報』에 실린 기사 "泰西文學源流考"에는 '化學' 혹은 '化'의 형태로 총 6번 등장한다. 그 중에서 "至乾隆時丹家秘術成爲儒者之學名之曰舍密卽化學也遂與丹術分立實爲格致之大宗"이라는 구절에서 알 수 있듯이 '化學'이라는 학문명칭이 '舍密'이라는 용어에서 발전해 왔고 '化學'이라는 학문이 격치지학의 주류로 되고 있었다. 그리고 그때에 '化學'이라는 용어가 'Chemistry'와 대역관계를 이루었다고 추정할 수 있다. 1885년 박대양이 쓴 『東槎漫祿』에 '化學'이라는 용어가 단 한번 나오지만 이 일기에서는 처음으로 근대적 의미로서의 '化學'에 대해서 자세히 설명하고 있다. 그러나 '化學' 분야에서 다루는 학문을 보면 근대적 의미의 '化學'도 포함되어 있는 동시에 '리학'도 포함되어 있는 듯하다. 1884년 3월 8일자에 실린 "各國學業所同"이라는 기사에 '化'나 '化學'이라는 형태가 총 4번 나오는데 그 중에서 '化學'이라는 단어를 이용하여 조어한 '化學之功'이라는 표현도 등장한다. 1886년 10월 11일자에 실린 "廣學校"라는 私議에 '化學'이라는 단어가 총 4번 나오는데 "化學則格金石植動胎濕卵化之理"라는 표현에서 알 수 있듯이 '化學'이라는 학과에서는 '化學'을 뜻하는 전통의미에서의 '金石'을 다루는 것 외에 식물, 동물, 태생・습생・화생 등 학문도 같이 다루고 있었다. 그리고 "墨子曰化徵易若蛙爲鶉五合水火土離燃鑠金腐水離木同重體合類異二體不合不類此化學之祖也"라는 글에서 "化學"이라는 학명의 유래까지 설명하고 있다. 1887년 2월 28일자의 『漢城周報』에 등재된 "西學源流"와 "續錄西學源流"에는 '化'나 '化學'이라는 형태가 총 6번 나온다. 그러나 이 두 글은 1884년 3월 8일자의 『漢城旬報』에 등재된 "泰西文學源流考"를 참고하여 증보한 글이라고 보아도 무방하다. 이는 (52 타.~52 거.) 의 예문에서 확인할 수 있듯이 '化學'이라는 단어가 나온 구절이 1884년 자료에 나온 것과 일치한다는 데서 그 근거를 찾을 수 있다.

이상은 1890년 사전의 표제어로 처음 등재되기 전, 1880년대 대표적 개화초기 자료에서 '化學'이라는 단어의 형태와 용례를 정리한 것이다. 주목할 만한 것은 『漢城旬報』나 『漢城周報』의 뉴스원이다. 이한섭(2010:27)에서는 『漢城旬報』는 외국 소식에 대한 기사 작성에 중국 신문을 주 뉴스원으로 삼고 있고 일본 신문이 그 뒤를 잇고 있다고 지적하였다. 필자의 조사에 따르면 "泰西文學源流考"와 "各國學業所同"의 뉴스원은 일본 신문이고 "近閱滬報載王芍棠先生廣學校一則..."이라는 구절에서 알 수 있듯이 "廣學校"라는 글의 출처는 중국 상해 신문이라고 할 수 있다. 『漢城旬報』나 『漢城周報』에 실린 외국 관련 뉴스는 조선사회가 서양문물과 사상을 접하는 창구를 열어두고 조선이 근대 사회로 진출하는 데 박차를 가하였음을 보여주고 있다.

이상에서 '化學'이라는 단어가 한반도로 유입되는 경로와 수용 과정을 검토하였다. 한정된 범위에서 실시한 조사결과를 보면 '化學'이라는 단어는 중국 서적과 일본 수신사의 견문록이나 일기를 통해서 1880년~1881년 경에 한국어로 유입되었다고 할 수 있다. '化學'이라는 단어가 한국어 근대어휘체계에 정착되는 과정에서 『漢城旬報』와 『漢城周報』의 역할이 컸다고 할 수 있다. 왜냐하면 수신사들이 남긴 견문록이나 일기는 제한된 독자층을 가진 반면에 『漢城旬報』나 『漢城周報』는 신문의 성격을 지니고 있어서 독자층이 상대적으로 넓었기 때문이다. 그러나 일본 수신사들의 견문록을 통해 '化學'이란 학문의 정체를 비로소 알게 되었기 때문에 이 점에서 보면 '化學'이란 용어의 수용 과정에서 일본의 영향이

제 5 장  개별 어휘의 한국어 유입과 정착 - '化學'을 중심으로

더 컸다고 볼 수 있다. 위의 논의를 종합해 보면 이 용어의 정착 과정은 두 차원으로 나누어 볼 수 있는데, 즉 형태의 도입은 중국어의 영향을 주로 받았고 일본의 영향으로 '化學'이란 용어의 본질과 의미에 대한 이해가 한층 더 깊어졌다고 할 수 있다.

'化學'은 19세기에 가장 크게 주목 받았고, 상당한 성과를 얻은 학문이라 할 수 있다. 이는 후기의 한역서학서 중에 화학서가 차지하는 비중이 다른 학문 분야보다 상당히 높다는 점에서도 그 근거를 찾을 수 있다[1]. 과학적인 방법으로 연구해 낸 성과들이 산업계에 응용되어 큰 이익을 남겼을 뿐만 아니라 봉건 시대의 미신에 대하여 강력한 비판의 근거를 제공해 주었기에 인식 차원의 대변혁을 가져오기도 하였다. 그러나 개항된 지 얼마 안 되는 조선사회가 몰려드는 서양의 새로운 문물제도와 신문명 어휘를 어떻게 소화해 냈는지 근대학문으로서의 "化學"이 어떻게 조선 사회에서 수용되고 발전되어 나갔는지는 숙고를 요하는 문제이다.

1884년 3월 15일자의 『漢城旬報』(제15호)에는 "化學功用"이라는 기사가 실려 있다. 원문 끝에 "姑誌以覘其後錄叨報又見滬報[2]"라는 글을 보면 이 기사의 뉴스원은 중국임이 확실하다. 이 기사에는 화학에 정통한 어느 사람이 미국 뉴욕에 있는 공장에서 우족(羽族)의 알 만드는 기계를 제조해서 무궁한 이익을 얻었다는 글이 게재되어 있다. 이처럼 산업계에 쉽게 응용되어 많은 이윤을 낼 수 있는 실용과학으로써의 '化學'은 당시 조선 사회가 추구하던 부국강병 정책과도 부합했기 때문에 지도층의 관심을 불러일으키기에 충분했다. 또한 1884년 5월 25일자의 『漢城旬報』(제22호)에는 "論養氣·論輕氣·論淡氣"라는 기사가 실려 있음을 볼 때, 상당히 넓은 지식인층에게 산소·수소·질소에 관한 지식들이 전해졌다고 볼 수 있다. 그 중에 "論輕氣"의 "化學鑑原云"이라는 구절에서 보듯이 이러한 지식들은 중국에서 유입된 『化學鑑原』이란

---

[1] 19세기 말기에 조선으로 유입된 『化學易知』(1881), 『化學衛生論』(1881), 『化學鑑原』(光緒), 『化學考質』(光緒), 『化學初階』(1871), 『化學分原』(光緒), 『化學求數』(光緒), 『化學闡原』(1882), 『化學鑑原續編』(光緒), 『化學鑑原補編』(淸), 『格致彙編』(1876~1882) 등 서적들은 현 서울대학교 규장각에 소장되어 있는데 고종의 서재인 집옥재(集玉齋)에서 발견했던 것으로 알려져 있다.

[2] 번역문: 어쨌든 기록해 두고 다음 다시 보도됨을 보도록 하겠다. 이상은 滬報에 보인다.

서학서에서 내용을 발췌하였을 가능성이 크다. 1884년 6월 4일자(제23호)의 "論淡氣·論綠氣·論炭輕二氣"라는 기사에는 명백하게 출처가 표시되어 있고, 역시 『化學鑑原』에서 옮겨 게재되었다고 밝히고 있다. 이처럼 개화초기 정부의 적극적 개화 정책 하에서 서양 과학 지식을 접촉·수용하는 과정에서 근대적 학문으로써의 '化學'이 성립되었다고 할 수 있다.

정리해 보면 '化學'이란 용어가 근대 학문명칭으로서 중국어에서 생성되었지만 생성된 후에 일본어로 유입되기도 하고 한국어로 유입되기도 하였다. 한국어에 수용된 '化學'이란 용어가 형태적으로는 주로 중국어의 영향을 받았다고 한다면, 일본어의 영향으로 '化學'이란 용어의 근본적 의미에 대한 이해가 한층 더 깊어졌다고 할 수 있다. 또한 정부의 적극적인 개화 정책 추진과정에서 실용과학으로써의 화학 관련 지식을 수용하려는 노력 속에서 빠르게 언어적으로 학문적으로 수용, 정착되어 갔다고 볼 수 있을 것이다.

## 제 6 장   결론

　　근대는 한중일 세 나라가 단지 폭력적으로 강요된 서구화와 문명화의 경험을 공유하고 있을 뿐만 아니라 그 적응의 과정에서 문물과 언어, 신개념을 활발하게 주고받았다는 점에서 역사의 격랑을 거친 시기이다[1]. 이 책에서는 한중 간의 어휘교류에 국한하지 않고 사회언어학이라는 시각에 입각하여 근대기 한중일 삼국 간의 어휘·문화교류의 측면에서 접근하려고 시도하였다. 이에 이 책에서는 신생한자어와 일본어차용어의 관계를 규명하려는 점에서 출발하여 신생한자어의 계보를 판별하는 기준을 제시한 다음에 중국 근대 이중어사전의 집대성이라고 하는 로브샤이트(1866~1869)에서 지리용어, 종교용어, 외국지명, 정치·법률·외교용어, 학문명칭 다섯 유형으로 분류하여 표본어휘를 선정하고 이들 어휘가 한국 근대 영한류 이중어사전이나 근대 문헌 자료에서 사용되는 양상을 살펴봄으로써 근대 중국 기원 신생한자어들이 한국어로 유입되는 경로와 한국 근현대 어휘체계에 미친 영향을 검토하였다.

　　현재 한중학계에서 근대 신생한자어 교류와 관련한 연구가 오래되었음에도 불구하고 근대 신생한자어를 판별하고 유형화할 수 있는 기준이 정립되어 있지 않은 것이 현실이다. 이는 한중학계의 편향적인 연구 현실과 관련이 있다고 본다. 그 동안 신생한자어와 관련한 연구는 중국 학계에서는 주로 중일 간, 한국 학계에서는 주로 한일 간의 연구가 진행되었다. 이러한 연구 실정은 신생한자어가 곧 일본어 차용어라는 착각을

---

[1] 서상규 외 (2016) 참조.

안겨주면서도 신생한자어가 일본어 차용어와 불가분한 관계를 가지고 있다고 말해 주기도 한다. 이 책은 신생한자어를 연구하는 기초 작업으로 신생한자어의 일본어 차용어와의 관계를 밝히는 것을 중요하게 인식하여 신생한자어를 판별하는 기준을 세우려고 하는 시도에서 출발했다. 이에 이 책에서는 근대기 한중 양국의 대표적인 외래어사전에서 공통적으로 일본어차용어라고 인정한 20개 단어를 선정하고 『朝鮮王朝實錄』과 한국 근대 이중어사전 등 자료를 동원하여 형태와 의미 두 가지 측면에서 고찰함으로써 이들 단어와 일본어와의 관계를 살펴보았다. 또한 신생한자어를 판별하는 기준으로 형태의 발생지와 의미의 발생지라는 기준을 제시하였다. 즉, 형태의 발생지와 새로운 의미의 발생지가 다 일본어인 경우(예. 覺書, 見習 등)와 형태의 발생지가 중국고전이지만 일본어에서 새로운 의미를 부여한 경우(예. 工業, 交通 등)를 모두 일본어 차용어로 인정한다.

　16세기 말기부터 서양선교사들이 중국에서 선교활동을 하는 동시에 서양 지리학, 인문과학, 자연과학 분야의 학문을 전수하였으며, 나아가 조선사회에까지 동궤도적(同軌道的) 역사적 공헌을 할 수 있었던 것은 한자로 된 서양 관계 서적 즉 한역서학서 덕분이다. 한역서학서 뿐만 아니라 19세기 중반에 중국인 학자 위원의 『海國圖志』와 徐繼畬의 『瀛環志略』, 鄭觀應의 『易言』 등 이른바 양무서들이 조선 개화사상가들로 하여금 해외지식을 갖게 하는 데 크게 공헌하였을 뿐만 아니라 이들 서적에 담겨진 신생한자어들이 근현대 한국어 어휘체계에 일정하게 영향을 미쳤다. 이 책에서는 로브샤이트(1866~1869)에서 "지리용어, 종교용어, 외국지명, 정치·법률·외교용어, 학문명칭" 등 용어를 선정하여 인문언어학의 측면에서 언어와 사회, 문화 교류의 양상을 검토함으로써 이들 용어들이 한국어로 유입되는 경로를 살펴보았다.

　중국 기원 지리용어의 한국어 유입은 利瑪竇의 『坤與萬國全圖』, 艾儒略의 『職方外記』 등 야소회사들이 편찬한 세계지도와 세계지리서, 『海國圖志』와 『瀛環志略』 등 양무서들이 중요한 통로였을 가능성이 크다. 이 서적들을 통해 한국어로 유입된 지리용어는 이수광의 『芝峯類說』, 신후담의 『西學辯』, 홍대용의 『湛軒書』, 이규경의

『五洲衍文長箋散稿』, 최한기의 『地毬典要』, 개화기의 신문 『漢城旬報』, 『ᄉᆞ민필지』 한글본과 한문본, 吳宖默의 『輿載撮要』 등 조선 문헌 자료에서 그 자취들을 확인할 수 있다. 조사된 45개 용어 중의 29개 용어가 현대한국어 체계에 정착되었다는 사실을 보면 중국 기원 지리용어가 근현대 한국어 어휘체계에 미친 영향이 비교적 크다고 할 수 있다.

중국 기원 종교용어의 한국어 유입은 利瑪竇의 『天主實義』, 龐迪我의 『七克大全』, 畢方濟의 『靈言蠡勺』 등 종교 관련 서적을 통해서였다고 할 수 있다. 배현숙(1984:12)에서는 서양의 선교사가 조선에 입국하기 이전에는 총 132종 천주교 서적들이 중국에서 전래되고 지식층뿐만 아니라 중인계급(中人階級)에게 전파되어 읽혀졌다고 조사되었다. 조선 실학자 이익이 "天主實義跋", 이규경이 "斥邪敎辨證說"을 저술하여 천주교에 대한 큰 관심을 보여 주었다. 그 후에 신후담, 안정복, 이헌경 등이 『天主實義』와 그 밖의 서교서를 읽고 각기 『西學辨』, 『天學考』, 『天學問答』 등을 저술하여 유학적 관점에서 논평하였다. 또한 김형철(2011:65)에 의하면 한국천주교회에서는 초창기부터 교리서, 묵상서, 고해지도서 등 개인의 신앙생활에 필요한 각종 서적들을 주로 한역서학서, 불문, 또는 라틴어로 된 책에서 번역하거나 저술하여 한글 필사본, 목판본, 활판본으로 간행하여 신자들에게 읽혔다. 바로 이러한 과정 속에 종교 관련 서적들에 담겨진 종교용어가 조선 지식인뿐만 아니라 일반민중들에게도 받아들여졌다. 조사된 88개 어휘 중에서 『프라임 영한/한영사전』에 정착된 용어가 50개에 달한다. 『프라임 영한/한영사전』에 등재되지 않았지만 『표준국어대사전』에 등재된 21語를 포함하면 총 71개의 용어가 현대한국어 어휘 체계에 정착되었다. 이러한 현실을 보면 중국 기원 종교용어가 현대 한국어어휘체계에 미친 영향은 크다고 할 수 있다.

중국 기원 외국지명의 한국어 유입은 16세기 말~18세기 초까지는 『坤輿萬國全圖』, 『職方外記』 등 세계지리서, 19세기 이후에는 『海國圖志』와 『瀛環志略』 등 양무서와 깊은 관계를 가진다고 할 수 있다. 조선의 문헌자료에서는 일찍이 이수광의 『芝峯類說』(1614)

에서 "歐羅巴國(大西國), 永結利國, 佛浪機國" 등 외국지명을 기재하고 있고, 최한기의 『地毬典要』(1857), 개화기 신문지 『漢城旬報』(1883~1884), 『스민필지』(1889 한글본, 1895 한문본), 『興載撮要』(1893) 등 조선 문헌자료에서 중국 기원 외국지명의 자취들을 확인할 수 있다. 그러나 조선이 개항된 이후 일본과의 관계가 깊어짐에 따라 일본식 한자 지명이 한국어로 유입되었다. 따라서 이 시기에 중국식 한자지명과 일본식 한자지명이 조선 문헌자료에 공존하는 양상이 나타났다. 개화가 진행되면서 중국식 한자지명이 일본식 한자지명에 밀려나기도 하고 현대에 들어와서 대부분의 중국기원 외국지명이 사라지고 한국식 표기로 바뀌었다. 조사된 38개의 어휘 중에서 『프라임 영한/한영사전』에 정착된 용어가 4개뿐이며 『표준국어대사전』에 등재된 어형을 포함하면 총 16개의 용어가 한국어 어휘체계에 정착되었다. 이러한 연구 결과로 보면 중국 기원 외국지명이 현대 한국어에 미친 영향은 적다고 추정된다.

중국 기원 정치·법률·외교용어들의 한국어 유입은 『朝鮮策略』, 『萬國公法』, 『易言』, 『海國圖志』, 『瀛環志略』 등 개화서나 양무서 또는 『漢城旬報』에 실린 중국 뉴스원의 기사들에 의해서였다고 할 수 있다. 『英華字典』에는 기독교 관련 용어와 지리용어가 비교적 많이 수록된 데 비하여 서양의 정치, 경제, 산업혁명의 현황을 반영하는 어휘는 많지 않다. 물론 이것은 단순히 로브샤이트의 어휘량 문제만이 아니라 전반적으로 근대 중국어 어휘 사정과도 관련이 있다. 즉, 당시 현대 중국어 어형과 일치하는 정치·법률·외교용어들의 다수가 아직 성립되지 않았다는 현실과도 관련이 있다. 조사된 40개의 용어 중에 현대 한국어 어휘체계에 정착된 용어는 13개이다. 그 중에 상당수의 용어가 한국 근대 이중어사전에 출현하지 않았으며 일부 용어가 이중어사전에 출현하였다가 근대에 들어오면서 다른 용어로 대체되었다. 이 점으로 보면 중국기원 정치·법률·외교용어가 근현대 한국어 어휘체계에 미친 영향은 또한 적다고 할 수 있다.

『英華字典』에 등재된 학문명칭을 현대 한국어 학문명칭과 비교해 보면 중국기원 학문명칭이 현대 한국어 학문명칭의 성립에 미친 영향은 매우 미미하다고 할 수 있다. 로브샤이트(1866~1869)에 등재된 학문명칭의 대부분은 "之學, 學, 之理, 總論, 通知, 總理, 總法, 通學, 統知" 등 語로 끝마친다. 이러한 현상은 전반적으로 근대 중국어 어휘 사정과 관련이 있고 당시 현대 중국어 어형과 일치하는 근대적 학문명칭이 아직 성립되지 않았음을 암시해 준다. 조사에 의하면 근대 중국어 학문명칭 중의 대부분은 顔惠卿(1908)에 처음으로 나타났고, 일부 용어가 赫美玲(1916)에 비로소 나타났다. 즉 중국어 학문명칭의 성립 시기는 20세기 초반으로 잡는 것이 타당하다. 한국어의 경우 19세기 말기에 현대 학문명칭과 일치하는 용어들이 유입되어 왔는데 이 용어들 중의 대부분은 존스(1914)에 등장한다. 즉 근대 한국어 학문명칭의 성립 시기는 역시 20세기 초반이다. 沈國威(2010:27)에서는 19세기 80년대 중반에 일본은 근대 인문학과·자연학과 등 분야의 학문명칭들이 성립되었다고 지적하였다. 이에 의하면 현대 한중 양국 근대 학문명칭 체계가 성립하는 데 일본어가 크게 공헌하였다고 할 수 있다. 조사된 83개 학문명칭 중에서 '數學'이라는 용어만 한국어에 유입되고 어휘체계에 정착되었다. 조사된 다섯 분야의 중국 기원 용어들을 '한국어 어휘체계에 정착된 어휘(A형), 조사된 자료에 출현했다가 다른 어휘에 밀려난 어휘(B형), 조사된 자료에 출현하지도 않은 어휘(C형)' 세 가지 부류로 유형화하여 부록 2에 정리하였다. 다섯 부류의 중국 기원 신생한자어를 한국 근현대 어휘체계에 미친 영향의 정도에 따라 다음과 같이 도식화하였다.

 또한 제5장에서는 '化學'이란 용어를 대상으로 이 용어의 생성과 관련지어 한국어로 유입된 경로와 수용 과정을 밝혔다. 동아시아에서 'Chemistry'의 수용과 '化學'이란 용어의 출현맥락을 살펴본 다음에 '化學'이란 용어가 한국어로 어떻게 유입되었는지 근대한국어 어휘체계에 어떻게 정착되었는지 등을 밝혔다. 개별 신생한자어의 역사적 계보를 유기적으로 연구함으로써 부분적으로나마 한중일 간에 이루어진 어휘간섭 과정의 성격과 한국 근대어휘체계의 성립사를 연구하는 데 도움이 될 것이라고 생각한다.

 한국 근대어휘체계에 정착된 신생한자어의 성립 과정은 매우 복잡하고 그 시대의 특수한 상황을 반영하고 있으므로, 동아시아의 근대화라는 큰 틀에서 분석되어야 한다고 본다. 沈國威(2012:8, 이한섭 외역)는 근대 한중일간의 어휘 교류는 언어와 어휘 문제에 그치지 않고, 동아시아에서 한자라는 매개체를 사용하여 서양의 근대 문명을 어떻게 수용하였고, 또 서양의 근대 문명을 수용할 때 어떤 문제가 있었는지 등, 동아시아의 근대화 과정을 검증하는 여러 연구와 밀접히 관련된 기초 작업이라고 지적하였다. 이러한 의미에서 이 책 근대 한중일 간의 어휘 교류를 연구하는 데 있어 중요한 의미를 갖는다고 할 수 있다.

<표 20> 중국 기원 신생한자어가 한국 근현대 어휘체계에 미친 영향 조사표

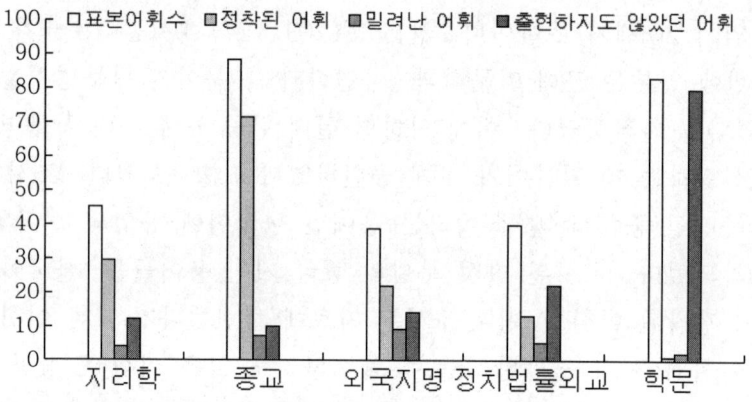

어휘사 연구의 중심 과제 중의 하나가 그 어휘 체계를 구성하는 단어들의 생성과 소멸 과정을 확인하고 그 현상의 원인과 배경을 분석하는 일이라 할 수 있다. 근대 한국어 어휘체계에 정착된 신생한자어의 성립사를 연구하는 것은 중국어와 일본어의 근대 어휘체계 성립사 연구보다 복잡한 면을 지니고 있다. 중국과 일본보다 늦게 개항된 한국은 서양의 문물과 제도를 수용하는 과정에서 중국이나 일본에서 이미 생성된 어휘를 차용하는 경우가 많았기 때문이다. 따라서 근대 한국어 어휘체계의 성립사를 연구하기 위해서는 근대기 한중간의 어휘 교류와 한일 간의 어휘 교류를 함께 연구해야 한다. 즉 근대 중국어, 일본어 어휘체계의 연구는 서로가 영향을 주고받는 직선적 관계에 있는 데에 비해 근대 한국어 어휘체계의 연구는 삼각 구도의 회전적 관계에 있다고 할 수 있다. 한중일 삼

# 제 6 장 결론

국 어휘 교류사라는 큰 주제 중의 하나로서 이 책에서는 그동안 학계에서 소홀히 했던 근대 한중간의 어휘교류사를 검토하였다. 동아시아의 근대화라는 큰 틀에서 한중일 삼국 어휘의 교류사를 보다 깊이 탐구하는 것은 앞으로도 중요한 연구 과제가 될 것이다.

# 참고문헌

### 한국 논저

국립국어연구원 (1999), 『표준국어대사전』, 두산동아.
국립국어연구원 (2002), 『현대 국어 사용 빈도 조사』.
국립국어연구원 (2003), 『국어순화어휘집』.
김용구 (2002), 『외교사란 무엇인가』, 도서출판 원.
김형철 (2011), 개화기의 천주교, 개신교 관련 자료, 『국어사연구』 13, 61~109.
동아출판 (2016), 『프라임 영한/한영사전』.
문미진 (2009), 중국과 한국의 한자표기 국명들에 대한 고찰, 『중국학연구』 49, 341~389.
민현식 (2004a), 『중학교 교과서 한자어 및 한자 분석 연구』, 국립국어연구원.
민현식 외 (2004b), 『초등학교 교과서 한자어 및 한자 분석 연구』, 국립국어연구원.
민현식 (2005), 한자어의 번역수용과 번역양상 - 개화기 한글본 『易言』의 번역어를 중심으로, 『선청어문』 33, 51~103.
박영섭 (1987), 『國語 漢字語의 起源的 系譜 硏究』, 성균관대학교 박사논문.
박영섭 (1994a), 『개화기 국어 어휘자료집 1(독립신문편)』, 서울: 박이정.
박영섭 (1994b), 『개화기 국어 어휘자료집 2(신소설편)』, 서울: 박이정.

박영섭 (1996), 『개화기 국어 어휘자료집 3( 교과서 · 신문편 )』, 서울 : 박이정.
박영섭 (1997a), 『개화기 국어 어휘자료집 4( 잡지편 )』, 서울 : 박이정.
박영섭 (1997b), 『개화기 국어 어휘자료집 5( 외래어편 )』, 서울 : 박이정.
박영섭 (2002), "개화기 국어 어휘 연구", 『한국어의미학』 11, 161~176.
백로 (2012), 『근대이행기 동아시아의 신생한자어 연구』, 인하대학교 한국학과 박사논문.
배현숙 (1984), 조선에 전래된 천주교 서적, 『한국교회사논문집 I 한국천주교 창설 200 주년 기념』, 1~30.
徐在克 (1970), 開化期 外來語와 新用語, 『동서문화』 4, 73~119.
송민 (1989), 개화기 신문명 어휘의 성립 과정, 『語文學論叢』 8, 69~88.
송민 (1990), 어휘 변화의 양상과 그 배경, 『국어생활』 22, 42~57.
송민 (1998), 開化期 新生漢字語彙의 系譜, 『어문학논총』 17, 21~38.
송민 (1999a), 한자어 汽船 汽車의 연원, 『새국어생활』 9, 85~90.
송민 (1999b), 器械에서 機械가 되기까지, 『새국어생활』 9, 131~136.
송민 (1999c), 신생한자어의 성립배경, 『새국어생활』 9, 155~160.
송민 (1999d), 開化初期의 新生漢字語 受容, 『어문학 논총』 18, 19~38.
송민 (2000a), '經濟'의 의미 개신, 『새국어생활』 10, 171~176.
송민 (2000b), '時計'의 차용, 『새국어생활』 10, 135~140.
송민 (2000c), '生存 競爭'의 주변, 『새국어생활』 10, 121~126.
송민 (2001), 열대 · 온대 · 냉대의 출현, 『새국어생활』 11, 89~94.
沈國威 (2012, 이한섭 외역 ), 『근대중일어휘교류사』, 서울 : 고려대학교출판부.
李光麟 (1974), 『韓國開化史硏究』( 개정판 ), 서울 : 일조각.
李光麟 (1977), 『海國圖志』의 韓國傳來와 그 影響, 『韓國開化史硏究』( 개정판 ), 서울 : 일조각, 2~18.
李光麟 (1981), 『易言』 과 한국의 개화사상, 『한국개화사연구』, 19~30.
李光麟 (1982), 한국에 있어서의 萬國公法의 수용과 그 영향, 『동아연구』 1, 121~145.

이광래 (2009), 『海國圖志』와 근대 동아시아의 지형도 (知形図), 『일본문화연구』 30, 365~384. 이원순 (1972), 천주실의해제, 『교회사연구자료』 4·5, 한국교회사연구소.
이지명 (2008), 개화기의 외국지명 수용 과정 -19세기말부터 20세기 초까지의 세계지리서를 중심으로, 『국어국문학』 150, 129~155.
李元淳 (1991), 朝鮮實學知識人의 漢譯西學地理書 理解, 『한국의 전통지리사상』, 民音社, 11~43.
李元淳 (1986), 職方外紀와 愼後聃의 西洋敎育論, 『朝鮮西學史硏究』, 一志社, 280~311.
이한섭 (1987), 『西遊見聞』에 받아들여진 日本의 한자어에 대하여, 『일본학』 6, 85~107.
이한섭 (2010), 개화기 일본 신문명어휘의 도입에 대하여 - 漢城旬報를 중심으로, 『日本學硏究』 30, 23~47.
이한섭 (2014), 『일본어에서 온 우리말 사전』, 고려대학교출판부.
이한섭 (2015), 『漢城旬報』와 『漢城周報』를 통해 본 19세기말 한중일 삼국의 어휘 교류, 『근대기 동아시아의 언어교섭』, 18~35.
임려 (2015), 근대시기 중국 한자신어의 수용양상과 정착 과정 재고 - 근대 이중어사전을 중심으로, 『통번역교육연구』 13, 139~161.
임려 (2016), 한국 근대 신생한자어에 대한 일고찰 : 일본어 차용어와의 관계를 중심으로, 『한국어학』 72, 165~198.
임려 (2017), '화학'이란 용어의 한국어 유입과 수용, 『한국사전학』 30, 190~221.
정대철 (1984), 漢城旬報, 주보의 개화방향에 대한 고찰, 『동아시아 문화연구』 5, 93~126.
정영숙 (2000), 『개화기 자료에 나타난 외국지명의 한자표기 연구』, 중앙대학교 대학원 박사논문.
조광 (2006), 朝鮮後期 西學書의 受容과 普及, 『민족문화연구』 44, 199~235.
천기철 (2003), 『직방외기 (職方外紀)』의 저술 의도와 조선 지식인들의 반응, 『역사와 경계』 47, 97~122.

최경봉(2008), 일제강점기 조선어 연구의 지향, 『한국어학』 40, 127~148.
최경봉(2011), 근대국어 연구의 특수성과 방법론, 『언어사실과 관점』 28, 5~36.
최경봉(2012), 근대적 언어관의 전개와 국어정립이라는 과제의 인식 양상 : 한국의 특수성을 중심으로, 『동방학지』 158, 231~269.
최경봉(2014), 근대 학문 형성기, 구어(口語)의 발견과 문법학적 모색, 『우리어문연구』 49, 81~122.
최경봉(2014), 국어사전에서 종교용어의 처리방안, 『우리어문연구』 54, 541~588.
최경옥(2000), 개화기 번역 한자어의 수용과 유입, 『日本語學研究』 2, 한국일본어학회, 293~309.
최경옥(2002a), 『근대 외래 한자어의 수용 연구』, 한양대학교 박사논문.
최경옥(2002b), 韓國開化期에 있어 日本飜譯漢字語의 受容과 流入 - 『혈의 누』(1906)를 중심으로, 『日本學報』 51, 139~155.
최경옥(2003), 開化期 外來飜譯漢字語의 受用(4)-『雉岳山』(1908)를 중심으로, 『日本學報』 51, 101~113.
최경옥(2007), 일본 근대 번역한자어의 성립과 한국 수용 -Right의 번역어 '權利'를 중심으로, 『번역학연구』 8, 283~299.
최소자(1987), 『東西文化交流史研究』, 삼영사.
鄒振環(2013, 한지은 역), 『지리학의 창으로 보는 중국의 근대』, 푸른역사.
洪允杓(1992), 易言 언해 해제, 『易言(諺解本 漢文本 合本)』, 홍문각.
황호덕·이상현 역(2012), 『개념과 역사, 근대 한국의 이중어사전』, 박문사.

## 중국 논저

孔秀祥(2003), 十九世紀漢語世界地名系統的建立, 『修辭學習』 115期, 9~12.

郭世榮 (2014), "數學"一詞的歷史演進, 『內蒙古師範大學學報(自然科學漢文版)』第 43 卷第 6 期, 781~786.

北京師範學院 中文系 漢語 敎研室 (1959), 『五四以來漢語書面語言的變遷和發展』, 商務印書館.

謝貴安 (2008), 從固守天朝立場到融入世界文明秩序──從西方漢譯國名演變看中國人對西方列強的認知過程, 『學習與探索』174 期, 225~231.

單體瑞 (2002), 韓國語新漢字詞產生的背景, 『天津外國語學院學報』4, 35~37.

沈國威 (2006), 『六合叢談 附解題·索引』, 上海辭書出版社.

沈國威 (2009), 西方新概念的容受與造新字爲譯詞──以日本蘭學家與來華傳教士爲例, 『浙江大學學報(人文社會科學版)』10 期, 80~92.

沈國威 (2010), 『近代中日詞彙交流硏究』, 中華書局.

沈國威 (2011), 理論與實踐 : 近代漢外辭典的誕生, 『學術月刊』43, 121~130.

王力 (1980), 『漢語史稿』, 中華書局.

王立達 (1958), 現代漢語中從日語借來的詞. 『中國語文』68, 73~96.

餘冬林·林巖 (2012), 1883-1895 年主要漢文西學書中議會文化的變遷, 『湖北大學學報(哲學社會科學版)』39 卷第 3 期, 59~63.

袁翰青 (1956), 『中國化學史論文集』, 三聯書店.

劉正埮·高名凱 (1984), 『漢語外來詞詞典』, 上海辭書出版社.

李玉麟 (1997), 回歸中國的和製漢語詞彙, 『北京第二外國語學院學報』75 期, 33~37.

李運博 (2008), 近代漢語詞彙的形成及其對日本和朝鮮半島的影響──以'法律'一詞的形成過程爲例, 『日語學習與硏究』138 期, 54~58.

李運博 (2012), 『英華和譯字典』中出現的日語新詞, 『日語學習與硏究』160 期, 48~55.

鄭振鐸 (1937), 『晚淸文選』, 上海生活書店.

趙利峰·吳震 (2006), 澳門土生葡人漢學家瑪吉士與『新釋地理備考』, 『暨南學報(哲學社會科學版)』, 131~136.

鄒振環 (2000), 『晚淸西方地理學在中國──以 1815 至 1911 年西方地理學譯著的傳播餘影響爲中心』, 上海古籍出版社.
黃義軍(2019), 『我國世界遺產地民族傳統體育——武術非物質文化遺產保護傳承研究』, 人民體育出版社.
香港中國語文學會(2001), 『近現代漢語新詞詞源詞典』, 漢語大詞典出版社.

## 한국 근대기 문헌자료

大韓民國文敎部國史編纂委員會 編(1982), 『韓國史料叢書 第二十三 韓溪遺稿』 7, 時事文化社.
동아시아 學術院 大東文化硏究院 編(2002), 『(增補) 明南樓叢書 第4冊 地毬典要』, 成均館大學校出版部.
남만성 역주(2001), 『芝峯類說』, 을유문화사.
민족문화추진회 편(1977), 『해행총재Ⅹ 奉使日本時聞見錄 東槎錄 日東記游』.
민족문화추진회 편(1977), 『해행총재Ⅺ 日槎集略 史和記略 東槎漫祿』.
백남규·이명상(1895), 『士民必知』 한문 영인본.
북한사회과학원 고전연구소 역(2001), 『湛軒書』, 여강출판사.
신범순 編(1987), 『韓國近代文學硏究資料集』(開化期 新聞篇), 三文社.
吳宖默(1886), 『輿載撮要』, 마이크로필름.
李圭景(1850년대?), 『五洲衍文長箋散稿』 영인본, 明文堂(1982).
李瀷(1740), 『星湖僿說』 영인본, 慶熙出版社(1982).
鄭觀應(1880), 『易言』(諺解本·漢文本 合本) 영인본, 홍문각(1992).
鄭晋錫 編輯(1983), 『漢城旬報』 『漢城周報』 영인본, 寬勳클럽信永研究基金.
河濱先生全集 刊行委員會 편저(2006), 『河濱先生全集 v.7 遜窩西學辨』, 아시아문화사.
韓國國史編纂委員會編纂(1955), 『국사편찬위원회사료총서 제1권 梅泉野錄』.
韓國學文獻硏究所 編(1984), 『朴定陽全集』, 아시아문화사.

헐버트(Hulbert, H.B.)(1889), 『ᄉᆞ민필지』 한글 영인본.

## 중국 근대기 문헌자료

南懷仁(1674), 『坤與圖說』, 中國哲學書電子化計劃.
徐繼畬(1850), 『瀛環志略』 影印本, 上海書店出版社.
艾儒略(1623), 『職方外記』, 中國哲學書電子化計劃.
魏源全集編輯委員會(2004), 『魏源全集 全20冊』, 岳麓書社.
馮桂芬(1861), 『校邠廬抗議』, http://vdisk.weibo.com/s/A4ELqU9Rn WZEE.
夏冬元編(1982), 『鄭觀應集 下』, 上海人民出版社.

## 한국 근대 사전류

### 한-영

Gale, James Scarth(1897), 『韓英字典 한영자뎐(A Korean-English Dictionary)』, Kelly & Walsh.

Gale, James Scarth(1911), 『韓英字典 한영자뎐(A Korean-English Dictionary)』, The Fukuin Printing Co., Ltd.

Gale, James Scarth(1931), 『韓英大字典(The Unabridged Korean-English Dictionary)』, 朝鮮耶蘇敎書會.

金東成(1928), 『最新鮮英辭典(The new Korean-English Dictionary)』, 博文書館.

Ridel, Félix Clair(1880), 『한불ᄌᆞ뎐 韓佛字典(Dictionnaire Coréen-Français)』, C. Lévy Imprimeur-Libraire.

Underwood, Horace Grant(1890), 『韓英字典 한영자뎐(A Concise Dictionary of the Korean Language)』, Kelly & Walsh.

### 영-한

Gale, James Scarth(1924), 『三千字典(Present day English-Korean: Three Thousand Words)』, 朝鮮耶蘇敎書會.

Jones, George Heber(1914), 『英韓字典 영한자뎐(An English-Korean

Dictionary)』, Kyo Bun Kwan.

Scott, James(1891), 『*English-Corean Dictionary: Being a Vocabulary of Corean Colloquial Words in Common Use*』, Church of England Mission Press.

Underwood, Horace Grant(1890), 『韓英字典 한영자뎐 (*A Concise Dictionary of the Korean Language*)』, Kelly & Walsh.

Underwood, Horace Grant& Underwood, Horace Horton(1925), 『英鮮字典 (*An English-Korean Dictionary*)』, 朝鮮耶蘇教書會.

## 중국 근대 사전류

Doolittle, Justus(盧公明)(1872), 『英華萃林韻府』(*Vocabulary and Hand-book of the Chinese Language*), Rozario, Marcal and Company.

Hemeling, Karl Ernst Georg(赫美玲)(1916), 『*English-Chinese Dictionary of the Standrd Chinese Spoken Language* (官話) *and Handbook for Translators*』, Statistical Department of the Inspectorate General of Customs.

Kwang, Ki-Chaou(鄺其照)(1899), 『華英字典集成』(*An English and Chinese Dictionary*), Wah Cheung, Kelly & Walsh; Trubner & Co.; Kelly & Walsh; Wing Fung. 循環日報.

Lobscheid, Wilhelm(羅存德)(1866~1869), 『英華字典』(*English and Chinese Dictionary with the Punti and Mandarin Pronunciation*), Daily Press.

Medhurst, Walter Henry(麥都思)(1847~1848), 『英華字典』(*English and Chinese Dictionary*), The Mission Press.

Samuel, Wells Williams(衛三畏)(1844), 『英華韻府歷階』(*An English and Chinese Vocabulary, in the Court Dialect*), 마카오: 香山書院.

Yen, Wei-Ching Williams(顏惠慶)(1908), 『英華大辭典 (*An English and Chinese Standard Dictionary*)』, 上海商務印書館(The Commercial Press).

# 부록

## 부록 1  개화기 자료에 등재된 외국지명 조사표

Africa: 아프리가 익프리가 아풀리가 아푸리카 아프리싸 아흐리가 아프리카 압흐리카 阿非利加州 亞弗利加 亞非利加 阿弗利加州 亞非利

<u>아프리가</u>에셔 싸흠 ᄒ다가 『독 1.2』
<u>익프리가</u>에 가셔 흑인국을 구경ᄒ다던지 『독 3.157』
<u>아풀리가</u> 대양쥬오 『뎨국 1903.6.5』
<u>아푸리카</u> 軍隊의 猛烈한 砲火 압헤 『청 14. 부 .39』
<u>아프리싸</u> 흑인종인가 『경 24』
남편은 <u>아흐리가</u> 닉디로부터 『한주 1886.5.31』
<u>아프리카</u> 大陸 內地에 사난 麒麟(딜내프)이니 『소 1.29』
<u>阿弗利加州</u> <u>압흐리카</u> 『西 .14』
<u>阿非利加州</u> 中의 一島요 西班牙國의 屬地라 『국민 102. 31』
亞剌比亞 <u>亞弗利加</u>에 잇는 것은 『청 2.58』
유로파(歐羅巴)와 아프리카(<u>亞非利加</u>) 『독 1.2』
<u>阿弗利加州</u> 압흐리카 『西 .14』
亞細亞와 亞非利가 相連絡한 『萬 .1.18』

America: 아메리가 아미리가 아메리카 아메리싸 아미리싸 아미리가 阿美利加 亞米利加 亞美利加 阿美利加州

<u>아메리가</u> 합즁국 남쪽에 잇는 규바라 『독 1.2』

아미리가가 엇더ᄒ니 『금 . 22』
이것은 아메리카에 잇ᄂ 우리 군인들이 발간ᄒᄂ 신문인ᄃᆡ 『신한 1909.7.7』
북아메리까에 합즁국이 잇ᄂᄃᆡ 『경 .12』
아미리까 셔안이 뎐허에 뎨일이니 『쳘 .10』
이졔 구라파와 아미리가 렬국의 『대한 1909. 2.26』
昔者阿美利加人이 曰 阿美利加 ᄂ 『유필 교사 76, 18,19,20』
亞米利加라 土地는 조금도 차지 못하얏지마는 『쳥 2.65』
哥倫布가 始 亞美利加를 發見하니라 『만 . 1.18』
北阿美利加州 노트아메리카 『西 .14』

## Asia: 아세아 아시아 아셰아 에시야 亞細亞 亞細亞州 (108)

아세아 아라샤 텰로에 『독 5.140』
大體 아시아 유롭파 아메리카 等 『소 1.73』
아셰아 큰 육지에 쑥ᄂᆡ민 반도국이 『귀 .100』
亞細亞州 에시야 『西 .14』
亞細亞 歐羅巴 亞弗利加 三州를 界ᄒ니 『초등 410.18』
亞細亞州 에시야 『西 .14』

## Australia: 大洋洲 어스트뛜늬야 墺斯亞 濠太利

大洋洲 어스트뛜늬야 『西 .493』
墺斯亞 ( 濠太利 )는 地球上 第一大島니 『萬 .1.18』

## Austria: 오스트리 오쓰트리 오쓰트리아 어스트뤼야 오지리 오슈트리아 오슈튜리아 오스트리아 오스츌올니아 오스튜리아 奧地利 墺太利 奧斯達利亞 墺地利

오스트리와 별지음과 『독 1.229』
오쓰트리를 쎠이취 聯邦 中에서 『쳥 1. 부 .50』
폴난드 오쓰트리아 攻守同盟을 締結하얏슨 『소 4.55』
奧地利 어스트뤼야 『西 .17』
오지리 황뎨를 오지리 셔울 비에나에 『독 1.42』
오슈트리아 ᄉ관 류빅 십일 군수 일만 일쳔 구십칠 『독 1.34』

폴란드논 루메니아 보로시아 오슈튜리아의 『공립 1908.8.5』
오스트리아와 푸루시아와 기타 각국이 차례로 『공립 1908.3.4』
오스츌올니아와 셔장셔 나는 개종류 등에 『공립 1908.12.9』
대부분은 오스튜리아에 먹히운바 『공립 1908.8.5』
奧地利 어스트뤼야 『西 .17』
佛蘭西와 引接한 奧太利부터 『청 2.8』
깅가루는 오스트리아에서 나는 쥐의 일홈이니 『경 45』
墺地利 『西 .17』

### Belgie: 별지음 벨지암(엄) 벨기움 비리시 벨기國 白耳義 比利時 白利義

오스트리와 별지음과 『독 1.229』
벨지암은 할린드에 합병되고 『공립 1908.8.5』
벨지엄국에셔 독신쟈논 투교권 二기ᄀ 잇고 『공립 1908/ 12.9』
쌕릿탠 벨기움갓흔 나라는 『소 1.50』
포도아와 하린 비리시보다 세갑졀 『독 1.63』
벨기國 面積이 우리 半島 七分一도 못되나 『청 1. 부 .70』
白耳義의 面積은 『청 4.21』
白耳義는 一名 比利時니 『유필 교사 23.2』
白利義와 丁抹과 瑞西 『유필 38,20』

### Brazil: 부라실 쌕라씰 섁라씰 브라질 巴西

부라실과 묵셰가라 부라실은 일쳔이빅 삼십 삼만 삼쳔명이오 『독 1.93』
썰늬비아 칠늬 쌕라씰 合衆國 『소 12.99』
新大陸 섁라씰에셔 發見이되고 『청 6.43』
巴西 브라질 『西 .20』

### Canada: 가나다 카나다 캐나다 佳那多

가나다 빅날온 산으로 돈며 『비행 .32』
카나다의 써인트죤쓰와 몬트릴 두 짜을 『대한 1910.7.4』
南아프리카 各處며 캐나다 等地에 『소 4.14』
此外에도 北阿美利加洲의 佳那多 『西 . 21』

Denmark: 덴막 덴마륵 던막 졍말 쏀막크 丹麥 丁抹

덴막국 의회원에서 쳥국 등디로 순양함을 보너기로 작뎡 ᄒᆞ엿다더라 『독 5.312』
아라사 황뎨는 쟝챠 노웨 스위든 덴막 잉글닌드를 유람ᄒᆞ고 『신한 1909.5.5』
덴마륵 러시아로 더부러 聯合하야 『소 2.64』
졍말과 셔샤보다 여듧 갈졀이 크고 『독 1.93』
丁抹 쏀막크 『西 .17』
丹麥國 衣耳土鐵이 『萬 .1.23』

Egypt: 익급 에집트 이집트 埃及

익급과 시리아와 희랍국이니 『공립 1908.12.30』
에집트 소산에 양ᄌᆞ흔 개와 『공립 1908.12.9』
西에 잇서는 이집트가 먼저라 『소 9.4』
波蘭과 埃及이지 『유필 142,25』

England: 영국 영길리 잉글린드 잉글낸드 잉글랜드 英國 英吉利 英吉利國 大英國

익급 일ᄶᅡᆰ에 영국 ᄒᆞ고 『독 1.50』
영길리와 이탈이를 익프리가에서 『독 1.50』
아라사 황뎨는 쟝챠 노웨 스위든 덴막 잉글린드를 유람ᄒᆞ고 『신한 1909. 5.5』
잉글낸드 本土도 제손에 쥐여 잇슬난지 『소 8.62』
잉글랜드아 웨일쓰만에 二萬人이 넘다더라 『쳥 1.175』
英國 美國 德國 等에 盛行ᄒᆞ니 『신찬 480, 22』
先進國되는 獨逸 英吉利 佛蘭西의 工藝家 『쳥 4.23』
英吉利國 海軍 少將 『萬 .1.5』
大英國: 『漢城旬報』(1884.8.21).

Europe: 구라파 유로바 유롭 요롭고 유로부 유롭파 유로파 유롭프 歐羅巴 歐羅巴洲

거긔와 잇는 구라파 사름들을 악독히 죽엿다더라 『독 1.6』
오직 유로바의 영길이와 아세아의 일본국은 『독 5.545』

녯젹 유롭 속에 잇든 헤뇌아뒤아른 날에셔『독 2.185』
딕셔양 건너셔 요롭고에 파란국을 구경ᄒ고『신한 1909.6.9』
유로부는 ᄉ빅 칠십이만 ᄉ쳔이요『한주 1886. 1.25』
유롭과 한 天地를 擾亂히 하얏나 생각하야 보면『소 1.8』
유로파 大陸 領土를『소 12.90』
歐羅巴洲 유롭프『西 .14』
西班牙ᄂᆞᆫ 歐羅巴州 中에 一王國이라『국민 62,21』

France: 불란셔 불란셔 흐란스 법란셔 프란쓰 프랑스 법국 불난셔 프랑쓰國 佛蘭西 法蘭西 法國 佛國

영국ᄒ고 불란셔 ᄒ고『독 1.2』
불란셔 군ᄉ를 인도ᄒ여『대한 1908. 11.5』
法國 흐란스에셔『한주 1886.1.25』
법란셔 파려 부셰셔리 쳥 삼십 이호『쳘 10』
佛蘭西프란쓰『西 .17』
이 아래 그림은 프랑쓰란 나라의 外圍線이라『소 1.66』
덕국이나 법국 사룸이니싯『독 1.201』
토이긔 정부에셔 아라샤와 불난셔에 쳥ᄒ야『독 1.6』
프랑쓰國 數學者 라폴라쓰『쳥 1.17』
佛蘭西와 引接한 墺太利부터『쳥 2.8』
賈善治ᄂᆞᆫ 法蘭西의 有名ᄒᆞᆫ 大學者라『초등 281,26』
法國 흐란스에셔『한주 1886.1.25』
佛國人 『리데루』가 逃難ᄒ야『유필 교사 461, 29,30, 31』

Germany①: 일이만 덕국 져만에 써잇취 써이취 써이취 德國 日耳曼 獨逸 德意志

그쩍에 일이만 군사들은『신한 1909. 3.17』

---

① 'Deutschland'와 'Germany'는 똑같이 '독일'이라는 나라를 가리키는 말이지만 영어로는 Germany, 독일어로는 Deutschland 라고 한다. "Deutschland"라는 단어가 『英華字典』에 표제어나 해석어로 등재되지 않아서 이 책에서는 "Germany"라는 단어를 대상으로 조사한다.

아마 덕국과 오지리와 이탈이 세나라히 동밍지국이 된다더라 『독 1.42』

日耳曼 져만에 『西 .17』

이 외에 쎠잇취갓흔 나라들은 『소 1.50』

쎠이취國 聖學者 칸트 『청 1.17』

터어키 쎠이취 쑤릿탠等 『소 1.73』

英國 美國 德國 等에 盛行하니 『신찬 480, 22』

日耳曼人種에서 出하얏스니 『청 4.21』

英吉利 佛蘭西 獨逸 露西亞等 『국어 470.10』

德意志二十七 『萬 .1.23』

## Greece: 희랍 쓰뤼쓰 쓰레시아 그리스 쓰레시아 希臘 希臘國

희랍보다 다섯 갑절이 크고 『독 1.93』

希臘 쓰뤼쓰 『西 .18』

英國인 그리스인 『한주 1886.1.25』

아크로 포리쓰(Acropolis)는 쓰레시아[①] 首都 아덴府에 잇는 古都遺蹟이니 『청 1. 부 .53』

希臘人이니 紀元前 三世紀의 사람이라 『청 6.32』

希臘國 碩學 地利斯가 『萬 .1.3』

## Holland: 할난드 荷蘭 和蘭 和蘭國

荷蘭 할난드 『西 .17』

이 외에 葡萄牙와 和蘭과 『유필 38,20』

荷蘭人이 其島를 發見하고 名曰 新荷蘭이라 하다가 『萬 . 1.18』

우리가 和蘭國의 앰스터댐(Amsterdam)에서 『청 14. 부 . 헨 .11』

## Italy: 이탈니 이탈리 이틔리 이태리 이달늬 이탈늬아 이달리 이틸네 이탈이 伊太利 義大利

이탈니국 대균쥬 험벌트 폐하는 『독 1.34』

---

[①] 박영섭(1997, 제 5 권)에서는 '쓰레시아'가 Grecia 의 번역어로 간주되고 있지만 이 책에서는 이 예문을 통해서 "'쓰레시아'를 Greece 의 번역어로 간주한다. 'Acropolis'는 고대 그리스 도시의 성채라는 의미를 뜻하기 때문이다.

이탈리의 대부분은 『공립 1908.8.5』
이틔리라 ᄒᆞ는 나라가 반도국(半島國)으로 죠션과 흡ᄉᆞᄒᆞ다 『옥호 .25』
이 사ᄅᆞᆷ은 곳 이태리 사ᄅᆞᆷ 콜럼버쓰라 『대한 1909.9.16』
이달늬 프랑쓰 러시아 갓흔 나라는 『소 1.50』
이탈늬아 쓰레시아 루우마늬아 『소 12.98』
이달리 北部都會 『청 1. 부 .57』
이틸네 『西 .17』
아마 덕국과 오지리와 이탈이 세나라히 동밍지국이 된다더라 『독 1.42』
伊太利의 모데나 바라모 菊國京 『청 10. 57』
義大利 天文學者 『萬 .1.3』

## Portugal: 포와 포아 포도아 포도와 포츄갈 포르토갈 포르토쌀 포루튜갈 포르투쌀 포쥬걸 葡萄牙

오쥬와 포와와 일본과 인도 등 『녀자 245.45』
나오ᄂᆞᆫ 길로 포아로 건너가게 흔 일인듸 『원 .105』
포도아보다 세갑졀이 크고 『독 1.93』
온다간다 말업시 포도와로 간 후로 『송 .14』
포츄갈 왕후ᄂᆞᆫ 구라파 황죡듕 귀부인이오 『공립 1908.7.8』
포루토갈말과 스페인 말과 『소 5.38』
結縛진 것을 글너주고 포르토쌀 말노 『소 9.37』
포루튜갈은 유로파 한 귀퉁이에 잇ᄂᆞᆫ 小國이나 『청 1. 부 .62』
포르투쌀 이탈늬아 쓰레시아 『소 12.98』
葡萄牙 포쥬걸 『西 .17』

## Prussia: 포로시아 푸루시아 프루시아 普魯士

으로마노브家ᄂᆞᆫ 포로시아 國主의 分支인 故로 『소 1.54』
세단에서 푸루시아 軍門아래에 『소 12.79』
쎄를닌府ᄂᆞᆫ 프루시아 平野의 中央에 『소 7.33』
프로이센(Preuszen) 王國(普魯士)

Russia: 아라샤 아라사 아라스 로시아국 루시아 러시아 롸시야 俄羅斯
俄羅斯國 露西亞 俄國

청국에셔 아라샤에 가는 별샤 니홍쟝씨는 『독 1.6』
아라사 파라젹 함덕는 써눈다 『송 .94』
압졔를 쥬쟝ᄒᆞ는 덕국과 아라스 등에는 『셜 .8』
로시아국은 시베리아 텰도 복션부셜을 챡수ᄒᆞ야 『공립 1908.7.29』
루시아황뎨 니코라쓰 폐하의 『공립 1908.9.23』
이달늬 프랑쓰 러시아갓흔 나라는 『소 1.50』
俄羅斯에 附屬한 地方은 『西 .16』
俄羅斯國에 附屬한 地方은 『西 .16』
英吉利 佛蘭西 獨逸 露西亞等 『국어 470.10』
蓋俄國之法皇帝之總裁 『漢城旬報 ( 제 2 호 ) 1883 년 11 월 10 일』

Spain: 스볘인 셔반아 스페인 西班牙

남편은 아흐리가 닉디로부터 스볘인에 이르러 『한주 1886. 5.31』
맛침 셔반아 쟈이 광듸ᄒᆞ고 『공립 1909.1.6』
스페인의 海軍으로 無力하고 『소 3.28』
西班牙 는 歐羅巴州 中에 一王國이라 『국민 62,21』

Sweden: 스위뎬 스위든 셔젼 ( 西典 ) 셔젼 스윗절난드 瑞典 瑞西

스위뎬 ( 셔던 ) 국은 뎨일 위에 쳐ᄒᆞ고 『신한 1909.7.7』
아라사 황뎨는 쟝차 노웨 스위든 덴막 잉글린드를 유람ᄒᆞ고 『신한 1909.5.5』
셔젼과 나위와 구라파 토이긔보다 갑졀이요 『독 1.93』
살손인종 ( 일이만 셔젼 라위 영국 등디에 펴진 이종 ) 『쳘 .17』
瑞西 스위든 『西 .17』
瑞典 스윗절난드 『西 .18』 (Switzerland)

Turkey: 턱키 토이기 터어키 토이긔 터계 土耳基 土耳其國

턱키 ( 토이기 ) 에서 줓긴 것은 종교ᄀ 셔로 합ᄒᆞ지 아니홈이더라 『공립 1908.12.21』
턱키 ( 토이기 ) 에서 줓긴 것은 종교ᄀ 셔로 합ᄒᆞ지 아니홈이더라 『공립 1908.12.21』

터어키 쩌잇취 쑤리탠等 『소 1.73』
土耳基 터계 『西 .18』
토이긔 정부에셔 아라샤와 불난셔에 쳥ᄒᆞ야 『독 1.6』
土耳基 터계 『西 .18』
土耳其國 짜짜넬쓰海峽에까지 이르럿다 『쳥 14. 부 .78』

## U.S.A: 유나이텟드 스테스즈 合衆國 花族國 美國

合衆國 花旗國 유나이텟드 스텟스즈 『西 .19』
北米合衆國을 獨立ᄒᆞ여 『초등 394.12』
곳 美國으로 말ᄒᆞ야도 『유필 67.12』

## 부록 2  중국기원 신생한자어가 한국 근현대 어휘체계에 미친 영향 조사표

| 다섯 분야 유형 분류 | 지리용어 | 종교용어 | 외국지명 | 정치·법률· 외교용어 | 학문명칭 |
|---|---|---|---|---|---|
| A형 | 地球 黃道 赤道 地平線 經度 緯度 北極 南極 溫帶 大西洋 地震 潮汐 地圖 大洋 航海 地中海 半球 東半球 軌道 熱帶 火山 寒帶 海峽 子午圈 晝夜平分線 渾天儀 氣候 經線 緯線 | 天使 背敎 使徒 洗禮 聖書 聖經 主敎 祝福 聖燭節 天主敎 聖歌 聖油 基督 耶穌敎 敎會 禮拜堂 聖餐禮 十字架 門徒 神學 信條 入敎 福音 聖地 聖職 聖所 聖水 耶蘇 審判 主 黙想 回回敎 修道院 聖樂 樂園 (大)風琴 原罪 受難 牧師 祈禱 長老 原理 宣傳 黙示 安息日 聖禮 救世主 三位一體 眞理 祝聖[1] 聖詩 聖灰日 聖洗 聖石 羅瑪敎 聖膏 上帝 敎條 會長 奉敎 瞻禮 敎父 敎母 天主 本罪 宣傳 敎規 敎宗 祭司 禮拜日 浸禮[2] | 歐羅巴(州) 亞細亞(州) (大)英國 和蘭 希臘 美國 歐羅巴(州) 亞細亞(州) 法國 佛蘭西 西班牙 俄羅斯 埃及 (大)英國 英吉利 土耳其 和蘭 希臘 美國[3] 瑞典 葡萄牙[4] | 投票 領事(官) 民會 自主(者) 陪審(官) 國旗 半旗 新聞 新聞紙 刑法 特權 自治 主權 | 數學 |
| B형 | 中帶 寒暑表 千里鏡 寒暑針 | 群(羣)牧師 禮拜一 禮拜二 禮拜三 禮拜四 禮拜五 禮拜六 | 亞非利加 亞美利加 奧地利 巴西 法蘭西 日耳曼 荷蘭(國) 普魯士 花旗國 | 公會 日報 萬國公法 會長 | 理學 性理之學 |

235

근대기 중국 기원 신생한자어의 한국어 유입과 정착

이은 도표

| 다섯 분야 유형 분류 | 지리용어 | 종교용어 | 외국지명 | 정치·법률·외교용어 | 학문명칭 |
|---|---|---|---|---|---|
| C형 | 天氣<br>指南針<br>地球中線<br>赤帶<br>正午線<br>正午度<br>午線<br>大平洋<br>熱帶北限<br>夏至道<br>熱帶南限<br>冬至道 | 首牧師<br>總領牧師 京監牧師 總監牧師<br>聖貞女<br>基利士督<br>敎爺<br>修道堂<br>極樂園<br>敎王 | 奧地哩亞國 雙鷹國 孑鷹國 澳地利國 新荷蘭之別稱 平洋羣島之稱 大尼國 埃及多國 麥西國 紅毛國 以大利 花旗合國<br>加拿他<br>比利時國 | 法師 公會所 公所 國大公會 花旗國法院 花旗國征法會 花旗議士會 爵會 爵會所 民委官會 民委官會所 民委員會 民委員總會 議士 民政 平權 紳衿房 紳衿會 議士會 衆政之邦 自政之權 爵房 | 聲響之理 星學 星氣學 星家學法 卜星吉凶之法 占星之理 生活之理 生活總論 草木總理 草木之學 博學草木 堪輿總論 天地總論 頭殼總論 髑髏總論 煉法 煉物之學 煉物之理 蟲學 博蟲之理 五常之理 五常之道 修德之理 修齊之理 人類通知 萬族通知 地理全志 地理志 地理總論 量地之理 幾何原本 紋印通知 解紋印之事 博紋印之學 律法之學 律法之知 思之理 理論之學 明理之學 工藝之學 機藝之學 機器之學 萬有理之學 金錄 百金錄 百金總論 人物論 人類總論 金石之理 金石之學 博物理學 格物總智 心論 心學 博物之理 格物 博物之學 古學 古文學 古論 古物總論 病學 病論 百病總論 製藥之藝 製藥之學 整藥之學 治藥法 五常總論 聲音之理 音學 性學 性功用學 性功用論 靈魂之學 魂學 靈魂之智 地方總論 生物之知 生物總論 |

1. 이상은 『프라임 영한/한영사전』에 등재된 어휘들이다.
2. 이상은 『표준국어대사전』에 등재된 어휘들이다.
3. 이상은 『프라임 영한/한영사전』에 등재된 어휘들이다.
4. 이상은 『표준국어대사전』에 등재된 어휘들이다.

图书在版编目(CIP)数据

近代新生汉字词的朝鲜半岛传播：朝鲜文 / 林丽著
. -- 北京：社会科学文献出版社，2020.11
ISBN 978 - 7 - 5201 - 7364 - 3

Ⅰ.①近… Ⅱ.①林… Ⅲ.①朝鲜半岛 - 汉字 - 传播学 - 研究 - 近代 - 朝鲜语 Ⅳ.①H1 - 093.12

中国版本图书馆 CIP 数据核字（2020）第 182863 号

## 近代新生汉字词的朝鲜半岛传播（朝鲜文）

著　者 / 林　丽

出 版 人 / 王利民
责任编辑 / 吕秋莎
文稿编辑 / 艾邦霖

出　　版 / 社会科学文献出版社·国际出版分社（010）59367142
　　　　　地址：北京市北三环中路甲29号院华龙大厦　邮编：100029
　　　　　网址：www.ssap.com.cn
发　　行 / 市场营销中心（010）59367081　59367083
印　　装 / 北京玺诚印务有限公司

规　　格 / 开　本：787mm × 1092mm　1/16
　　　　　印　张：15.75　字　数：231千字
版　　次 / 2020年11月第1版　2020年11月第1次印刷
书　　号 / ISBN 978 - 7 - 5201 - 7364 - 3
定　　价 / 198.00元

本书如有印装质量问题，请与读者服务中心（010 - 59367028）联系

版权所有 翻印必究